Klasse!

B1

Deutsch für Jugendliche

Lehrerhandbuch

Birgitta Fröhlich

Ernst Klett Sprachen
Stuttgart

Autorin: Birgitta Fröhlich
Redaktion: Sabine Franke
Projektleitung: Felice Lembeck und Angela Kilimann
Layoutkonzeption und Gestaltung: Andrea Pfeifer, München
Illustrationen: Andrea Naumann, Aachen
Satz: Satz & mehr, Besigheim
Covergestaltung: Studio Schübel, München
Titelbild: Dieter Mayr, München

Bildnachweise: 116 Kinder-Malvorlagen.com; **123.1** Dreamstime.com (Photka), Brentwood, TN; **123.2** Shutterstock (Newman Studio), New York; **123.3** Shutterstock (Zerbor), New York; **123.4** Shutterstock (Nata_Aster), New York; **123.5** Shutterstock (Igisheva Maria), New York; **123.6** Shutterstock (Shyripa Alexandr), New York; **123.7** Shutterstock (Kucher Serhii), New York; **123.8** Shutterstock (Gulayash), New York; **123.9** Shutterstock (FeellFree), New York; **123.10** Shutterstock (Issarawat Tattong), New York; **123.11** Shutterstock (FabrikaSimf), New York; **123.12** Shutterstock (Winai Tepsuttinun), New York; **127.1** Klett-Archiv, Stuttgart; **127.2** ullstein bild – Jürgen Ritter; **127.3** ullstein bild – Jürgen Ritter

Quellennachweise: 124 Textauszug mit Änderungen und Kürzungen aus „Plastikfrei einkaufen – alles was du wissen solltest!" auf www.ecoyou.de © EcoYou

Lösungen, Transkripte, Glossare u. v. m. zum Download unter www.klett-sprachen.de/klasse
Code zu den Lösungen: klaSLoe§B1
Audio- und Videodateien zum Download unter www.klett-sprachen.de/klasse/medienB1

Code: KB B1.1: kla3S1x@55
KB B1.2: kla3S2x@56
ÜB B1.1: kla3S1ub@92
ÜB B1.2: kla3S2ub@93

Das Beste für Ihren Unterricht!
Das derdieDaF-Portal bietet Ihnen kostenlos und aus einer Hand alles, was Sie für Ihre Arbeit brauchen: über 4.000 Materialien zum Download, Unterrichtsideen, didaktische Tipps, Fortbildungen, eine Jobbörse und vieles mehr.
Ihr Portal für DaF und DaZ: www.derdiedaf.com

1. Auflage   1 ⁵ ⁴ ³ | 2023 22 21

Druck und Bindung: Elanders GmbH, Waiblingen

ISBN 978-3-12-607144-4

Willkommen im Lehrerhandbuch zu Klasse!

Inhalt

Abkürzungen

KB	Kursbuch	PA	Partnerarbeit (zu zweit)
ÜB	Übungsbuch	KG	Kleingruppe (ab 3 Personen)
LHB	Lehrerhandbuch	PL	Plenum (alle zusammen)
HA	Hausaufgabe	ggf.	gegebenenfalls
KV	Kopiervorlage	z. B.	zum Beispiel
GR-…	Grammatik-…	→	siehe im Didaktischen Glossar
S	Schüler, Schülerin, Schülerinnen		

Sämtliche Audios und Videos finden Sie codegeschützt im Internet unter www.klett-sprachen.de/klasse/medienB1. Transkriptionen zu den Audios und Videos und Lösungen zu allen Aufgaben im Kurs- und Übungsbuch finden Sie ebenfalls im Internet unter www.klett-sprachen.de/klasse.

Codes:		
Kursbuch Kapitel 1–6:	kla3S1x@55	
Kursbuch Kapitel 7–12:	kla3S2x@56	
Übungsbuch Kapitel 1–6:	kla3S1ub@92	
Übungsbuch Kapitel 7–12:	kla3S2ub@93	
Lösungen zu KB und ÜB:	klaSLoe§B1	

Zum Lehrwerk und zum Konzept von Klasse!

Das Lehrwerk Klasse! führt Jugendliche kleinschrittig in 6 Halbbänden bzw. 3 Gesamtbänden zu den Niveaustufen A1, A2 und B1 des Gemeinsamen Europäischen Referenzrahmens (GER) von 2001 und 2019. Die Lernziele, Sprachhandlungen und die Progression von Klasse! bereiten optimal auf die Prüfungen *Goethe-Zertifikat A1: Fit in Deutsch 1, Goethe-Zertifikat A2: Fit in Deutsch, ÖSD KID A1* und *A2, Goethe-/ÖSD-Zertifikat B1* und das *Deutsche Sprachdiplom Stufe I (DSD I)* vor. Die Anzahl der benötigten Unterrichtseinheiten hängt von den Voraussetzungen der Lerngruppe ab. Sie haben aber die Möglichkeit, eine Vielzahl an weiteren Komponenten und Material über das Kurs- und Übungsbuch hinaus in den Unterricht miteinzubeziehen.
Der Band Klasse! B1 richtet sich an Jugendliche ab 14 Jahren mit Deutsch-Vorkenntnissen der Niveaustufe A2.

Das Konzept von Klasse!

Klasse! ermöglicht Ihnen einen kommunikativen und handlungsorientierten Unterricht mit zahlreichen kreativen Elementen: Das Lehrwerk zeichnet sich durch ein vielfältiges Medienangebot sowie zahlreiche kooperative und erfolgsorientierte Übungsformen aus und setzt den Fokus auf Kreativität und konsequente Lerneraktivierung. Mit Klasse! verwenden Sie ein Lehrwerk, das dem neuesten Stand der Fremdsprachenlehr- und lernforschung entspricht und insbesondere die aktuellen Erkenntnisse der Lernpsychologie und Neurodidaktik für die jugendliche Zielgruppe berücksichtigt.

- Jugendliche beschäftigen sich heute am liebsten mit ihrem Handy, sehen Filme und Fotos an, sind in den sozialen Netzwerken unterwegs und fotografieren und filmen sich selbst. Diesem Interesse trägt das Lehrwerk Klasse! Rechnung mit einem vielfältigen Angebot an *Filmmaterial, witzigen Comics* und *Apps*.
- Lernende im jugendlichen Alter orientieren sich an ihren Freunden, ihrer Peergroup, und nicht mehr so stark an den Eltern und Lehrern. Klasse! bietet deshalb viele kooperative Aufgabenformen, bei denen die Schüler in *Partner- oder Gruppenarbeit* agieren und die Lehrperson im Hintergrund ist. Das hat auch den Vorteil, dass alle Lernenden aktiv sind und mitmachen.
- Das Selbstbewusstsein von Jugendlichen ist nicht sehr groß, viele stellen sich selbst in Frage. So fürchten sich Jugendliche in der Pubertät oft davor, vor der Klassengemeinschaft zu sprechen, weil sie dies als peinlich empfinden und sich nicht blamieren wollen. In Klasse! sind die Aufgaben so gestaltet, dass die Lerner ein Sprecherlebnis haben, ohne sich bloßgestellt zu fühlen. Dazu tragen *Übungen in kleinen Gruppen* bei, *Nachsprechen im Chor* oder *Flüssig-keitstraining*. Bei Flüssigkeitsübungen ist das Sprachmaterial vorgegeben, sodass keine Fehler entstehen können. Die Lernenden üben und automatisieren so *echtes emotionales Sprechen*. Die Übungen sind also einfach und *erfolgsorientiert*.
- Jugendliche Lerner wollen sich keine Vorschriften machen lassen. Im Gegenteil, sie möchten mitbestimmen oder selbst bestimmen. Klasse! bietet daher viele Möglichkeiten zur *Binnendifferenzierung*, im KB sind das *ODER-Aufgaben* und die Aufgabe *„Freie Wahl"* am Ende jedes Kapitels. Hier gibt es in der Regel drei verschiedene Aufgaben, die jeweils ein größeres Thema bzw. Lernziel aus dem Kapitel noch einmal aufgreifen. Die Schüler haben die Wahl zwischen handlungsorientierten Projektaufgaben, kommunikativen Aufgaben, spielerischen Übungen und Schreibaufgaben. Bei den ODER-Aufgaben können die Lernenden zwischen zwei verschiedenen Interessensgebieten, Fertigkeiten oder Sozialformen entscheiden. Noch mehr Möglichkeiten zur Binnendifferenzierung bieten vor allem das ÜB und die Erläuterungen im LHB.

- Die Motivation zu lernen und auch die Konzentrationsfähigkeit sinken in der Pubertät oft stark ab, die Schülerinnen und Schüler vermeiden daher allzu große Anstrengung. Jugendgerechte Themen, viel Filmmaterial, witzige Comics, *spielerische und einfache erfolgsorientierte Übungen* motivieren in **Klasse!** zum Trainieren, Sprechen und Handeln. *Comics* sind der Jugendlichen liebste Textsorte, da sie nicht zu viel Text haben, durch die Illustrationen leicht verständlich sind und Spaß machen. Ein weiteres Beispiel sind die humorvollen *Redemittelclips* zur authentischen Kommunikation. Sie machen Sprachhandlungen lebendig und begreifbar und binden Jugendsprache, Gestik und Mimik ein. Die Filmclips mit Soap-Charakter, angedockt an die Plateaus, zeigen den Lernern lebensnahe und witzige Geschichten aus dem Leben einer deutschsprachigen Schülerclique und vermitteln nebenbei Landeskunde.
- Jugendliche bringen aber auch die idealen Voraussetzungen fürs Sprachenlernen mit. In der Pubertät wachsen das *Sprachbewusstsein* und die Fähigkeit zum *analytischen Lernen*. So ist die Grammatikvermittlung im KB mal induktiv, mal deduktiv. Alle Grammatikkästen gibt es auch als *Grammatik-Kopiervorlagen* zum kostenlosen Download im Internet. Darin sind die Kästen nicht vollständig ausgefüllt und enthalten Schreibzeilen. Sie sind ein Hilfsmittel, um die Lernenden mit dem selbstentdeckenden Lernen vertraut zu machen. Spielerisch und unterhaltsam gestaltete *Grammatikclips* unterstützen das Verständnis neuer Strukturen, verzichten auf Metasprache und führen die Jugendlichen mit bewegten Bildern ans *entdeckende Lernen* heran.
- Regelmäßige *Aufgaben zu Sprachvergleich und Mehrsprachigkeit* knüpfen ebenfalls an diese Fähigkeit und an schon vorhandenes Sprachwissen der jungen Lernenden an. Auf diese Weise eignen sich die Jugendlichen Strategien des Sprachvergleichs an und erwerben eine größere Sicherheit in Bezug auf neuen Lernstoff, der oft weniger fremd und schwierig ist, als es jungen Lernern auf den ersten Blick erscheinen mag. Die Aufgaben entsprechen auch dem Mehrsprachigkeitsprinzip des GER 2019.
- Schreiben als Aktivität im Unterricht ist sehr zeitraubend, die ohnehin begrenzte Zeit, in der die Schüler zum Sprechen kommen, wird noch mehr reduziert. Die Texte, die entstehen, sind frustrierend fehlerhaft. *Erst sprechen, dann schreiben* ist daher ein wichtiges Prinzip in **Klasse!**. Neue Inhalte werden zuerst über eine mündliche Übung und gemeinsames Sprechen erarbeitet, Schreiben steht an letzter Stelle des Lernwegs.
- Da die Jugendlichen von heute in der Welt der neuen Medien zu Hause sind, erleichtern ihnen digitale Aufgaben und Übungen das Lernen, zumal diese meist einfach, spielerisch und kurzweilig sind. Deshalb gibt es neben dem Filmmaterial ein umfangreiches *Medienangebot mit Online-Übungen, Kahoot!-Quizfragen und Wortschatz-Apps*, die das selbstständige Lernen und Üben unterstützen.
- Für Sie als Lehrkraft besteht die Möglichkeit, mit CLIL-Aufgaben ausgewählte Inhalte aus dem Deutschunterricht mit anderen Fächern zu verknüpfen und das Deutschlernen somit in einen erweiterten Lernkontext zu stellen und zu vertiefen.

Die einzelnen Komponenten von Klasse! B1

Kursbuch

Zu Beginn und vor Kapitel 1 finden Sie ein Spiel, das der Wiederholung wichtiger A2-Themen und einem sanften Einstieg nach den Ferien dient. Das Kursbuch (KB) enthält 12 achtseitige *Kapitel* mit klarer und kleinschrittiger Progression, kooperativen und erfolgsorientierten Übungsformen, handlungsorientierten Aufgaben und Projekten, Aufgaben zur Sprachmittlung sowie Flüssigkeitstraining und gezielten Übungen zum echten Sprechen und zur Aussprache. Nach jeweils drei Kapiteln folgt ein sechsseitiges *Plateau* mit spielerischen Angeboten zum Wiederholen von Strukturen, Wortschatz und Redemitteln. Die Plateaus ermöglichen ein erfolgsorientiertes Training zu den vorangegangenen Kapiteln. Sie enthalten zudem Angebote zur Sprachmittlung und zur Landeskunde und pro Plateau eine Seite mit Aufgaben zu den *Filmclips*.

Eine Übersicht zum Aufbau des KBs, Hinweise zu einzelnen Elementen und eine Erklärung der Symbole finden sich in kompakter Form auf *Seite* 3 des Kursbuchs.

Die zwölf **Kapitel** sind übersichtlich aufgebaut und bieten eine einfache Orientierung.

- *Einstiegsseite*: Sie führt ins Thema ein, enthält einfache und schnell zu bewältigende Aufgaben und benennt die Lernziele.
- *3 Doppelseiten*: Lerninhalte des Kapitels werden eingeführt und kleinschrittig erarbeitet.
  Wiederkehrende Elemente und Aufgaben:

- – orange Grammatikkästen (auch als Kopiervorlagen mit Schreibzeilen im Internet)
- – grüne Redemittelkästen
- – Lerntipps (Handy) mit Strategien und Informationen zu Fertigkeiten, Wortschatz und Grammatik
- – mindestens eine Übung zur Aussprache
- – Aufgaben zu Sprachvergleich und Mehrsprachigkeit (siehe Seite 12)
- – Aufgaben zur Sprachmittlung (siehe S. 13)
- – „Freie Wahl" als Abschlussaufgabe zu jedem Kapitel
- – Grammatikclip zu einem Grammatikthema im Kapitel
- – Redemittelclip mit Sprachhandlungen zum Sehen, Hören und Nachahmen
- • *Rückschauseite* „Was kann ich nach Kapitel …?": Sie dient der Selbstevaluierung der S in Partnerarbeit. Die S überprüfen selbstständig mithilfe von einfachen kurzen Aufgaben das Erreichen der Lernziele in den Bereichen Wortschatz, Redemittel und Grammatik und wiederholen dabei wichtige Sätze und Phrasen.

Die vier **Plateaus** wiederholen und festigen die Lerninhalte der vorangegangenen drei Kapitel. Die S werden hier nicht mit neuen grammatischen Inhalten konfrontiert, sondern haben Zeit, noch einmal zu wiederholen und zu vertiefen. Die Übungen sind einfach, erfolgsorientiert, meist kooperativ und machen Spaß.

- • Erste Seite: *Karussell*-Übung zur Dialogbildung und zum flüssigen Sprechen
- • Drei Seiten *Training* mit erfolgsorientierten Übungen zu den Lerninhalten der drei vorangegangenen Kapitel: Flüssigkeitstraining, Automatisierungsübungen, emotionales Sprechen. In diesem Teil befindet sich zudem jeweils eine Aufgabe zur Sprachmittlung (siehe S. 13).
- • Eine Seite zur *Landeskunde* macht Lust auf Land und Leute in D-A-CH. Die Aufbereitung folgt dem aktuellen, an die eigene Kultur anknüpfenden Landeskundekonzept.
- • *Filmclip mit Soap-Charakter* und eine Seite mit Aufgaben zum Hör-Seh-Verstehen und Projektaufgaben.

Grammatik im Überblick befindet sich im Anhang und ist eine systematische Zusammenfassung der grammatischen Strukturen aus dem Kursbuch B1. Zu jedem Thema gibt es einen Hinweis auf das Kapitel, in dem das Thema behandelt wird. Außerdem befindet sich dort eine Liste der unregelmäßigen Verben.

In der **Umschlagseite** vorne finden die S eine *Landkarte* von D-A-CH. Diese Seite kann im Verlauf des Schuljahres während des Unterrichts immer wieder genutzt werden.

Die **Lösungen** zu den Aufgaben im Kursbuch finden Sie in den Erläuterungen zum Unterricht auf den folgenden Seiten dieses Lehrerhandbuchs sowie codegeschützt im Internet (siehe Kasten auf S. 4).
Die **Audio- und Videodateien** finden Sie codegeschützt im Internet (siehe Kasten auf S. 4).
Die **Transkriptionen** zu den Audio- und Videodateien finden Sie ebenfalls im Internet unter www.klett-sprachen.de/klasse.

Symbole im Kursbuch

 Ihr hört einen Text oder Dialog.

 Aussprache – ihr hört und sprecht nach.

 Ihr vergleicht Deutsch mit eurer Sprache oder anderen Sprachen.

 Ihr schreibt einen Text.

 Projektaufgabe

 Ihr seht ein Video mit Redemitteln.

 Ihr seht einen Grammatikclip.

 Ihr seht einen Film.

 CLIL – im Lehrerhandbuch gibt es Kopiervorlagen zum fächerübergreifenden Lernen.

 Ihr gebt Informationen in eurer Muttersprache oder auf Deutsch weiter.

Übungsbuch

Das Übungsbuch (ÜB) besteht aus 12 zehnseitigen *Kapiteln* und 4 *Testtrainings* (eines nach jeweils drei Kapiteln).

In den **Kapiteln** sind die Aufgabennummern von Kurs- und Übungsbuch *gespiegelt*, d. h. zu einer Aufgabe 2 im Kursbuch gibt es auch immer eine Übung 2 im Übungsbuch. Das Übungsbuch ist hauptsächlich für das selbständige Wiederholen und das individuelle Training der Lernenden zu Hause gedacht. Erfragen Sie trotzdem im PL immer kurz, ob und wo es Schwierigkeiten gab.

Übungsformen:
- Das Übungsbuch verfügt über ein großes Angebot zur *Binnendifferenzierung*.
  - ODER-Aufgaben **oder** : Die Lernenden entscheiden selbst, welche Schwierigkeit, Sozialform oder Fertigkeit sie bevorzugen.
  - Online-Übungen **online 1** : Sie dienen der Vorentlastung bzw. dem zusätzlichen Training zu ausgewählten ÜB-Übungen. Sie finden sie im Internet unter www.klett-sprachen.de/klasse oder können sie über die Klett-Augmented-App direkt auf dem Smartphone oder Tablet abspielen. Auch im Digitalen Unterrichtspaket lassen sich die Online-Übungen direkt ansteuern.
  - Partneraufgaben: Diese Übungen, die zu zweit ▮▮ oder zu dritt ▮▮▮ bearbeitet werden sollen, bieten sich als Ergänzung zu den KB-Aufgaben auch im Unterricht an.
- Schreibaufgaben ⤳✐ : Die Schreibaufgaben im ÜB sind stark gelenkt und führen die Lernenden kleinschrittig an die Fertigkeit Schreiben heran.
- Aussprache-Übungen (1.05) vertiefen und trainieren das Thema aus dem KB.
- „Lernen – Üben – Spielen" ist eine spielerische Übung, zum Beispiel ein Quiz, ein Partnerdiktat oder ein Spiel.
- Perfekt-Übungen **Perfekt** : Am Ende jedes ÜB-Kapitels findet sich eine Perfekt-Übung, bei der die unregelmäßigen Perfektformen bereits bekannter Verben eingeführt und geübt werden. Die S können sich über diese Übungen eine Lernkärtchen-Kartei zum Perfekt erstellen.

Schon seit Band A2 bereitet Klasse! auf das *Goethe/ÖSD-Zertifikat* (s. Testtraining) und auch auf das *Deutsche Sprachdiplom (DSD I)* vor. Sämtliche Formate des *DSD I* finden Sie in den Kapiteln des ÜB mit folgender Kennzeichnung: DSD 1 .

Auf den letzten Seiten jedes ÜB-Kapitels finden die S den wichtigsten *Kapitelwortschatz*. Die fettgedruckten Wörter sind Prüfungswortschatz. Sie werden bei der Prüfung *Goethe/ÖSD-Zertifikat B1* vorausgesetzt. Die Lerner finden im Kapitel-wortschatz Hinweise zur Betonung und Aussprache (langer oder kurzer Vokal), Pluralangaben, Illustrationen, Beispiel-sätze, Merkkästen sowie Schreibzeilen, um sich die Übersetzung in der Muttersprache zu notieren. Weiterer wichtiger Prüfungswortschatz befindet sich im **Anhang** im *Thematischen Wortschatz*. Im Anhang finden die Lerner zudem eine Verb-Übersicht mit Kasus- und Präpositionsangabe.

Auch im ÜB gibt es eine *Rückschauseite*: „Was kann ich?". Die Lerner evaluieren hier ihren Lernfortschritt eigenständig. Im Gegensatz zum KB tun sie dies im ÜB, indem sie Übungsaufgaben zu den kommunikativen Lernzielen des Kapitels in Einzelarbeit lösen. Wer hierbei Schwierigkeiten hat, kann mithilfe der angegebenen Aufgabennummer noch mal ins Kapitel zurückblättern und Inhalte gezielt wiederholen.

Im Abschnitt „So lerne und übe ich" evaluieren die S ihr Lernverhalten und werden ermuntert, verschiedene Lern-strategien zu erproben.

Ein **Testtraining** gibt es nach jeweils drei Kapiteln, es bietet eine ausführliche und intensive Vorbereitung auf die vier Prüfungsteile des *Goethe/ÖSD-Zertifikats B1*. Die Testtrainings machen die Lernenden mit sämtlichen Aufgabenformaten vertraut, geben Tipps zum Ablauf der Prüfung und führen die Lernenden kleinschrittig an Prüfungsstrategien heran. Die S können die Testtrainingsseiten zu Hause bearbeiten – nur die Fertigkeit *Sprechen* sollte im Unterricht behandelt werden. Lernende, die sich nicht auf das *Goethe/ÖSD-Zertifikat*, sondern auf Stufe I des *Deutschen Sprachdiploms (DSD I)* vorbereiten, finden ein entsprechendes vollständiges Testtraining zum kostenlosen Download im Internet: www.klett-sprachen.de/klasse. Außerdem finden Sie sämtliche Formate des *DSD I* mit klarer Kennzeichnung in den Kapiteln des ÜB: 1–7c, 2–7a, 3–6c, 4–5c, 5–3b, 6–8a, 7–3c, 8–8b, 9–6, 10–2e, 11–3d, 12–4a.

Die **Lösungen** zu den Aufgaben im Übungsbuch sowie die **Audiodateien** finden Sie codegeschützt im Internet (s. Kasten auf S. 4). Die **Transkriptionen** zu den Audiodateien finden Sie ebenfalls im Internet unter www.klett-sprachen.de/klasse.

Symbole im Übungsbuch

 Du hörst ein Audio.

 Du hörst ein Audio und übst die Aussprache.

 Du schreibst einen Text.

 Ihr arbeitet zu zweit oder zu dritt.

 Du findest online interaktive Übungen.

DSD 1 Dies ist eine Aufgabe wie in der DSD-Prüfung.

 Du hast für die Prüfungsaufgabe 10 Minuten Zeit.

 Du findest mehr Wortschatz zum Thema im Anhang des ÜB.

Lehrerhandbuch

Das Lehrerhandbuch (LHB) bietet eine allgemeine *Einführung* zum Lehrwerk **Klasse!**

In den *Erläuterungen zum Unterricht* werden alle Kursbuch-Aufgaben detailliert didaktisch erläutert, mit Lösungsangaben versehen und um Varianten, Erweiterungen, Ideen zur Binnendifferenzierung sowie Hinweisen und landeskundlichen Infos für die Unterrichtsplanung ergänzt. Auch einzelne Übungsbuch-Aufgaben, die in den Unterricht miteinbezogen werden sollten, werden hier aufgeführt.

Im *didaktischen Glossar* am Ende des LHB sind didaktische Verfahren, Methoden und Spiele aufgelistet, die immer wieder im Unterricht zum Einsatz kommen können. In den Erläuterungen wird auf dieses Glossar wiederholt Bezug genommen.

Im Anschluss an die Erläuterungen finden Sie *Kopiervorlagen*. Es sind jeweils drei pro Kapitel (zwei aufgabengebundene Kopiervorlagen und ein *Lernfalter* zur Wiederholung von Inhalten aus dem Kapitel in Partnerarbeit). Am Schluss folgen vier *CLIL-Kopiervorlagen* für den fächerübergreifenden Unterricht (Content and Language Integrated Learning), auf die im Kursbuch mit dem entsprechenden Symbol verwiesen wird.

Die im Lehrerhandbuch didaktisierten Hörtexte und Ausspracheübungen von Kurs- und Übungsbuch sowie die Filme über die Schülerclique, Redemittelclips und Grammatikclips sind codegeschützt im Internet abrufbar (Codes siehe Seite 4). Die Transkriptionen der Audiotexte und der Filmdialoge befinden sich ebenfalls im Internet unter www.klett-sprachen.de/klasse.

Audio- und Videomaterialien

Zum Kursbuch und zum Übungsbuch gibt es Hörtexte und Ausspracheübungen sowie Filme über die Schülerclique, Redemittelclips und Grammatikclips. Die Audio- und Filmdateien sind Bestandteil des Digitalen Unterrichtspakets. Sie und die Lernenden finden die Inhalte zudem codegeschützt im Internet unter www.klett-sprachen.de/klasse/medienB1. Die Codes finden Sie auf Seite 4 oben und im Impressum des jeweiligen Buches. Die Transkriptionen der Audios und Videos finden Sie und Ihre Lerner ebenfalls im Downloadbereich unter www. klett-sprachen.de/klasse.

Intensivtrainer

Der Intensivtrainer bietet zu den 12 Kapiteln des Kursbuchs eine Vielzahl zusätzlicher Übungen. Mit einfachen und bekannten Übungsformen werden Wortschatz, Redemittel und Grammatik wiederholt und vertieft. Der Intensivtrainer enthält zudem Übungen zur Binnendifferenzierung, zum Leseverstehen und zum gelenkten Schreiben. Der Lösungsschlüssel befindet sich im Anhang des Intensivtrainers.

Testheft

Das Testheft enthält 12 Lernfortschrittstests passend zum Kurs- und Übungsbuch. Mithilfe der Tests können Sie kontrollieren, ob die Lernenden den Lernstoff der einzelnen Kapitel beherrschen und die Lernziele erreicht haben. Deshalb gibt es Aufgaben zu Wortschatz und Grammatik sowie zu den Fertigkeiten Hören, Lesen und Schreiben. Tests zum Sprechen gibt es zu vier ausgewählten Kapiteln. Sie finden sie separat im Anschluss an die Kapiteltests. Das Testheft dient aber auch der Vorbereitung auf die gängigen Prüfungen. Die Lernenden werden mit sämtlichen Formaten vertraut gemacht. Viele Testaufgaben entsprechen daher im Format den Prüfungsaufgaben aus dem *Goethe/ÖSD-Zertifikat B1* und dem *Deutschen Sprachdiplom Stufe I (DSD I)*.

Digitales Unterrichtspaket

Das Digitale Unterrichtspaket ist als Download verfügbar. Es beinhaltet Kursbuch, Übungsbuch, die Audio- und Video-materialien, das Lehrerhandbuch, die Lösungen, Transkripte u.v.m. Es ermöglicht Ihnen eine flexible und effiziente Unterrichtsvorbereitung. Im Unterricht selbst können Sie alle Materialien über Beamer oder Interactive Whiteboard projizieren und abspielen, Lösungen und Transkripte anzeigen oder auch ausblenden und vieles mehr.

Begleitlektüre

Die jugendlichen Lernenden können mithilfe der Begleitlektüre B1 einen literarischen Text gemeinsam im Unterricht erschließen. Im Anhang der Begleitlektüre finden sich Übungen zum Leseverstehen, auch steht eine Audioaufnahme im Downloadbereich von Klasse! zur Verfügung.

Die Lerner können die Begleitlektüre auch privat lesen. Erzählt wird eine vom Lehrwerk ausgehende und dennoch eigenständige Geschichte aus der jugendlichen Lebenswelt, in der die Klasse!-Comicfiguren Kim, Marie, Henri, Lukas und Lars als (Haupt-)Figuren fungieren. Die Geschichte spielt an einem realen Ort in Deutschland, um beiläufig landes-kundliche Informationen zu vermitteln.

Die Schülerinnen und Schüler erleben mithilfe der Lektüre, wie sie sich schrittweise und immer selbstständiger die Fremdsprache Deutsch erschließen können. Der Wortschatz des Lektürebandes orientiert sich am Wortschatz von Klasse!. Die Begleitlektüre ist illustriert und soll die Lernenden allgemein zum Lesen in der Fremdsprache Deutsch motivieren und so eine wichtige Brücke zum allgemeinen Lernerfolg schlagen.

Glossare

Sie finden Glossare zu folgenden Sprachen zum kostenlosen Download im Internet: Arabisch, Englisch, Italienisch, Russisch, Spanisch, Türkisch.

Klett-Augmented

Mit der *Klett-Augmented-App* können Sie kostenlos alle Mediendateien (Audios, Videos und auch die interaktiven Online-Übungen) in Ihrem Buch scannen und direkt abspielen. Halten Sie Ihr Smartphone oder Tablet einfach über die Seite im Buch: Die App erkennt automatisch alle hinterlegten Hördateien, Videos, Online-Übungen oder Links und spielt sie direkt auf dem Gerät ab.

Klasse! im Internet

Im Downloadbereich finden Sie folgendes Begleit- und Übungsmaterial zum Kurs- und Übungsbuch B1:

- Begleitmaterial:
  Lösungen, Transkriptionen, Glossare und Wortlisten (alphabetische Wortliste, Liste unregelmäßiger Verben), Medien (Audios, Filmclips, Grammatikclips, Redemittelclips), Grammatik-Kopiervorlagen
- Übungsmaterial:
  Online-Übungen, Arbeitsblätter und Kopiervorlagen, Kahoot!-Quizfragen

Bitte beachten Sie, dass der Downloadbereich kontinuierlich ergänzt und erweitert wird. Es lohnt sich also, immer mal wieder einen Blick auf die Homepage zu werfen.

Allgemeine didaktische Hinweise und Tipps für die Arbeit mit Klasse!

Vorgehen beim Hörverstehen

In Klasse! wird das Hörverstehen kontinuierlich und kleinschrittig aufgebaut und trainiert, denn eine gute Vorentlastung fördert die Verstehensprozesse und spart Zeit bei der Auswertung. Es wird Wert darauf gelegt, dass die S die Hörtexte oft genug hören und sich an den Klang der deutschen Sprache gewöhnen oder „Verstehensinseln" bilden (d. h. die S hören den Text ohne Buch, erkennen dabei bestimmte Wörter und konzentrieren sich auf das, was sie verstehen). Im Weiteren wird das Hören mit den Bildern verknüpft und erst beim nochmaligen Hören die Aufgabe bearbeitet. Dann wird zur Ergebnissicherung noch einmal gehört.

In allen Nachsprechübungen sind die Sätze so aufgenommen, dass es nach jedem Satz eine Pause zum Nachsprechen für die S gibt. Anschließend sprechen Sie als Lehrkraft die Sätze noch einmal und die S sprechen sie noch einmal im Chor nach.

Erst sprechen, dann schreiben!

Das Klassenzimmer ist vielleicht der einzige Ort, an dem die S die Gelegenheit haben, Deutsch zu sprechen. Lassen Sie die S daher auf dieser Niveaustufe mehr sprechen als schreiben. Lassen Sie Übungen in der Klasse möglichst immer *zuerst mündlich*, dann schriftlich bearbeiten – schriftlich vielleicht sogar erst als Hausaufgabe (HA). Die Aufgaben in Klasse! sind in der Regel auch nach diesem Prinzip angelegt. Sie sparen auf diese Weise Zeit, erhöhen den Sprechanteil im Unterricht und haben bessere schriftliche Ergebnisse. Für die Jugendlichen ist das natürlich motivierend.

Beim Schreiben unterscheiden wir grob zwischen dem „Schreiben als Mittlertätigkeit" und dem „zielgerichteten, kommunikativen Schreiben". Während auf dem Niveau A1 vorwiegend das „Schreiben als Mittlertätigkeit" im Vordergrund stand, also Wörter, Sätze und Dialoge, Diktate und Texte in unterschiedlichen Übungen geschrieben, häufig auch *ab*geschrieben wurden, gab es auf dem Niveau A2 mehr kommunikative Anlässe, Briefe oder kürzere Mails oder Nachrichten, die an einen potenziellen Leser gerichtet sind oder bei denen die S kreativ werden können. Auf dem Niveau B1 kommen komplexere und längere zielgerichtete Schreibaufgaben hinzu, in denen die Lerner argumentieren, Gespräche oder Geschichten (weiter-)schreiben, auf realistische Anlässe aus ihrem Alltag schriftlich reagieren (z. B. in einem Forumsbeitrag oder mit dem Verfassen eines Bewerbungsschreibens) sowie ausführlicher über sich berichten.

Tipps für die Korrektur finden Sie in den didaktischen Erläuterungen und im didaktischen Glossar.

Partnerarbeit und Interaktion

In Klasse! sind viele Aktivitäten vorgesehen, bei denen die S in Partnerarbeit (PA) oder in Kleingruppen (KG) miteinander sprechen (manchmal auch schreiben), ohne dass die Lehrkraft die Arbeit direkt kontrollieren muss. Das aktiviert alle Lernenden, erhöht den Sprechanteil erheblich und macht jugendlichen S in der Regel Spaß. Zudem ist wissenschaftlich bewiesen, dass die S in diesen Arbeitsphasen nicht mehr Fehler produzieren als bei der Arbeit im Plenum. Wichtig ist dabei aber, dass die Übungen, die die S zu zweit bearbeiten, so gestaltet sind, dass die Betonung auf der inhaltlichen Arbeit, dem Wiederholen, dem Flüssigkeitstraining etc. liegt und nicht auf der sprachlichen Form.

Viele Übungen dieser Art in Klasse! sind so gestaltet, dass die S die Sprache wirklich üben und gebrauchen, aber praktisch (außer bei der Aussprache) kaum formale Fehler machen können. Solche Aufgaben werden als erfolgsorientiert bezeichnet. Erfolgsorientierung ist wahrscheinlich das wichtigste Kriterium im Unterricht. Wenn Aktivitäten so gestaltet sind, dass die S sich von den Übungen nicht überfordert fühlen, sondern diese schnell und flüssig lösen können (und wollen) und dabei viel Deutsch sprechen, dann wird der Unterricht den Lehrenden und den S sicher mehr Freude bereiten.

Tipp: Lassen Sie bei der Partnerarbeit zu zweit immer wieder einmal die Partner wechseln. (Siehe auch im Glossar unter „Gruppenfindung".) Zum Beispiel kann zunächst mit dem Sitznachbarn rechts, dann mit dem Sitznachbarn links, anschließend mit dem hinten und dem vorne zusammengearbeitet werden.

Grammatik in Klasse!

Seit vielen Jahren lehren wir die Grammatik nicht mehr als Bestimmungswissen, sondern schreiben ihr vorwiegend eine „dienende" Funktion zu: Sie dient dazu, Kommunikation zu unterstützen. Im Gemeinsamen Europäischen Referenzrahmen (GER), auch in der Ergänzung von 2019, findet sich dem entsprechend gerade noch eine halbe Seite, die sich explizit mit der Grammatik beschäftigt. Das bedeutet freilich nicht, dass Grammatik nicht mehr wichtig ist, sondern dass heute die Schwerpunkte je nach Niveaustufe anders betont werden.

In Klasse! wird versucht, in den Kapiteln die Grammatik so wenig wie möglich und so viel wie nötig zu thematisieren. Die S erarbeiten die grammatischen Strukturen, die sie für die Realisierung der Lernziele auf ihrem Niveau benötigen und für die B1-Prüfung brauchen. In Klasse! B1 werden daher am Ende jedes Übungsbuch-Kapitels in einer speziell gekennzeichneten Übung die unregelmäßigen Verbformen im Perfekt von bereits bekannten Verben gezielt erarbeitet. Neuere Untersuchungen gehen davon aus, dass die Kenntnis grammatischer Regeln inklusive einer entsprechenden Terminologie erst ab dem Niveau B1 wirklich nützlich ist. Nachdem auf dem Niveau A1 und A2 bisher die Arbeit mit der impliziten Grammatik im Vordergrund stand (das intensive Verwenden von Strukturen und das anwendungsbezogene Üben in möglichst realistischen Kontexten), werden nun in Band B1 auch komplexere grammatische Strukturen analysiert und in Sprachvergleichsaufgaben mit bereits vorhandenem grammatischen Wissen aus der eigenen Mutter- oder anderen Fremdsprachen abgeglichen. Dabei bleibt die Vermittlung der neuen Grammatik dennoch immer auf den funktionalen Aspekt fokussiert. Die Philosophie des modernen Sprachunterrichts fragt nicht „Was weißt du über die Sprache?" (Sprachwissen), sondern „Was kannst du mit der Sprache machen?" (Sprachkönnen) – eine Philosophie, die auch in die Kann-Bestimmungen des Europäischen Referenzrahmens 2001 und 2019 eingegangen ist.

Häufig ist zu beobachten, dass im Unterricht viel mehr grammatisches Wissen vermittelt wird, als in Wirklichkeit auf der Niveaustufe verlangt und benötigt wird. So sollte beim Auftauchen einer neuen Struktur (z. B. Passivsätze) nicht sofort das gesamte System erarbeitet werden. Davon ausgehend sind die Angebote im Bereich Grammatik in Klasse! so ausgewählt, dass es nicht nötig ist, weitere Strukturen einzuführen oder zu ergänzen. Die Regeldarstellungen im Kursbuch sind zum Teil (bewusst) sehr knapp gehalten. Die S werden häufiger dazu aufgefordert, sich selbst formale Zusammenhänge zu erschließen und Zusammenhänge zu entdecken. Um diese Fähigkeit zu fördern, stehen Ihnen auch die Grammatikclips und die Grammatik-Kopiervorlagen im Internet zur Verfügung. Im Anhang des Kursbuchs finden die S zudem eine systematische Zusammenfassung der wichtigsten grammatischen Themen zum Nachlesen.

Tipps: Beziehen Sie die systematische Grammatik-Übersicht immer wieder in die Unterrichtsarbeit ein, damit die S mit ihr vertraut werden.
Regen Sie die Lernenden an, ausgehend von den Perfekt-Übungen am Ende der Übungsbuch-Kapitel eine Lernkärtchen-Kartei zu den unregelmäßigen Verben anzulegen.

Wortschatzarbeit

Der Wortschatz ist wohl das, was bei einer Kommunikation in der Fremdsprache am wichtigsten und wertvollsten ist. Dabei unterscheiden wir zwischen Wortschatz, den man zum Verstehen braucht (rezeptiver Wortschatz) und Wortschatz für eigene Äußerungen (produktiver Wortschatz). Aus der Forschung wissen wir, dass die S zwar in der Regel recht schnell viele Wörter auf Deutsch (eventuell auch mithilfe ihrer Kenntnisse in anderen Sprachen) verstehen können. Das bedeutet aber noch nicht, dass dieses Vokabular auch produktiv von den S benutzt werden kann. Damit Ihre S neuen Wortschatz aktiv gebrauchen, müssen diese Wörter in vielfältiger Weise immer wieder im Unterricht gehört, geschrieben, gesprochen und in unterschiedlichen Kontexten verwendet werden. Es reicht nicht aus, eine Anzahl Wörter als Hausaufgabe auswendig lernen zu lassen. Wortschatz sollte immer wieder im Unterricht aufgegriffen, wiederholt, geübt und angewendet werden. Im Kurs- und im Übungsbuch gibt es daher zahlreiche Aktivitäten, durch die der neu erworbene Wortschatz auf vielfältige Weise vernetzt, sinnvoll geordnet und somit im Gedächtnis verankert wird.

Tipp: In der Forschung zum Wortschatzerwerb gilt nach wie vor die Arbeit mit Lernkärtchen, bei denen sich die S gegenseitig abfragen, als die effektivste Form des Wörterlernens. Lassen Sie daher Ihre S zu Beginn des Unterrichts jeweils 5 Minuten Wortschatz mithilfe von Kärtchen (oder auch Listen) wiederholen. Die S fragen sich dabei abwechselnd und Sie können in der Zeit andere Dinge erledigen (z. B. den Computer einschalten, einen Tafelanschrieb vorbereiten usw.). Auch können Sie Ihre Klasse den *Thematischen Wortschatz* aus dem Anhang des ÜB auf diese Weise erschließen lassen.

Hinweise zur Arbeit mit besonderen Aufgabenformaten und Materialien in Klasse!

Im Kursbuch:

„Was kann ich nach Kapitel …?"

Die S finden auf dieser letzten Seite des Kapitels im KB eine knappe Zusammenfassung und kurze Partnerübungen zu den Inhalten des jeweiligen Kapitels, wie z. B. Wortschatz, Sätze, Dialoge, Grammatik, und Strukturen, mit denen sie sprachlich handeln. Lassen Sie die S mit dieser Rückschauseite ihr Wissen und Können selbstständig überprüfen. Die S übernehmen damit ein Stück Verantwortung für ihren Lernprozess. *Vorgehen:* Die S decken die linke Spalte ab und lösen die Aufgaben in der rechten Spalte zu zweit. Bei Unsicherheiten und zur Kontrolle hilft den S die linke Spalte. Sammeln Sie nach den Übungen im PL, was gut geklappt hat oder was noch schwierig war.

Im Übungsbuch:

„Was kann ich?"

Auf der letzten Seite der Kapitel im ÜB finden die S – analog zur „Was kann ich nach Kapitel …?"-Seite im KB – Übungen zur eigenen Evaluation der Kapitel-Inhalte. *Vorgehen:* Bearbeiten Sie nach Kapitel 1 diese Rückschauseite zum Kennenlernen der Aktivitäten im ÜB ausnahmsweise gemeinsam in der Klasse. Lassen Sie die S auf diese Weise entdecken, wie die Seite aufgebaut ist und wie die Arbeit mit ihr funktioniert. Die S arbeiten dabei am besten in PA. Geben Sie Hilfestellung. In den folgenden Kapiteln können die S diese Seiten dann individuell als HA machen. Thematisieren Sie dennoch auch bei späteren Kapiteln diese Rückschauseiten regelmäßig in der Klasse. So stärken Sie die S auf dem Weg der Selbstevaluation.

Im Kursbuch:

Freie-Wahl-Aufgabe

„Freie-Wahl" ist ein wiederkehrender Aufgabentyp am Ende jedes KB-Kapitels, bei dem verschiedene Aufgaben zur Wahl stehen. Die Aufgabenmöglichkeiten sind bewusst oft sehr unterschiedlich gewählt. So ergibt sich eine natürliche Differenzierung, bei der die S nach ihren eigenen Vorlieben und ihrem Lernstand entscheiden können. *Vorgehen:* Zur Vorbereitung können Sie Zettel mit der Aufschrift *A*, *B* und (ggf.) *C* an die Wände hängen und kurz die verschiedenen Aufgabenmöglichkeiten erläutern, die zur Wahl stehen. Die S stellen sich je nach Vorliebe zu den Zetteln. Dann bearbeiten sie in PA oder KG die gewählte Aufgabe. Möglich ist auch ein Mehrheitsentscheid, nach dem diejenige Aufgabe, die von den meisten gewählt wurde, anschließend von allen S bearbeitet wird. Dieses Vorgehen bietet sich an, wenn die Aufgaben unterschiedlich viel Zeit brauchen. Im LHB wird an diesen Stellen immer eine der beiden Alternativen empfohlen.

Im Übungsbuch (und manchmal im Kursbuch):

ODER-Übung/Aufgabe

Die „ODER-Übungen" (im ÜB) und „ODER-Aufgaben" (im KB) bieten die Möglichkeit zur Binnendifferenzierung innerhalb eines Aufgabentyps. So unterscheiden sie sich zum Beispiel häufig in der Sozialform (allein oder mit einem Partner) und im Angebot von Hilfen für die Bewältigung des Arbeitsauftrags. *Vorgehen:* Die S wählen selbst, welche Variante ihnen mehr Spaß macht und welche sie sich eher zutrauen.

Im Übungsbuch:

Perfekt-Übungen

Am Ende jedes ÜB-Kapitels findet sich eine eigens gekennzeichnete Perfektübung. Hier werden nach und nach die Perfektformen von bereits aus A1 und A2 bekannten, aber auch neuen unregelmäßigen Verben zusätzlich erarbeitet. *Vorgehen:* Regen Sie an, dass die S sich ausgehend von diesen Übungen eine Lernkärtchen-Kartei anlegen (bzw. die in Band A2 angelegte weiterführen) und diese zur fortwährenden Wiederholung nutzen.

Im Kursbuch:

Mehrsprachigkeit

Im Sinne der *language awareness* werden die S in Klasse! immer wieder dazu angeregt, über Internationalismen und sonstige Ähnlichkeiten mit anderen Fremdsprachen und ihrer Muttersprache nachzudenken. Indem die S Sprachen vergleichen, wird eine Verknüpfung von neuem mit bereits vorhandenem Wissen erreicht und das neue Wissen besser im Gehirn verankert. Der Sprachvergleich gibt den jugendlichen Lernern zudem das Gefühl, schon über einiges Wissen zu verfügen, das sie beim Deutschlernen sinnvoll nutzen können. *Vorgehen:* Machen Sie den Sprachvergleich immer auch an der Tafel sichtbar. Fragen Sie nach, was an dem betreffenden Wort, an der Satzstruktur oder dem Laut ähnlich und was anders ist.

Im Kursbuch:

Redemittelclips und Grammatikclips

Die Redemittel- und Grammatikclips sind ein zusätzliches Angebot, um wichtige Redemittel und grammatische Strukturen einzuführen oder genauer zu verdeutlichen. Die unterhaltsame visuelle Veranschaulichung hilft den S, die Inhalte zu verinnerlichen. Zugleich stellt der Medienwechsel eine Abwechslung im Unterrichtsverlauf dar (Darbietung durch andere Stimmen, Musik usw.).
Vorgehen: Nutzen Sie die Clips individuell, wo sie Ihnen sinnvoll erscheinen, z. B. zur Einführung, zur Wiederholung des in der letzten Stunde erarbeiteten Wissens oder auch zum Nachahmen.

Im Kursbuch:

Lernstrategien

Immer wieder werden den S Handy-Tipps im KB und ÜB begegnen, auf denen sie Tipps und Strategien zum Lernen finden. Gehen Sie auf die Strategien in der Klasse ein, um die Aufmerksamkeit der S auf das Handy-Symbol zu lenken und ihnen Ressourcen an die Hand zu geben.

Im Lehrerhandbuch:

Lernfalter

Zu jedem Kapitel wird im Lehrerhandbuch ein „Lernfalter" angeboten. Mit den Lernfaltern können die S neu erworbenen Wortschatz und neu erlernte Strukturen üben und festigen. Die Progression der Aufgaben ist von geschlossenen hin zu offeneren geordnet.
Vorgehen: Die S arbeiten in PA, dazu bekommt jeder eine Kopie des Lernfalters, der in der Mitte gefaltet wird. Person A stellt eine Aufgabe (hat aber auch die Lösung) und Person B löst sie, ohne die Lösung zu kennen. A kann bei Schwierigkeiten helfen. Normalerweise sind die Lernfalter so angelegt, dass die S nach der Hälfte der Aufgaben ihre Rollen wechseln, sodass beide Partner einmal die Experten und einmal diejenigen sind, die die Aufgaben lösen müssen. Somit ist eine Selbstevaluation der S möglich, da es immer eine Kontrolle und eine Lösung gibt. Es ist auch möglich, mit den Lernfaltern alleine zu arbeiten.
Tipp: Die Erfahrung zeigt, dass die S Spaß daran haben, selbst Lernfalter zu erstellen.

Im Lehrerhandbuch:

CLIL-Kopiervorlagen

In den Kapiteln 3, 6, 8 und 12 finden Sie je eine Aufgabe, die mit dem CLIL-Symbol gekennzeichnet ist. Es handelt sich um Aufgaben, bei denen ein fächerübergreifender Unterricht mit oder bei einer anderen Fachlehrkraft durchgeführt werden kann. Im LHB gibt es zu diesem Zweck eine Kopiervorlage und eine kurze didaktische Erläuterung, wie eine Fachlehrkraft mit dem Material eine Unterrichtsstunde gestalten könnte. In Band B1 sind das die Fächer Geografie/Biologie, Wissenschaft und Technik, Geschichte/Politik und Kunst. Die CLIL-Angebote sind lediglich als „Ausstieg" aus dem Deutschlehrwerk für einen Übergang in das andere Fach gedacht, ohne fachlich allzu sehr in die Tiefe gehen zu können. Es handelt sich also um Material als Impulsgeber für eine Unterrichtseinheit, die noch weiter ausgebaut werden kann.

Im Kursbuch:

Filmclips in den Plateaus

In einer kurzen Filmsequenz aus dem Leben einer Gruppe von Jugendlichen werden die Themen der vorangegangenen Kapitel aufgegriffen und wiederholt. So wird den S die Lebenswelt deutscher Jugendlicher nähergebracht und mit dem Gelernten verknüpft. Die Videoseite didaktisiert den Filmclip kleinschrittig und bietet abwechslungsreiche Aufgaben zum Hör-Seh-Verstehen.

Im Downloadbereich:

Grammatik-Kopiervorlagen

Die Grammatik-Kopiervorlagen bieten die Inhalte der Grammatikkästen aus dem KB mit Lücken zum Ausfüllen. Sie können sie einsetzen, um das selbstentdeckende Lernen der S zu fördern.
Vorgehen: Kopieren Sie die Vorlagen (die S können sie zu Hause auch selbst ausdrucken). Die S bearbeiten sie in PA, anschließend vergleichen Sie im PL oder Sie lassen die S ihre Ergebnisse mit dem Grammatikkasten im KB vergleichen. Zum Schluss kleben die S die ausgefüllten Kopiervorlagen in ihr Heft (oder die S legen eine eigene Mappe mit den Kopiervorlagen an).
Sie können die Grammatik-Kopiervorlagen auch als Wiederholung benutzen, um das Wissen noch einmal zu aktivieren, z. B. mit allen Grammatikvorlagen eines Kapitels, bevor Sie ein neues Kapitel beginnen. Die Grammatikclips können hier als Vorentlastung dienen.

Im Kursbuch:

Sprachmittlung

Jedes Kapitel und jedes Plateau bietet eine Aufgabe zur Sprachmittlung zwischen L1 und L2 gemäß dem neuen GER 2019. Hier trainieren die S, gehörte oder gelesene Texte in authentischen Situationen mit eigenen Worten und den ihnen zur Verfügung stehenden sprachlichen Mitteln an andere weiterzugeben. Dabei sind beide Richtungen der Sprachmittlung möglich, von Deutsch zur Muttersprache oder von der Muttersprache zu Deutsch. Eine Eins-zu-eins-Übersetzung (mit Beachtung etwa der Satzstrukturen, der inhaltlichen Reihenfolge, des Stils usw.) ist nicht angestrebt.

Schön und fit?

Willkommen zurück!

Hinweis: Wenn Sie mit dem Kursbuch B1 im neuen Schuljahr beginnen, bietet es sich an, dass die S mit dem Wiederholungsspiel einsteigen, um das bereits Gelernte abzurufen. Sie als Lehrkraft können dabei sehen, wo ggf. mehr Wiederholung nötig ist.

Lesen Sie im PL die Spielbeschreibung und gehen Sie die Inhalte der blau eingefärbten Kreise gemeinsam durch. Die S können sich zudem, falls sie das Wort *der Abfalleimer / der Mülleimer* noch nicht kennen, dieses zum Foto vom grünen Abfalleimer/Mülleimer auf der linken Seite notieren. Die S spielen anschließend zu dritt. Ein S bearbeitet die Aufgabe und die anderen beiden kontrollieren, ob sie richtig gelöst wurde. Dabei gibt es für jeden korrekt gelösten Kreis einen Punkt. Die Punkte werden notiert.

Bei eindeutigen Aufgaben, z. B. der Frage, was Kim gestern gemacht hat, machen alle S, die auf dieses Feld kommen, dieselbe Aufgabe, selbst wenn sie vorher schon gelöst wurde, denn durch die Wiederholung gibt es einen guten Einprägungseffekt. Bei Aufzählungsaufgaben (z. B. dem Nennen von verschiedenen Lebensmitteln) sollen die S jeweils neuen Wortschatz nennen.

Bei Vorgabe von mehreren Alternativen (z. B. bei den *weil*-Sätzen) wählen die S eine, die noch nicht bearbeitet wurde. Verteilen Sie für jede KG ein Lösungsblatt, damit sich die S in den KG selbst kontrollieren können. Ggf. bestimmen die S eine/-n Experten/Expertin und nur diese/-r darf auf das Lösungsblatt schauen.

Variante: Zerschneiden Sie die Lösungsblätter und stecken Sie die einzelnen Lösungen in Briefumschläge oder knicken Sie die Lösungsblätter, sodass die S nur die benötigte Lösung nehmen und sehen können.

Münzen, Spielfiguren Kopiervorlage

Lerninhalte: Personen beschreiben | über Körper, Hygiene, Schönheit, Selbstdarstellung und Fitness sprechen | einen Text aus einer Schülerzeitung verstehen | eine Meinung äußern, zustimmen und wiedersprechen | etwas begründen
Wortschatz: Aussehen | Körper und Hygiene | Nomen mit *-ung, -heit, -keit*
Grammatik: reflexive Verben mit Akkusativ und Dativ | *deshalb, daher, darum, deswegen* | Nebensatz mit *weil/da* | Nebensatz mit *obwohl*
Aussprache: Satzmelodie bei Aussage, Frage, Aufforderung
Lernen lernen: Lernkarten mit Beispielen schreiben | Wortfelder aufbauen mit Mindmaps

	Erläuterungen zum Unterricht	Material
1a	In KG vorgehen wie beschrieben. Unbekannte Wörter klären die S untereinander oder im Wörterbuch. **Lösungsmöglichkeiten:** *die Mode, der Stil, modern/altmodisch, schön/hübsch, cool, schick, hässlich* und *(nicht) gut aussehen* können je nach Bewertung und aktueller Mode überall zugeordnet werden; 1. der Schmuck, das Make-up, die Frisur, das Tattoo, das Piercing – 2. sportlich, der Sport, trainieren, die Muskeln (Pl.), die Figur, die Frisur, die Fitness – 3. die Frisur – 4. elegant, die Frisur – 5. der Schmuck, die Frisur, das Make-up – 6. *(je nach Bewertung)* der Sport	
	Variante: Verteilen Sie Kopien der Fotos an die S in KG. Jede KG notiert eigene Assoziationen zu ihrem Foto, danach stellen sie ihr Foto mit dem Vokabular vor. Dann schlagen sie das Buch auf und notieren in einer anderen Farbe die Wörter zu ihrem Foto, die ihrer Meinung nach passen. Vergleich im PL. → **Wortschatzspiele**	Fotos
1b	Die S arbeiten zu dritt und jede Person ist für zwei Fotos verantwortlich. Sie haben 1–2 Minuten Zeit, um sich weitere Wörter zu überlegen, und beschreiben dann ihre Person. Die anderen achten auf die Verbstellung. Und sie reagieren auf die Beschreibung, z. B. *Das finde ich gut. Die Person ist sportlich. – Das stimmt nicht, ich finde, die Person sieht gut aus.*	
	Variante: Die S arbeiten zu sechst und beginnen mit Foto 1: Jede/-r muss einen Satz pro Foto sagen. Die Informationen dürfen sich nicht wiederholen, weshalb die S aufmerksam zuhören müssen. Es beginnt immer ein/-e andere/-r S, sodass alle einmal als Erstes und als Letztes an der Reihe sind.	Fotos
1c	In KG vorgehen wie beschrieben.	
	Variante: In KG schreiben die S einen kleinen Text in der Ich-Person zu einer der Personen. Dann lesen sie die Texte vor und die Klasse benennt, zu wem der Text passt. Bei großen Gruppen können Sie die Texte auch aushängen, alle lesen sie und sagen dann, welche Person zu welchem Text passt.	
1d	Die S sprechen über ihre eigene Lebenswirklichkeit und nehmen dabei ggf. Bezug auf die Fotos.	
	Variante: → **Kugellager** oder **Sprechmühle**.	
	Erweiterung: Beschreibung von Personen: Die Hälfte der Klasse verlässt den Raum. Schreiben Sie eine Liste mit den Namen derer, die noch im Raum sind, und geben diese den S, die vor der Klasse stehen – und umgekehrt. Nun versuchen die S sich an alle Dinge bezüglich des Aussehens der S zu erinnern, die auf ihrer Liste stehen, und formulieren konkrete Sätze zu Aussehen/Kleidung der anderen Personen. Nach 5–10 Minuten	

(je nach Klassengröße) kommen die S wieder herein. Beide Gruppen lesen ihre Sätze pro Person vor, ohne den Namen zu nennen. Die beschriebene Person steht auf. Anschließend können Sie mit den Sätzen etwas zu Fehlerkorrektur machen → **Fehlerauktion, Findet die Fehler**.

Du und dein Körper	
2a Intuitiv ordnen die S die Wörter den Bildern zu. Vergleich im PL, indem die S Sätze wie im Beispiel bilden. **Lösung:** 2. sich rasieren, 3. sich umziehen, 4. sich waschen, 5. sich die Haare färben, 6. sich schminken, 7. sich die Haare schneiden, 8. sich kämmen **Variante:** Schneiden Sie die Bilder und die Ausdrücke als Karten aus und die S ordnen sie haptisch zu. Oder erstellen Sie ein Flipchart und die S bearbeiten diese Aufgabe am Interactive Whiteboard.	Karten
2b Bevor die S die Statements lesen, lesen sie die Sätze 1–8, sehen sich die Fotos an und stellen Vermutungen an, welcher Satz zu welcher/-m Jugendlichen passt. Dann lesen sie die Texte und ordnen zu. **Lösung:** 1. Julia, 2. Asia, 3. Hannes, 4. Asia, 5. Hannes, 6. Asia, 7. Julia, 8. Hannes **Binnendifferenzierung:** Teilen Sie die Klasse in drei KG ein, jede ist für einen Text zuständig, den die S lesen, für den sie die richtigen Sätze heraussuchen und im Heft notieren.	
2c Die S lesen die Aufgabe und schreiben in PA die Tabelle ins Heft. Ggf. wiederholen Sie mit den S vorher noch einmal die Reflexivpronomen im Akkusativ mit der linken Tabelle in ÜB 2c, damit die S bei der Tabelle im KB die Unterschiede leichter erkennen können. Benutzen Sie den Grammatikkasten und den **Tipp** für die Erklärung. Lassen Sie anschließend mit den Verben im Grammatikkasten die S in KG, bei kleinen Gruppen im PL Sätze bilden. Die anderen S achten auf die Korrektheit. Zeigen Sie dann zur Festigung den Grammatikclip. Die Grammatik-KV können Sie als Wiederholung in einer Folgestunde nutzen. **Binnendifferenzierung:** Wenn Ihre S mehr Wiederholung zu den reflexiven Verben und den Reflexivpronomen im Akkusativ brauchen, dann schalten Sie z. B. die Grammatik-KV zu Kapitel 3, KB 6a aus **Klasse! A2** vor oder/und das dort in KB 6d angeregte Spiel sowie das dort zu KB 6f als KV angebotene Spiel. **Lösung:** *Akkusativ:* Ich schminke mich nicht. Ich kämme mich nicht. Ich rasiere mich. Ich ziehe mich nicht so oft um. – *Dativ:* Ich schneide mir die Haare. Ich färbe mir die Haare. Ich schminke mir oft die Augen. Ich muss mir bald oft die Zähne putzen. **Erweiterung:** → **Vier gewinnt, Widersprechspiel**	GR-Kopier-vorlage 🎞 G1
ÜB 2b Zur weiteren Übung in der Klasse, so können Sie noch einmal feststellen, ob das System verstanden wurde.	
2d Die S lesen noch einmal die in der Tabelle eingetragenen Sätze aus KB 2c und ziehen dann den Vergleich mit der eigenen Sprache. In sprachhomogenen Gruppen können die S eine Tabelle erstellen, welche von den gelernten reflexiven Verben in ihrer Sprache gleich sind. **Erweiterung:** Zum weiteren Üben benutzen Sie den Lernfalter.	Lernfalter
3a Vorgehen wie beschrieben. Machen Sie ein Beispiel mit einem S vor. **Variante:** → **Was machst du denn da?**	
3b In 3er-KG. Unsichere S können die Sätze vorher aufschreiben, um sie dann mit anderen zu kontrollieren.	Würfel
ÜB 3 Vorgehen in PA wie beschrieben. Vergleich im PL. **Erweiterung:** → **Synchronlesen:** Zu viert lesen die S die Minidialoge, immer 2 S lesen gemeinsam einen Teil, so müssen sie aufeinander achten und ein gemeinsames Tempo finden und trainieren dabei die Aussprache.	
Ach, deshalb macht er das!	
4a Die S sprechen in KG über den Comic. **Variante:** Kopieren Sie die Bilder einzeln und geben Sie jeder KG einen Satz Bilder. Die S legen selbst eine Geschichte, überlegen sich, was sie dazu sagen wollen, und erzählen ihre Version der Geschichte dann im PL. Danach weiter im Buch.	Karten
4b Vorgehen wie beschrieben. Lassen Sie die S vor dem Hören die Sätze lesen und klären Sie die unbekannten Wörter, z. B. *Angeber*. Erinnern Sie auch an die Bedeutung von *eigentlich* (Synonym: *normalerweise*), z. B. mit Beispielsätzen wie *Die Stadt muss eigentlich sparen. Aber Umweltschutz kostet Geld. – Eigentlich mag ich Jana, aber heute war sie echt blöd.* **Lösung:** 1. f, 2. f, 3. r, 4. f, 5. r, 6. r	🎧 1.02
ÜB 4a **ODER-Aufgabe:** Die S entscheiden selbst, welche der beiden Möglichkeiten sie nehmen möchten. Diese Aufgabe eignet sich auch gut als HA.	

ÜB 4b Die Aufgabe ist gut als HA geeignet. Besprechen Sie sie in der Klasse und lassen Sie die S Textstellen nennen, warum sie die Sätze in dieser Reihenfolge sortiert haben.

4c **Sprachmittlung:** Bei homogenen Gruppen fassen die S das Gespräch in PA zusammen und ein paar geben es noch einmal im PL wieder. Zur Kontrolle fragen Sie danach das PL: Ist alles Wichtige gesagt? War zu viel Überflüssiges vorhanden? So erinnern Sie die S noch einmal daran, worauf man bei der Sprachmittlung achten soll. In heterogenen Sprachgruppen gehen die S mit den gleichen Muttersprachen zusammen und fassen das Gehörte zusammen, oder sie suchen sich eine gemeinsame Vermittlungssprache, z. B. Englisch oder Arabisch. Geben Sie als HA auf, dass die S das Gespräch ihren Eltern/Verwandten, d. h. einer Bezugsperson in ihrer Muttersprache zusammenfassen sollen. Fragen Sie am nächsten Tag, ob diese Personen Nachfragen hatten (welche?) und wie man die Vermittlung noch verbessern könnte.

Binnendifferenzierung: Sprechen Sie vorab darüber, was bei einer Zusammenfassung eines mündlichen Gesprächs wichtig ist: *die Gesprächsteilnehmer und das Gesprächsthema nennen, nur das Wichtigste aus dem Gesprächsablauf erwähnen.*

Erweiterung: Wenn Sie im Inland unterrichten, ist es am besten, die S geben diese Aufgabe noch einmal auf Deutsch mit eigenen Worten wieder.

Lösungsvorschlag: *Eine Person, die ein Gespräch nicht mit angehört hat, fühlt sich nach der Zusammenfassung informiert: z. B.: Marie und Kim sprechen über das Profil von Nicklas. Sie haben gedacht, dass er nett und normal ist, aber er postet Angeber-Fotos. Sie zeigen ihn sportlich und cool. Er ist in Kim verliebt, deshalb postet er diese Fotos. Die beiden Mädchen wissen das, denn Kim hat eine Nachricht von ihm mit Herzen bekommen.*

4d Vorab wiederholen Sie den Gebrach von *deshalb* aus **Klasse! A2**. Sie können dazu die Übungen aus **Klasse! A2** nutzen oder Sie notieren verschiedene Beispielsätze an der Tafel und die S überlegen in KG, auf welchen Positionen *deshalb* stehen kann, wo das Verb steht und was *deshalb* bedeutet. Danach öffnen die S das Buch und sehen sich den Grammatikkasten an oder Sie nutzen die Grammatik-KV. In PA ergänzen die S mündlich die Sätze. Weisen Sie darauf hin, dass man die beiden Hauptsätze auch mit einem Punkt trennen kann und dann *Deshalb/Darum/Daher/Deswegen* großgeschrieben werden.
Lösungsvorschlag: 1. Daher postet er Angeber-Fotos. 2. …, darum zeigt er seine Muskeln. 3. …, deshalb postet er diese Fotos. 4. …, deswegen schreibt er ihr eine Nachricht. | GR-Kopiervorlage

4e Einstieg mit Gespräch im PL: *Wer von euch hat Instagram? Warum (nicht)? Was für Fotos postet ihr? Was seht ihr euch am liebsten an?* (auch als → **Sprechmühle** oder **Kugellager** möglich). In PA ergänzen die S dann die Kommentare. 2 Paare setzen sich zusammen und lesen ihre Kommentare.
Lösungsvorschlag: … lieber am Strand und schaue aufs Meer. – … bin ich traurig. – Ich habe meine Freunde lange nicht gesehen. Darum machen wir ein Selfie. – Heute ist mein Geburtstag, deshalb gehen wir zusammen Sushi essen.

Variante: Kopieren Sie die Fotos einzeln auf Papier und legen sie sie auf Tischen aus. Die S gehen in PA herum und schreiben Kommentare zu den Bildern und liken ggf. einzelne Beiträge. Geben Sie ihnen 10 Minuten Zeit, danach werden die Plakate aufgehängt und von allen gelesen. | Kopien der Fotos

4f Am besten geben Sie den S in der Stunde vorher als HA, dass sie ein Foto/Bild mitbringen, das sie gerne zeigen möchten. In KG sprechen die S über die Fotos und jede/-r beschreibt sein/ihr Foto und begründet, warum er/sie dieses Foto gewählt hat. Die S, die kein Foto mitgebracht haben, beschreiben ein Foto, das sie gern gezeigt hätten. Die anderen müssen mindestens eine Frage dazu stellen.

Variante: Die S schicken Ihnen die Fotos. Sie legen die Fotos aus und die S sagen, welches Foto zu welcher Person aus der Klasse passt und warum. Die angesprochene Person sagt, ob es ihr Foto ist oder nicht. Bei großen Gruppen machen Sie diese Übung in zwei Gruppen. → **Gruppenfindung** | ausgedruckte Fotos

5a Vorgehen wie beschrieben. Um Unruhe im PL zu vermeiden, zeigen Sie den Dialog zuerst nur an der Tafel und die S konzentrieren sich auf das Zuhören und die Handbewegung und schauen nicht nach unten ins Buch. Geben Sie ein Beispiel: Stoppen Sie nach dem ersten Satz und machen Sie die Handbewegung nach oben. Nach 1–2-maligem Hören öffnen die S das Buch, lesen den **Tipp** und sprechen den Dialog noch einmal in PA.
Lösung: *Gehen wir jetzt?:* Stimme nach oben – *Ich muss mich …:* nach unten – *Warum hast du dich …:* nach unten – *Ich hatte keine Zeit.:* nach unten – *Du hattest keine Zeit?:* nach oben – *Genau.:* nach unten – *Dann zieh dich …:* nach unten – *Okay.:* Stimme nach unten

Erweiterung: Erstellen Sie zu diesem Dialog ein → **Dialoggeländer**. | 1.03

ÜB 5a+b **ODER-Aufgabe:** Zur weiteren Übung der Aussprache. Die Klasse stimmt ab, welche der beiden Möglichkeiten sie machen möchte. Wenn sie sich für die Variante entscheiden, dass die S zuerst hören und dann schreiben, lassen Sie den Dialog am Ende zur Kontrolle noch einmal hören. Allgemeine Informationen zu den ODER-Aufgaben finden Sie in der Einleitung zum LHB. In ÜB 5b lesen die S die Dialoge in PA. → **Tipps zum Vorlesen**

5b	In PA vorgehen wie beschrieben. Lassen Sie die Paare 2–3 mal wechseln.	

Ich finde das schön!

6a	Zeigen Sie die vorgegebenen Titel groß an der Tafel und lassen Sie die S Vermutungen anstellen, was eine Person, die diese Aussagen macht, jeweils damit meint. Klären Sie dabei unbedingt noch einmal den Begriff *Aussehen* und das zugehörige Verb. Notieren Sie dazu Redemittel zu Vermutungen an der Tafel. Fragen Sie dann, mit welchem Titel sich die S identifizieren können. (Über die einzelnen Texte und Meinungen sollen die S später in KB 6c noch ausführlich diskutieren.) Danach lesen die S die Texte und ordnen die Titel zu. **Lösung:** Linus: Ein fitter …, Anna: Der Charakter …, Miro: Ich habe …, Selin: Der Vergleich …	
	Variante: → **Kooperatives Lesen.** Lesen Sie dazu den Eingangstext im PL mit allen und verteilen Sie dann die Texte der vier Jugendlichen an die verschiedenen Gruppen.	
	Erweiterung: → **Stelle die richtigen Fragen,** → **Synchronlesen** mit dem Eingangstext	
	Lesen Sie den **Tipp** im PL und lassen Sie die S weitere Beispiele nennen, die sie schon kennen (Beispiele aus A2: *Freiheit, Besonderheit, Gesundheit, Lösung, Meinung, Mischung, Pünktlichkeit, Süßigkeit, Sehenswürdigkeit*).	
	Erweiterung: Die S schreiben die Wörter jeweils auf Kärtchen und mischen sie, dann ziehen sie eine Karte in der KG und bilden einen Satz mit dem Wort. Die anderen S der KG achten auf den Sinn und die Korrektheit.	Kärtchen
6b	Die S lesen den Grammatik-Kasten oder bearbeiten die Grammatik-KV. Nebensätze mit *weil* kennen die S schon aus **Klasse! A2.** Nun erweitern sie ihren Wortschatz, indem sie lernen, dass *weil* und *da* Synonyme sind. Danach vorgehen in PA wie beschrieben. Anschließend Vergleich mit einem anderen Paar. Zweifelsfälle werden im PL besprochen. **Lösung:** 1. …, da die Leute ihre Bilder vorher bearbeitet haben. 2. …, weil sie (für nicht perfekte Fotos) gemeine Kommentare bekommen. 3. …, da er Muskeln schön findet und gut aussehen will. 4. …, weil jeder so in Ordnung ist, wie er oder sie ist. 5. …, da er nicht wie alle aussehen will. 6. …, weil sie online immer diese perfekten Fotos sehen / weil sie sich mit den perfekten Fotos vergleichen.	GR-Kopier-vorlage
	Variante: Wenn Sie die Variante in KB 6a bearbeitet haben, dann gehen die S für KB 6b wieder in ihre Ausgangsgruppen zurück und bearbeiten die Aufgabe in der Gruppe. Dann werden die Sätze vorgelesen und die jeweiligen Experten und Expertinnen achten darauf, ob der Satz richtig beendet wurde.	
	Binnendifferenzierung: Oft hilft es, wenn die S eine „Geschichte" für ihr episodisches Gedächtnis bekommen, damit sie sich an diese Struktur besser erinnern: Notieren Sie die Struktur von Satzgefügen mit vorangestelltem Nebensatz an der Tafel und erklären Sie den S, dass dieser Satzbau auch die „Smiley-Struktur" genannt werden kann. Malen Sie unter die zwei *V*s für die Verben einen Smiley-Mund: *Obwohl …* V, V … In der Zukunft können Sie immer wieder an die Smiley-Struktur erinnern.	
6c	Vorgehen in KG wie beschrieben. Nennen Sie noch mal das Thema: *Aussehen – zu wichtig?*	
	Variante: Die S schreiben die Redemittel auf drei verschiedenfarbige Karten. Eine Farbe ist für *Meinung äußern*, eine für *zustimmen* und eine für *ablehnen*. Sie S diskutieren in KG und immer, wenn sie ein Redemittel benutzt haben, legen sie es ab. Wer hat als Erstes kein Redemittel mehr?	
	Hinweis: Wenn Sie die Variante machen, heben Sie diese Karten in der Klasse auf. Wenn Sie Diskussionsrunden machen, dann können sie immer auf die Karten zurückgreifen.	
	Erweiterung: Für ein strukturiertes Üben der Redemittel bilden Sie 3er-KG und kopieren die KV für jede Dreier-KG einmal. Schneiden Sie die Karten aus. Jede KG bekommt einen Satz Karten. Zeigen Sie als Hilfe die Redemitteltabelle an der Tafel oder die S haben das Buch geöffnet. S 1 zieht eine Karte und sagt zu dem Thema seine/ihre Meinung. S 2 muss zustimmen und S 3 muss ablehnen. Dann zieht S 2 eine Themenkarte und sagt seine/ihre Meinung. S 3 stimmt zu und S1 lehnt ab etc. Dies dient zum Einschleifen der Redemittel und sollte nach einer Weile relativ schnell gehen. Es kann auch lustig werden, weil die S zustimmen und ablehnen müssen, obwohl es teils nicht ihre eigene Meinung ist.	Kopier-vorlage
6d	In EA vorgehen wie beschrieben. Auch als HA geeignet. Lassen Sie die S mindestens einen Text zur Meinungsäußerung formulieren, das ist insbesondere wichtig, wenn sich die S auf eine Prüfung vorbereiten wollen.	
	Erweiterung: → **Schreibtraining** Legen Sie den grammatischen Fokus auf Konjugation und Position des Verbs. Wenn Sie möchten, können Sie dann die Texte zur Korrektur mitnehmen.	
	Variante: Die S schreiben in EA oder PA eine Meinung. → **Stiller Dialog** Erweiterung nach der Korrektur der Texte: → **Fehlerauktion, Findet die Fehler**	

Ich mache das, obwohl …

7a	Die S lesen die Vorgaben. Klären des Wortschatzes im PL. Dann hören die S den Text und schreiben die Lösungssätze ins Heft. Spielen Sie den Audiotext ggf. noch einmal vor. Vergleich in PA. Bei Fragen besprechen Sie die	1.04

	Lösung im PL. Dann lesen die S die Sätze abwechselnd laut in PA. Gehen Sie dann erst auf die Bedeutung von *obwohl* ein und grenzen Sie es zu *weil* ab. Fragen Sie: *Was bedeutet* obwohl? und erklären Sie ggf. mit weiteren Beispielen, dass der *obwohl*-Satz immer etwas ausdrückt, das normalerweise der Handlung im Hauptsatz entgegensteht. Gehen Sie anschließend darauf ein, dass der Satzbau bei allen Nebensätzen identisch und so den S schon bekannt ist (konjugiertes Verb am Nebensatzende, Subjunktion am Nebensatzanfang). Sie S lesen den Grammatikkasten oder ergänzen direkt die Grammatik-KV.	GR-Kopiervorlage
	Erweiterung: Lassen Sie hier mündlich die Umstellung des Nebensatzes ins Vorfeld machen und erinnern Sie die S daran, dass auch der ganze Nebensatz Position 1 bekleiden kann und danach direkt nach dem Komma das Verb des Hauptsatzes kommt – wie in der Binnendifferenzierung in KB 6b mit der Smiley-Struktur erwähnt. **Lösung:** 1. … er kein Geld hat. 2. … sie teuer ist. 3. … er das blöd findet. 4. … es (ihr) Spaß macht. 5. … er schlank bleiben will. 6. … es ungesund ist.	
7b	In PA vorgehen wie beschrieben. Als Ergebniskontrolle lesen ein paar S ihre Sätze vor. Die anderen hören zu und achten darauf, ob der Satz Sinn ergibt und ob die Struktur korrekt ist. **Lösungsvorschlag:** A: Obwohl es regnet, joggt er. B: Obwohl es sehr heiß ist, trägt sie eine Wintermütze. C: Er kauft die Schuhe, obwohl sie sehr teuer sind. D: Sie macht ein Selfie an der Straße, obwohl es gefährlich ist. E: Er trainiert, obwohl er sein Bein gebrochen hat / obwohl er verletzt ist.	Papier
	Erweiterung: Die S arbeiten in PA und malen Bildvorgaben für *obwohl*-Sätze wie im KB. Sie schreiben den Satz mit *obwohl* auf die Rückseite. Sammeln Sie die Bilder ein und verteilen Sie sie neu im Raum. Die S gehen herum und bilden mündlich Sätze zu den Bildern, dann kontrollieren sie mit der Rückseite	
	Erweiterung: Die S spielen in PA mit einer Kopie der KV wie dort beschrieben. Hier werden alle den S bekannten Nebensätze wiederholt (*wenn, dass, da/weil, obwohl,* indirekte Fragesätze).	Kopiervorlage
8	**Freie Wahl:** Lesen und klären Sie die Aufgaben im PL. Die S wählen eine Aufgabe und bearbeiten diese gemeinsam mit den anderen S, die sich auch für diese Aufgabe entschieden haben. Geben Sie den S 20 Minuten Zeit. Bei Option A können die S mehrere Gespräche simulieren. Freiwillige können am Ende vor dem PL ein Gespräch vorspielen. Sagen Sie den S, dass sie bei Aufgabe B so detailliert wie möglich arbeiten sollen. Am Ende präsentiert Gruppe B ihre Mindmap und neue Wörter werden geklärt, dann wird sie aufgehängt. Aus Aufgabe C können Sie bei Interesse auch eine **Projektaufgabe** für die gesamte Klasse gestalten. Freiwillige stellen ihre Ergebnisse vor, evtl. können sie auch einen Teils des Vlogs zeigen, um ihre Meinung zu begründen.	
ÜB 8a	Vorgehen wie beschrieben. Geben Sie den S vorher ein paar Minuten Zeit, um die Wörter zu lesen, und klären Sie sie dann im PL. Lassen Sie dabei andere S die Wörter auf Deutsch definieren, wenn diese wissen, was die Wörter bedeuten. Ab B1 sollten die S unbedingt anfangen, Wörter auf Deutsch zu definieren. **Variante:** → **Paare finden** mit Schülern	
ÜB 8b	Vorgehen wie beschrieben. **Variante:** → **Wortschatzspiele: Kimspiel** mit Wortkarten	
ÜB Perfekt	Auch in Klasse B1 setzt es sich fort, dass es in jedem Kapitel eine Wiederholungsübung zum Perfekt gibt. Die S ergänzen die Partizipien zu den Sätzen. Auch als HA geeignet. Wenn Sie die Perfekt-Karten-Kartei in Stufe A2 schon begonnen haben, dann führen Sie sie nun mit den Verben aus **Klasse! B1** weiter und regen Sie die S an, die Karten immer wieder zur Wiederholung zu nutzen. Oder geben Sie ihnen zwischendurch immer wieder Zeit, mit den Karten zu üben. Die S sollen dabei sowohl die Formen wiederholen als auch ganze Sätze formulieren. → **Perfekt**	Karten
	Was kann ich nach Kapitel 1?	
	Die S bearbeiten die „Was kann ich"-Seite im KB und im ÜB wie in der Einleitung zum Lehrerhandbuch beschrieben. Zur Erinnerung: Im KB wird die linke Spalte abgedeckt, die Aufgaben in der rechten Spalte werden in PA bearbeitet – und im Anschluss mithilfe der linken Spalte kontrolliert. **Binnendifferenzierung:** In schwächeren Gruppen können Sie die linke Spalte erst im PL lesen und besprechen. Anschließend folgt die PA, bei der die linke Spalte zugedeckt wird.	
ÜB	Bearbeiten Sie zum Kennenlernen der Aktivitäten nach Kapitel 1 die Seite „Was kann ich?" im ÜB ausnahmsweise in der Klasse. Lassen Sie ggf. neue S entdecken, wie die Seite funktioniert und wo sie die Lösungen finden. Die S arbeiten dabei am besten in PA. Geben Sie Hilfestellung. Ist alles klar, können die S von nun an die „Was kann ich?"-Seiten individuell als Hausaufgabe machen. Thematisieren Sie dennoch bei späteren Kapiteln diese Seiten regelmäßig im Kurs, um die S auf dem Weg der Selbstevaluation zu stärken.	

Lerninhalte: einen Radiobeitrag zu Medien verstehen | über Studien zur Mediennutzung sprechen | Regeln für die Mediennutzung aufstellen und präsentieren | über Vorlieben sprechen | einen Artikel über Sprachassistenten verstehen | in einem Chat in Chatsprache schreiben
Wortschatz: Medien und Geräte | Mengenangaben *(Prozent, die Hälfte …)* | Chatsprache
Grammatik: WH: unbestimmte Zahlwörter | WH: Adjektive nach dem bestimmten und dem unbestimmten Artikel | Komparativ und Superlativ als Adjektiv | Adjektive ohne Artikel
Aussprache: s-Laute
Lernen lernen: Vor dem Hören Vermutungen zum Inhalt sammeln

	Erläuterungen zum Unterricht	Material
1a	Bevor die S sich mit den angegebenen Fragen beschäftigen, steigen Sie mit einem offenen Gespräch zum Thema *Medien / online sein* ein, indem Sie die über den Testfragen bei *Du und deine Medien* notierten Fragen stellen. Das kann auch als → **Sprechmühle** geschehen. Dann lesen die S die Fragen 1–9, klären ggf. Wortschatz, machen in EA den Medientest und erstellen anschließend eine → **Klassenstatistik**. Dann Gespräch über die Ergebnisse wie angegeben. **Variante:** Je 2 S sind für eine Frage verantwortlich und sammeln die Antworten, dann schreiben alle parallel ihre Antworten an die Tafel. Das spart Zeit und alle S sind beschäftigt. **Variante:** Anstatt eine Klassenstatistik an der Tafel zu erstellen, sammeln die S die Ergebnisse digital und erstellen ein Diagramm bei Excel. Sie können es mit den Ergebnissen der Umfrage aus KB 1b ergänzen.	Computer-programm Excel
1b	Die S wechseln die Perspektive und sollen nun für ihre Eltern denken. Adaptieren Sie dazu im PL den Fragenbogen: Lassen Sie die Fragen Nr. 3 und 7 weg und einigen sich bei Frage Nr. 8 bei der letzten Option auf eine Alternative, die zu Eltern passt. Dann beantworten die S den Test, wie sie denken, dass ihre Eltern antworten würden. Sie erstellen dazu auch wieder eine → **Klassenstatistik**. Gehen Sie dabei ggf. wieder wie in der ersten Variante bei 1a vor. **Erweiterung:** Die S fragen wirklich ihre Eltern zu Hause und bringen die Ergebnisse mit. Diese werden auch an der Tafel notiert bzw. in der Excel-Tabelle ergänzt und aus ihnen ein Diagramm dargestellt. So haben die S drei Ergebnisse, die sie vergleichen können: Ihre eigenen Antworten, die geschätzten und die wirklichen Antworten der Eltern. Gespräch über die Ergebnisse: *Was hat überrascht? Was ist genauso wie erwartet?*	Excel
	Medien für alle – Regeln für alle	
2a	Die S lösen in PA die Aufgabe, Vergleich im PL und Klärung der unbekannten Wörter. **Lösung:** 1. eine Nachricht ansehen, aufnehmen, bekommen, herunterladen, hören, drucken, googeln, lesen, anklicken – 2. eine App ansehen, bekommen, benutzen, herunterladen, googeln, anklicken – 3. eine Serie/Sendung ansehen, aufnehmen, bekommen, herunterladen, hören, googeln, anklicken – 4. einen Bericht im Radio aufnehmen, herunterladen, hören – 5. den Wetterbericht in der Zeitung ansehen, lesen – 6. Streamingdienste benutzen, googeln, anklicken – 7. ein Video ansehen, aufnehmen, bekommen, herunterladen, googeln, anklicken – 8. einen Link bekommen, benutzen, drucken, anklicken – 9. Informationen bekommen, benutzen, herunterladen, hören, drucken, googeln, lesen, anklicken – 10. einen Artikel ansehen, bekommen, herunterladen, drucken, googeln, lesen, anklicken **Erweiterung:** Um auf die Lebenswirklichkeit der S einzugehen, lassen Sie die S zu jedem Nomen ein Verb notieren, das sie wirklich mit diesem Nomen benutzen. Dann erzählen die S wie in KB 2b beschrieben mit ihren notierten Nomen + Verben.	
2b	In PA erst mündlich wie beschrieben, dann schreiben die S in PA Sätze. 2 Paare gehen zusammen und lesen sich gegenseitig ihre Sätze vor und korrigieren sie ggf. Bei Zweifeln an der Korrektheit der Sätze werden diese im PL vorgelesen und gemeinsam besprochen.	
2c	Die S lesen die Aufgabe und die Fragen. Zuerst werden mögliche Fragen zum Vokabular erklärt. Dann sprechen die S in KG und stellen Vermutungen zu den Antworten an. **Variante:** Wiederholen Sie vor den KG-Gesprächen noch einmal Redemittel zu Vermutungen und notieren Sie diese an der Tafel, sodass die S diese Redemittel benutzen können: *Ich denke/glaube, dass … VERB. Vielleicht VERB … Es könnte sein, dass … VERB. Ich vermute, dass … VERB. Vermutlich VERB …*	
2d	Vorgehen wie beschrieben. Die S vergleichen nach dem ersten Hören in KG und ergänzen die Antworten der anderen S, dann wird noch einmal gehört. Danach vergleichen sie die Ergebnisse mit ihren eigenen Vermutungen im PL und sprechen darüber, was neu war. Lesen Sie mir den S den **Tipp**. **Lösung:** 1. Sie benutzen das Smartphone und das Internet. 2. Sie versenden Nachrichten (Texte, Videos, Fotos) in sozialen Medien; sie nehmen Sprachnachrichten auf und versenden sie. 3. Das ist ungefähr gleich: ca. 40 Prozent nutzen Fernsehen offline und ca. 40 Prozent nutzen Streaming; 60 Prozent sehen sich gern	🎧 1.05

Online-Videos an. 4. Nur 35 Prozent spielen regelmäßig digitale Spiele. 5. Ja. Sie sagen, dass die gleichen Regeln für Eltern und Kinder gelten sollen; 68 Prozent finden es nicht gut, dass die Eltern sich mit Medien beschäftigen, wenn sie mit den Kindern zusammen sind.

Binnendifferenzierung: Kopieren Sie die Sätze von der KV für mehrere KG, es handelt sich um Ausschnitte aus dem Hörtext. Diese KV bietet sich vor allem für die Klassen an, die Schwierigkeiten mit dem Hörverstehen haben. Die S machen → **Liedtext pflücken** mit dem Interview. Dann verteilen Sie die Kartensätze mit den Verben und die S ordnen sie den Streifen zu. Anschließend ordnen sie die Antworten den Fragen zu.

Kopiervorlage

2e+f	Vorgehen wie beschrieben. Vergleich in KG. Anschließend Gespräch in KG über die Unterschiedene zu den Heimatländern der S. Die KG nennen je ein, zwei Punkte im PL. **Lösung:** 1. … Internet. 2. … Videos. 3. … über Streamingdienste / … online. 4. … Bücher. 5. … Zeitung. 6. … der Jugendlichen / … der Studienteilnehmer. 7. … Eltern und Kinder gleich sind. 8. … sie.

(1.05)

ÜB 3	Als Vorentlastung für KB3. Gemeinsames Lesen der Punkte und ggf. Klärung. Dann erstellen die S eine eigene Rangliste der Situationen, anschließend vergleichen sie in PA und begründen ihre Entscheidung.

3	Die S lesen den Redemittelkasten und besprechen im PL als Wiederholung kurz die Satzstruktur der einzelnen Redemittel, d. h. wo und in welcher Form das Verb steht. Dann lesen sie die Aufgabe und bilden drei KG wie angegeben. Die S bearbeiten die Aufgabe wie vorgegeben. Geben Sie den S 10 Minuten Zeit, damit sie das Plakat auch grafisch gestalten können. Die S können zudem Bilder suchen und diese ausdrucken, wenn möglich. Im Anschluss präsentieren die S ihre Plakate und hängen sie auf.

Plakat

4a	Wiederholung der Zahlwörter. Vorgehen wie beschrieben. Die Grammatik-KV können Sie anschließend als Wiederholung nutzen, damit die S sich die korrekte Dativ-Ergänzung merken. **Lösung:** *Von links nach rechts:* wenige, einige/manche, viele, alle **Hinweis:** Weisen Sie die S darauf hin, dass ganz an der Spitze des Pfeils noch das Wort *niemand* ergänzt werden kann (= 0 %). Die absoluten Wörter *niemand* und *alle* können durch Voranstellung von *fast* noch leicht abgeschwächt werden: *Fast alle haben heute Internet. Fast niemand lebt heute ohne Handy.*

(1.06)

GR-Kopiervorlage

ÜB 4a	Zeigen Sie den Tipp aus dem ÜB an der Tafel und lesen Sie ihn im PL. Lassen Sie die S einige Beispiele nennen, entweder selbst ausgedachte oder Beispiele, die im Bezug zur Grafik stehen.

4b	Bevor die S in PA mündlich die Sätze bilden, lesen Sie gemeinsam mit den S die beiden Sprechblasen. Spielen Sie mit ihnen als Wiederholung zwei, drei Sätze mit Prozentnennungen durch, z. B. *97 Prozent sagen, dass sie ein Smartphone benutzen. 97 Prozent (von den Jungen) benutzen ein Smartphone.* Dann sprechen die S in PA. **Erweiterung:** Als HA können die S Sätze zur Grafik schreiben. → **Findet die Fehler** **Lösungsvorschlag:** Fast alle Jugendlichen haben ein Handy oder ein Smartphone. Wenige Mädchen benutzen den Sprachassistenten. 77 Prozent von den Jungen haben einen Laptop oder einen Computer. Einige haben einen E-Book-Reader. Viele haben ein Radio.

ÜB 5	Zur Vorbereitung auf KB 5 sprechen die S gesteuert Minidialoge.

5a	Lesen der Aufgabe im PL und ggf. Klärung des Wortschatzes. In EA machen sich die S mithilfe des Redemittelkastens zu drei Aktivitäten Notizen. Gehen Sie vorher noch einmal im PL darauf ein, wie man sich Notizen macht; d. h. keine ganzen Sätze notieren, Symbole verwenden etc. Dann gehen die S in der Klasse herum, am besten zu Musik. Stoppen Sie die Musik und die S sprechen mit einer/-m anderen S in der Nähe, bis die Musik wieder einsetzt. Am Ende bilden die S einen Kreis. Nennen Sie einen Namen und alle S, die Informationen über diesen S haben, sagen ganze Sätze mit ihren Informationen. Zu dieser Aufgabe gibt es einen Redemittelclip, den Sie zur Veranschaulichung nutzen können. **Variante:** → **Sprechmühle, Reißverschluss, Kugellager, 90-60-30** **Binnendifferenzierung:** Kopieren Sie den Redemittelkasten aus dem Buch auf einen Zettel, auf dem sich die S dann Notizen machen können. So haben die S die Strukturen bei sich, wenn sie durch die Klasse gehen.

Musik

R2

5b →👤→	**Sprachmittlung:** Als HA geeignet. Ansonsten im Kurs; in hetereogenen Gruppen müssen die Fragenden im Kurs ggf. auf eine andere Sprache statt der Muttersprache, z. B. Englisch oder Arabisch, ausweichen. Erklären Sie die Aufgabe, die S fragen in ihrer Freizeit ihre Freunde und präsentieren anschließend ihre Ergebnisse in der KG. → **Präsentation der Ergebnisse**, hier bietet sich → **Marktstand** an. **Erweiterung:** Die S können einen Text über ihre Ergebnisse schreiben.

6a	Lesen Sie vor dem Hören die beiden Titel der Tabelle vor und übertreiben Sie, damit Ihre S die Unterschiede bei den *s*-Lauten genau hören können. Die S notieren die Tabelle im Heft, sortieren die vorgegebenen Wörter ein und kontrollieren in PA. Dann Vergleich an der Tafel. Notieren Sie alles an der Tafel und markieren Sie, wenn die S sich uneinig sind, die Zweifelsfälle gesondert. Hören Sie nur die Zweifelsfälle noch mal separat.

(1.07)

Lösung: _s_ wie in s̱agen: lesen, die Serie, sie, senden, sind, fernsehen, suchen
_s_ wie in fas̱t: dass, die Klasse, am liebsten, es, der Dienst, das Smartphone

6b	Vorgehen wie beschrieben. Anschließend wird der **Tipp** im PL gelesen. Fragen Sie nach Beispielen für das stimmhafte _s_ wie in _sagen_ am Wortanfang bzw. wie in _ansehen, Besuch_ am Beginn des Wortstammes nach Präfixen. Fragen Sie dann nach Beispielen für das _s_ wie in _bis_ am Wortende (stimmloses _s_). Ergänzen Sie, dass zu der Gruppe _s_ wie in _bis_ (also das stimmlose _s_) auch _ss_ bzw. das _ß_ gehört und dass das _s_ am Beginn mancher Fremdwörter (z. B. _das Smartphone, scannen_) stimmlos gesprochen wird. Weisen Sie darauf hin, dass _sp_ und _st_ am Wortanfang im Deutschen nicht zu den _s_-Lauten zählen, sondern _sch_ gesprochen werden. **Hinweis:** In Süddeutschland, Österreich und der Schweiz wird das standardsprachliche stimmhafte _s_ oft stimmlos gesprochen.

1.07

6c	In EA suchen die S weitere Wörter mit _s_ aus Kapitel 1. Sie notieren ihre Wörter in KGs in eine Gruppentabelle in der richtigen Spalte und üben dann gemeinsam in der KG oder in PA. Achten Sie dabei auf Wörter, in denen mehrere _s_-Laute mit ggf. unterschiedlicher Lautung vorkommen und besprechen Sie im PL genau, welches _s_ wie ausgesprochen wird. **Erweiterung:** Die verschiedenen Tabellen der KG werden an andere KG weitergegeben und es wird noch einmal geübt. Das kann auch als Wiederholung oder zur Vertiefung an einem anderen Tag dienen. **Lösungsvorschläge:** _s_ wie in _sagen:_ sieht, sie, sich, sofort, sympathisch, … – _s_ wie in _bis:_ hässlich, weiß, die Muskeln, die Fitness, passieren, posten, Nicklas, bereits, das, Fotos, … – beide s-Laute: (zu) sechst _(vorne stimmhaft, hinten stimmlos),_ aussehen _(erstes s stimmlos, zweites s stimmhaft, beides verschmilzt aber beim schnellen Sprechen zu einem stimmlosen s)_ **Erweiterung:** → **Aussprache: Wörter hören**

ÜB 6	Zur weiteren Übung der Aussprache.

Das ist ein Kassettenrekorder

7a	Einführung des neuen Vokabulars: Die S ordnen in PA die Wörter zu und notieren sie ins Heft mit einer Beschreibung oder dem Wort in ihrer Muttersprache. Vergleich im PL, lassen Sie dazu immer eine/-n S an die Tafel kommen und auf das Gerät zeigen. Klären Sie dann ggf. die Funktion des Geräts und die restlichen Wörter, die nicht auf dem Bild zu sehen sind. **Info:** Ein _Smartspeaker_ ist ein Lautsprecher, der mit dem Internet verbunden ist und auf Sprache reagiert und Anweisungen ausführt oder auch Musik abspielt. **Lösung:** A: der Plattenspieler, B: die Schallplatte, C: das Radio, D: das Telefon, E: der Smartspeaker, F: der Laptop, G: der Kassettenrekorder, H: die Kassette **Variante:** Bringen Sie Realia zu den Wörtern mit und schreiben Sie die Nomen auf Kärtchen. Die S sortieren die richtigen Nomen den Geräten zu. Vergleich im PL. **Erweiterung:** Fragen Sie die S zu den älteren Geräten, welche sie noch kennen und schon einmal benutzt haben und warum. → **Sprechmühle, Kugellager**

7b	Vorgehen wie beschrieben. **Lösung:** der Kassettenrekorder, die Kassette, das Telefon, der Plattenspieler, die Schallplatte, der Smartspeaker

1.08

7c	Die S lesen im PL die Fragen, ggf. wird Unklares geklärt. Dann hören die S das Gespräch noch einmal und machen sich Notizen im Heft. Vergleich in PA, dann im PL. **Lösung:** 1. Kims Eltern haben den Keller aufgeräumt. 2. Kims Mutter will die Sachen (auf dem Flohmarkt) verkaufen, der Vater will sie behalten. 3. Der Kassettenrekorder, der Plattenspieler und der Smartspeaker funktionieren, das Telefon funktioniert nicht. 4. Lexana sagt: „Sei nicht so faul und schau aus dem Fenster."

1.08

7d	Die S hören die einzelnen Sätze und notieren die Adjektive im Heft. Vergleich im PL. **Lösung:** 1. coole, 2. alter, 3. kleine, 4. grünes, 5. grünes, 6. alten, 7. großen, 8. interessante, 9. coolen **Variante:** → **Laufdiktat:** Kopieren Sie zum Einstieg als Wiederholung das Laufdiktat von der KV. Die S müssen hier neben dem Diktieren auch entscheiden, welches Adjektiv im betreffenden Satz passt. Vergleichen Sie am Ende im PL, am besten indem Sie die Sätze an der Tafel zeigen, damit die S auch die Rechtschreibung korrigieren können. **Erweiterung:** Machen Sie aus dem Laufdiktat ein Flüster-Laufdiktat – die S dürfen nur flüstern. Das Flüstern trägt zur besseren Aussprache bei.	1.09 Kopier- vorlage

7e	In KG vorgehen wie beschrieben, dabei können die S die Sätze aus KB 7d zur Hilfe nehmen und ggf. auch ihre früheren Aufzeichnungen aus Klasse A2. Die S malen die Tabellen auf Plakate, die anschließend im Raum aufgehängt werden. Am besten ist es, wenn die S die Artikel in verschiedenen Farben schreiben, damit das Schema deutlicher wird.	Plakate, Stifte

Lösung:

Adjektivendungen nach dem unbestimmten Artikel

	Nominativ	Akkusativ	Dativ	
der	ein alt**er**	einen alt**en**	einem alt**en**	Rekorder
das	ein grün**es**	ein grün**es**	einem grün**en**	Telefon
die	eine klein**e**	eine klein**e**	einer klein**en**	Kassette
die (Pl.)	cool**e**	cool**e**	cool**en**	Sachen

Adjektivendungen nach dem bestimmten Artikel

	Nominativ	Akkusativ	Dativ	
der	der alt**e**	den alt**en**	dem alt**en**	Rekorder
das	das grün**e**	das grün**e**	dem grün**en**	Telefon
die	die klein**e**	die klein**e**	der klein**en**	Kassette
die (Pl.)	die cool**en**	die cool**en**	den cool**en**	Sachen

Binnendifferenzierung: Zur weiteren Wiederholung können Sie noch einmal die Lernfalter zu Kapitel 7 und 8 aus **Klasse! A2** benutzen oder das → **Quartett** aus Kapitel 7 in **Klasse! A2** noch einmal spielen. Beim Quartett können sich die S entscheiden, ob sie die Frage mit dem bestimmten oder unbestimmten Artikel stellen wollen.

*Lernfalter aus **Klasse! A2***

7f	Gespräch in KG. Regen Sie die S an, hier Adjektive zu benutzen.

Variante: → **90-60-30, Kugellager, Reißverschluss**

Tippst du noch oder redest du schon?

8a	Vorgehen wie beschrieben.

Variante: → **Sprechmühle, Kugellager, Eckensprechen**

8b	Lesen Sie mit den S zuerst die Fragen A–D im PL und klären Sie ggf. Fragen dazu. Dann lesen die S den Text in EA und notieren die Reihenfolge, indem sie auch die Zeilenangabe hinzuschreiben. Danach vergleichen sie in PA und versuchen dann in PA Antworten zu finden. Vergleich im PL.

Lösung: D (Z. 4–11): Musik abspielen, etwas in den Kalender eintragen, Nachrichten vorlesen, die Wettervorhersage checken, Geräte bedienen; (Z. 17–22) auf lustige/sinnlose/verrückte Fragen und Befehle reagieren – C (Z. 12–15): für ältere Menschen (damit sie ein einfacheres Leben haben / weil der Sprachassistent Aufgaben übernehmen kann) – A (Z. 15–31): die jüngere Generation, besonders die 12- bis 19-Jährigen; wollen nicht mit einem Gerät sprechen, machen es selbst schneller, überlegen, was mit den Daten passiert – B (Z. 33–44): werden immer klüger, können bessere Antworten (auf schwierige Fragen und komplexe Befehle) geben, können auch bald Gefühle verstehen und Tipps geben, werden immer wichtiger und können immer mehr Aufgaben für die Menschen übernehmen.

8c	Vorgehen wie beschrieben. Dann lesen sie den Grammatikkasten oder bearbeiten die Grammatik-KV und notieren hinter den Beispielen die Regel. Vergleich im PL.

Lösung: Z. 12 f.: ein einfacheres Leben, Regel 1; Z. 15: Die jüngere Generation, Regel 1; Z. 21: den lustigsten Befehl, Regel 2; Z. 22: die verrückteste Frage, Regel 2; Z. 33 f.: eine schwierigere Frage, Regel 1; Z. 34 f.: einen komplexeren Befehl, Regel 1; Z. 38: die neusten Modelle, Regel 2; Z. 39: bessere Antworten, Regel 1; Z. 43 f.: die immer intelligenteren Sprachassistenten, Regel 1; Z. 45 f.: immer mehr Aufgaben, Regel 1

GR-Kopiervorlage

Hinweis: Erklären Sie den S, dass *mehr* beim letzten Beispiel in Zeile 43 f. eine Ausnahme ist und das Wort *mehr* keine Adjektivendung erhält. Zwar gibt es das Wort *mehrere* (z. B. *Ich bin mit mehreren Leuten ins Kino gegangen.*), doch dies ist gleichbedeutend mit *einige, ein paar, nicht nur ein oder zwei* und passt daher hier nicht. Weisen Sie auch beim Lesen des **Tipps** in ÜB 8c nochmals auf diese Ausnahme hin.

8d	In PA bearbeiten. Regen Sie die S an, lustige und fantasievolle Sätze zu schreiben. Lassen Sie die Sätze aufhängen und die S geben den aus ihrer Sicht besten 2 Sätzen je einen Punkt. Die Autoren der Sätze bekommen ein kleines Geschenk (Gummibärchen, Stück Schokolade etc.)

ÜB8c	Lesen Sie den **Tipp** im PL und weisen Sie die S darauf hin, dass sie dies schon in 8d genutzt haben. Die S bearbeiten dann in PA ÜB 8d. Vergleich im PL.

Netter Schüler sucht einfachen Job

9a	Einstieg: Die S vermuten in KG, was auf den Bildern passiert, das erleichtert ihnen danach das Zuordnen der Anzeigen. Dann lesen sie in EA die Anzeigen und ordnen sie den Bildern zu. Vergleich im PL. Besprechen Sie bei Zweifelsfällen noch einmal genauer, warum die Zuordnung (nicht) passt.

Lösung: 1D, 2A, 3B – Anzeige C bleibt übrig.

9b	Vorgehen wie beschrieben. Die S notieren die Tabelle genauso in ihr Heft oder benutzen die Grammatik-KV. Dann sprechen sie in KG darüber, was ihnen auffällt, und schreiben eine Regel auf. Vergleich im PL. **Lösung:** *Nom.:* netter Schüler – einfache Gartenarbeit, *Akk.:* gebrauchten Drucker – gebrauchtes Handy – freundliche Schülerin, *Dat.:* in gutem Zustand – mit guter Kamera – mit älteren Menschen – *Regelvorschlag:* Gibt es keinen Artikel, dann kommt die Nominativ-, Akkusativ- oder Dativ-Endung des bestimmten Artikels an das Adjektiv. **Hinweis:** Erinnern Sie die S daran, dass auch die Partizip-Formen von Verben wie Adjektive behandelt werden können, hier z. B. *gebrauchter Drucker, gebrauchtes Handy.*	GR-Kopier-vorlage
9c	Die S bearbeiten in PA die beiden Annoncen und notieren sie in ergänzter Form in ihr Heft. Weisen Sie die S darauf hin, dass die vorgegebenen Adjektive schon dekliniert sind und deswegen nicht in alle Lücken passen. Trotzdem gibt es mehrere Möglichkeiten. Anschließend werden in KG die Anzeigen vorgelesen. **Lösungsvorschlag:** 1 Suche motivierten/erfahrenen Trainer mit praktischer Erfahrung auf Turnieren. Du sollst mich auf wichtiges Turnier vorbereiten. … – 2 Verkaufe interessante/verschiedene/bekannte/tolle Spiele für verschiedene/bekannte Spielkonsolen. … Alle Spiele in gutem/perfektem Zustand. … **Erweiterung:** Die S schreiben in PA weitere Anzeigen und lassen die Adjektive aus. Sie notieren die passen-den Adjektive über die Anzeigen. Auf der Rückseite notieren sie ihre Lösung. Dann werden alle Blätter aus-gelegt und die S rotieren in PA und ergänzen die Anzeigen. So eine ähnliche Aufgabe finden Sie in KB 11. **Erweiterung:** Zum weiteren Üben können Sie dann auch den Lernfalter benutzen.	Papier Lernfalter

Wmds? – Nix.

10a	Die S lesen die Nachrichten und ordnen zu. Gehen Sie hier noch nicht auf die Abkürzungen ein. **Info:** Die Überschrift *Wmds?* bedeutet *Was machst du so?* Häufig beginnen Chats mit dieser Einleitung. *Nix* steht umgangssprachlich für *nichts*, z. B. auch in der Wendung *Nix los!.* Hier zeigen sich zwei weitere Kennzeichen der Chatsprache, die im Tipp bei 10d nicht genannt sind: Häufig werden Abkürzungen und Komprimierungen (auch lautlich) verwendet. **Lösung:** 1C, 2A, 3B	
10b	Die S bearbeiten die Aufgabe in PA wie vorgegeben. **Lösung:** 1. zH, 2. vllt, 3. WE, 4. KP, 5. min, 6. Wmds, 7. LG, 8. jz, 9. zs, 10. Wg, 11. Sa, 12. sry, 13. nix, 14. schaun wir ne	
10c	In PA wählen die S, welche Aufgabenstellung sie bearbeiten wollen, d. h. entweder schreiben die S einen schon begonnenen Chat weiter oder überlegen sich einen eigenen. Zum Abschluss hängen sie die Chats auf.	
10d	Lesen Sie den **Tipp** mit den S im PL. Machen Sie anschließend ein Gespräch im PL zu den angegebenen Fragen. Bei großen Gruppen ist die Bearbeitung auch in KG möglich; alle S einer Muttersprache setzen sich zusammen und notieren die Abkürzungen. Am Ende stellen die S je drei wichtige Abkürzungen im PL vor. Wenn Sie mehrere Muttersprachen in der Klasse haben, fragen Sie: *Welche Abkürzungen sind in vielen Spra-chen gleich/anders?* Bei nur einer Muttersprache in der Klasse vergleichen Sie diese mit Deutsch: *Welche Abkürzung gibt es in beiden Sprachen? Welche Abkürzung ist praktisch, fehlt aber in einer der Sprachen?*	
11	**Freie Wahl:** Lesen Sie die Aufgaben mit den S im PL und klären Sie ggf. Verständnisfragen. Die S wählen eine Aufgabe und bearbeiten diese mit den S, die sich auch für diese Aufgabe entschieden haben. Geben Sie zur Bearbeitung eine bestimmte Zeit vor, z. B. 15 Minuten. Option C kann auch als klassentragendes **Projekt** angeboten werden. Dann stellen Sie nur die Aufgaben A und B zur Auswahl und Aufgabe C bearbeiten alle in KG. Dazu können Sie weitere Fragen sammeln, so dass die verschiedenen KGs unterschiedliche Dinge recherchieren → **Präsentation der Ergebnisse**.	Papier, Karten, Plakate
ÜB 11	Lesen Sie die Übungsanweisung im PL, damit sie allen klar ist. Lesen Sie dann die Wörter im PL und klären Sie diese auch noch einmal. Dann spielen die S in 4er KG wie beschrieben. **Erweiterung:** Sie können die Begriffe auch auf Karten schreiben und die S spielen in 4er-Teams, immer zwei gegen zwei. Sie würfeln und bei einer 1 oder 2 müssen sie das Wort erklären, bei einer 3 oder 4 malen, bei einer 5 oder 6 pantomimisch darstellen.	Karten, Würfel
Per-fekt	Vorgehen wie beschrieben. Erweiterung der Perfekt-Kartei. → **Perfekt**	

Was kann ich nach Kapitel 2?

	Die S bearbeiten die „Was kann ich"-Seite im KB und im ÜB wie in der Einleitung zum LHB beschrieben. **Binnendifferenzierung:** Siehe bei Kapitel 1, Seite 18 unten.	

Schmeckt das?

Lerninhalte: Informationen zu einem Schulfest verstehen | etwas oder jemanden näher beschreiben | ein Rezept verstehen und beschreiben | Texte zum Thema *Konsum und Umwelt* verstehen | eine Aufforderung, einen Rat oder eine Meinung ausdrücken | einer Meinung zustimmen und widersprechen

Wortschatz: Schulfeste | Kochen und Backen | Maßeinheiten | Konsum und Umwelt

Grammatik: Relativsatz im Nominativ und Akkusativ | Indefinita: *irgendjemand, irgendwer, irgendwo, …* | Konjunktiv II von *sollen*

Aussprache: Auslautverhärtung *b – d – g*

Lernen lernen: Grammatik mit eigenen Beispielen lernen | vor dem Lesen mit Überschriften Vorwissen aktivieren

Erläuterungen zum Unterricht	Material
ÜB 1a–d Als Wortschatz-Vorentlastung bearbeiten die S diese Übung in PA. Vergleich im PL. Die S sammeln Wortschatz und vergleichen dann in PA. Anschließend lesen sie alle Wörter im PL vor und die anderen ergänzen nur Wörter, die noch nicht genannt wurden. **Erweiterung:** Danach fragen Sie: *Was machen die Leute?* Die S sprechen in PA über das Bild, indem sie ganze Sätze bilden und so die Aktivitäten in der Küche wiederholen. Sie bekommen 10 Minuten Zeit und notieren so viele Sätze, wie sie können. Welches Paar hat die meisten korrekten Sätze?	
1a Vorgehen in PA wie beschrieben. **Lösung:** der Löffel, die Gabel, das Messer – *Lösungsvorschlag:* Gemeinsame Mahlzeiten in der Familie sind wichtig, weil jeder viele Aktivitäten am Tag hat und man sonst den Kontakt zu den anderen aus der Familie verliert. … sind nicht wichtig, weil man auch ohne drei gemeinsame Mahlzeiten am Tag einen guten Kontakt in der Familie haben kann – die Vorspeise, die Hauptspeise, das Dessert / die Nachspeise – *Lösungsvorschlag:* Ich esse oft Pizza, weil das schnell geht. Aber mein Lieblingsessen ist Sauerbraten. Meine Oma kocht ihn immer zu Weihnachten. – sauer, scharf, süß, bitter, salzig – *Lösungsvorschlag:* Ich weiß, dass viele das doof finden, aber ich probiere nicht gern neues Essen. Meistens schmeckt es mir nicht und viele neue Sachen finde ich einfach eklig! – einen Kuchen backen, eine Suppe kochen, Fleisch braten – *Lösungsvorschlag:* In der Schule esse ich meistens ein Käsebrot und einen Apfel. Wir haben keine Kantine, deshalb bringe ich mir das Essen mit. – das Obst, das Gemüse, die Süßigkeiten, die Nudeln / die Spaghetti / die Pasta – *Lösungsvorschlag:* Mein Lieblingsessen ist Penne Arrabiata. Dafür braucht man Nudeln, Olivenöl, Tomaten, Knoblauch, Auberginen, Chili, Salz und Pfeffer – eigentlich ganz einfach! – *Lösungsvorschlag:* Ich esse sehr oft Fast Food. Auf dem Heimweg gibt es einen Döner-Imbiss, eine Pizzeria und einen Burger-Stand. Das Essen dort ist einfach so lecker! Und auch gar nicht teuer. – Kauf bitte eine Dose Tomaten, eine Flasche Essig, ein Glas Honig und eine Packung Butter. **Variante:** Nehmen Sie die Aufgaben zum freieren Sprechen raus und machen Sie damit → **Eckensprechen** oder einen → **Kursspaziergang**.	Würfel und Münzen
Das Schulfest	
2a Sammeln Sie zur Vorentlastung Redemittel zum Thema *Vermutungen äußern* und notieren Sie diese an der Tafel oder auf einem Plakat, denn für die Aufgabe 6a brauchen die S diese wieder: *Ich denke, dass … VERB. / Ich glaube, dass … VERB. / Es könnte … (sein) / Vielleicht + VERB … / Wahrscheinlich + VERB … / Ich vermute, dass … VERB. / Vermutlich + VERB …* Dann lesen die S die Aufgabe und sprechen über die angegebenen Fragen in KG. Am Ende stellen alle KG ihre Ergebnisse vor.	Plakat
2b Vorgehen wie beschrieben, die S notieren die gesammelten Informationen ins Heft. Vergleich und Gespräch im PL. **Lösung:** Es ist ein interkulturelles Fest an einer Schule mit S aus 30 verschiedenen Ländern. Die Schüler organisieren es selbst. Es gibt Länderpräsentationen in jeder Klasse und man kann dort Gerichte aus anderen Ländern probieren, einen Minisprachkurs besuchen, Musik machen oder traditionelle Tänze aus anderen Ländern üben. Und man kann ehemalige Schüler der Schule treffen. **Variante:** Kooperatives Lesen mit KB 2c als Quiz. **Binnendifferenzierung:** Die S arbeiten in PA: Eine Person liest die linken Aussagen, eine Person liest die rechten Aussagen und dann bearbeiten sie gemeinsam die Aufgabe KB 2c. **Erweiterung:** Klassengespräch: *Gibt es so ein Fest auch bei euch? In der Schule? Im Viertel? Macht ihr Schulfeste? Wie sieht dieses Fest aus?* **Info:** Der *Karneval der Kulturen* ist ein multikulturelles Fest in Berlin, das seit 1996 jedes Jahr am Pfingstwochenende im Stadtteil Kreuzberg gefeiert wird. Es gibt einen großen Straßenumzug (mit ca. 4000 Akteuren) und dazu ein viertägiges interkulturelles Straßenfest mit offenen Bühnen. Der Karneval der Kulturen dient einer bunten und lebensbejahenden Demonstration der kulturellen Vielfalt.	

2c	Vorgehen wie beschrieben. Vergleich im PL. **Lösung:** 1D, 2E, 3F, 4B, 5G, 6A, 7C	
	Die S lesen den Grammatikkasten. Erklären Sie den Relativsatz: Fragen Sie: *Was beschreibt der Relativsatz?* (Er gibt weitere Details zu dem davor stehenden Nomen, also meistens einer Person oder einem Gegenstand.) *Wie bildet man ihn? Wo steht das Verb?* (Man braucht ein Relativpronomen, das Verb steht – wie bei allen Nebensätzen im Deutschen – am Ende.) *Woher weiß ich, welches Relativpronomen ich nehmen muss?* (Ich suche das Bezugswort und stelle das Relativpronomen in dasselbe Genus und denselben Numerus.) Als Wiederholung können die S die Grammatik-KV ergänzen.	GR-Kopier-vorlage
	Variante: Arbeiten Sie mit der KV. Die S sortieren die Sätze zusammen: Es gibt immer 4 Karten, die zusammen-passen. Sie haben dabei jeweils 2 Sätze und bilden dann aus den zwei Sätzen durch das Relativpronomen einen. Sie überlegen sich anhand der Sätze die Systematik zu den Relativsätzen wie oben beschrieben. Stellen Sie die Frage: *Welches Wort können wir weglassen?* (im Relativsatz das – doppelte – Nomen) Anschließend ergänzen die S die Grammatik-KV.	Kopier-vorlage, GR-Kopier-vorlage
ÜB2d	Hier passt zur Vertiefung und weiteren Übung ÜB 2d.	
2d	Die S übersetzen die Sätze aus 2c in die Muttersprache und vergleichen so die beiden Sprachen miteinander. Sie reflektieren kurz, was gleich/anders ist und berichten dann im PL. Weisen Sie die S darauf hin, dass im Gegensatz zu manchen anderen Sprachen im Deutschen die Relativsätze (wie alle anderen Nebensätze im Deutschen auch) immer mit Komma abgetrennt werden.	
2e	Die S lesen den Grammatikkasten, um sich mögliche Satzstrukturen der Relativsätze zu vergegenwärtigen – oder sie bearbeiten gleich (mit Satz 7) die Grammatik-KV. Erklären Sie, dass der Relativsatz dicht auf das Bezugswort folgt. Dann bearbeiten sie in PA die Aufgabe. Achten Sie darauf, dass die S die Sätze wirklich erst mündlich bearbeiten, bevor sie sie aufschreiben. Vergleich erst in KG, dann die Zweifelsfälle im PL. **Lösung:** 1. Die Schüler organisieren eine Party, die die Vielfalt an der Schule zeigt. 2. An der Schule gibt es viele Lehrer, die die Idee toll finden. 3. Valentin hat einen Programm-Flyer gestaltet, der in allen Klassen liegt. 4. Jeder soll ein Gericht vorbereiten, das typisch für ein Land ist. 5. Aber die Schüler sollen auch Dinge probieren, die neu für sie sind. 6. Zu dem Schulfest, das am 15. Juli stattfindet, kommen Schüler, Lehrer und Eltern. 7. Der Direktor, der das Fest um 16 Uhr eröffnet, freut sich auch auf den Tag.	GR-Kopier-vorlage
3a	Die S lesen die Informationen und klären Fragen. Dann hören sie den Text und notieren die Reihenfolge ins Heft. Lassen Sie zur Kontrolle einzelne S jeweils in der richtigen Reihenfolge jeweils einen Satz vorlesen. **Lösung:** C, A, B, E, D	🎧 1.10
3b	Um zu den Relativsätzen im Akkusativ überzuleiten, können Sie den Grammatikclip einsetzen. Dann lesen sie den Grammatikkasten. Erklären Sie, dass in diesem Fall im zweiten Satz, der den Direktor genauer beschreibt, das Nomen *Direktor* im Akkusativ steht und sich daher das Relativpronomen ändert. Dies hat aber nur sichtbare Auswirkungen auf das maskuline Relativpronomen. Zur Wiederholung ergänzen die S die Grammatik-KV zu 3a.	G3 GR-Kopier-vorlage
	Binnendifferenzierung: Die S bilden aus den anderen Sätzen aus KB 3a jeweils 2 Hauptsätze, damit sie die Struktur besser verstehen können. Schreiben Sie die 2 Sätze an die Tafel und lassen Sie die S jeweils das Subjekt und das Akkusativ-Objekt unterstreichen.	
ÜB 3a+b	Weisen Sie auf den **Tipp** hin, dass die Relativpronomen die gleiche Form wie die Artikel haben. Nach 3a bearbeiten die S 3b in PA: Hier müssen sie eine korrekte Frage formulieren und der/die Partner/-in antwortet mit einem Relativsatz.	
	Binnendifferenzierung: Kopieren Sie diese Übung, notieren Sie A und B und schneiden Sie sie in der Mitte längs auseinander. Gruppe A setzt sich zusammen und formuliert gemeinsam Fragen und die Sätze im Relativsatz. Gruppe B ebenso. Dann gehen je ein/-e S aus Gruppe A und aus Gruppe B zusammen und fragen und antworten.	
3c	Vorgehen wie beschrieben: zuerst mündlich, dann schriftlich, dann Vergleich im PL.	
ÜB 3b	Die S spielen in PA wie vorgegeben.	
3d	In PA bilden die S Relativsätze wie im Beispiel, dann spielen sie in KG. Zur weiteren Festigung können die S den Lernfalter bearbeiten.	Lernfalter
	Variante: Eingehen auf die Lebenswirklichkeit der S: Schreiben Sie einen Beispielsatz an die Tafel: *Ich habe einen Freund, den ich noch nie gesehen habe./ Ich habe eine Freundin, die Socken sammelt.* Die S stellen Fragen zu der Aussage (*Warum? Welche? Woher? Wie?* …) . Dann formulieren die S jeweils solch einen Satz (*Ich habe einen Freund/Bruder/Vater / eine Schwester/Freundin/ Tante …* oder *Ich kenne einen Jungen / ein Mädchen, …*). Ein S kommt nach vorne, setzt sich auf einen Stuhl und die anderen stellen Fragen. Nach 3–5 Minuten Wechsel. Am Ende schreiben alle S je 5 Sätze über die anderen Personen und benutzen die Relativsätze.	

Schmeckt das?

	Variante: Sie notieren ein Wort an der Tafel, das die S auf keinen Fall kennen, z. B. *Kulturbeutel, Purzelbaum, Laufmasche, Stiefmütterchen, Baumkuchen*. Die S arbeiten in PA und notieren eine fantasievolle Definition mit Relativsatz. Alle Definitionen werden gelesen und jedes Team darf für die ihrer Meinung nach richtige Definition einen Punkt an eines der anderen Teams vergeben. Welche Definition gewinnt? Dann zeigen Sie das Objekt als Foto. Nach 3–4 Objekten wird gezählt, welches Team am meisten Punkte hat, diese S haben gewonnen.	Fotos
	So gelingt es!	
4a	Vorgehen wie beschrieben. **Variante:** → **90-60-30, Kugellager** **Erweiterung** zur Vorentlastung von KB 4b: Die S sammeln alle Wörter zum Thema *Lebensmittel/Getränke*, die ihnen einfallen. Dazu bilden sie 2 Gruppen, die sich je in eine Schlange vor je eine Tafel oder vor einen Tisch mit einem Blatt Papier stellen. Der/Die erste S beginnt und notiert ein Wort mit Artikel, dann gibt er/sie den Stift weiter und stellt sich wieder hinten an. Die beiden Gruppen haben 5 Minuten Zeit. Dann werden die Wörter gelesen und die Punkte vergeben. Welche Gruppe hat gewonnen? Notieren Sie sich für eine Wiederholung in einer der nächsten Stunden diese Wörter. Alle S stehen in der nächsten Stunde auf. Sie nennen ihnen ein Wort und je nach Artikel heben die S die Hände: *die*: rechte Hand nach oben, *der* linke Hand nach oben, *das* beide Hände nach oben. Nach ein paar Minuten übergeben Sie die Wörter an eine/-n S oder die S machen die Aktivität in KG.	Papier, Stifte
4b	Die S lesen die Zutaten aus dem in KB 4c abgedruckten Rezept und sammeln die bekannten Wörter an der Tafel.	
ÜB 4a–c	Die S hören die Zutaten des Gerichts und bearbeiten in ÜB 4b+c weiteres Vokabular.	
4c	Die S sehen die Fotos an und überlegen, welche Zutaten zu den Fotos passen. Lesen Sie im PL anschließend den **Tipp** zu den Abkürzungen. Fragen Sie die S: *Welche anderen Mengenabkürzungen kennt ihr noch?* **Lösung:** 1 Öl, 2 Paprika, 3 Gemüsebrühe, 4 Tomaten, 5 Bohnen, 6 Mais, 7 Hackfleisch, 8 Zwiebel, 9 Knoblauch, 10 Pfeffer und Salz **Variante:** Erstellen Sie Karten mit den 10 Vokabeln aus KB 4c, einmal Karten mit den Fotos und einmal Karten mit den Wörtern. Die S ordnen sie zu; danach können Sie als Wortschatzfestigung → **Paare finden** oder → **Domino** spielen.	Karten
4d	Lesen Sie jetzt gemeinsam mit den S den **Tipp** zur Formulierung von Rezepten. Danach lesen Sie im PL die Arbeitsanweisung aus 4d und die S bearbeiten in PA die Aufgabe. **Lösung:** D, B, E, A, C,	
4e	Vorgehen wie beschrieben. Sammeln Sie vorher Wörter zur Verknüpfung der Sätze: *zuerst, (und) dann, danach, anschließend, jetzt, schließlich, am Ende, …*	
4f	Vorgehen wie beschrieben. Weisen Sie auf den **Tipp** rechts unten hin.	
4g+h	**Projektaufgabe:** Lesen Sie den Redemittelkasten im PL und klären Sie ggf. Fragen dazu. Die S suchen ihr Lieblingsrezept aus und schreiben die Zutaten und die Zubereitung auf. Korrigieren Sie die Sätze oder gestalten Sie eine → **Korrekturlawine** in der Klasse. Dann schreiben die S die Texte noch einmal. Klären Sie mit der Klasse, ob sie ein analoges oder ein digitales Klassenkochbuch gestalten wollen, und legen sie Gestaltungsregeln fest. Die S bringen ihre Rezepte mit und gestalten gemeinsam ein Kochbuch, das dann für alle kopiert wird. **Erweiterung:** Wenn es in Ihrer Schule möglich ist, können Sie einige der Rezepte der S kochen und probieren.	
5a	Die S hören die Wörter und heben wie vorgegeben die Hand. Welche Wörter waren schwierig? Warum? **Lösung:** *p, t* oder *k* hört man am Ende von 1a, 2b, 3a, 4a, 5a, 6a	🔊 1.11
5b	Vorgehen wie beschrieben. Dann lesen Sie den **Tipp** im PL und sammeln weitere Wörter mit Auslautverhärtung, die die S kennen. Beispiele: *Jugend, Verband, Tag, mag, sonnig, bleib, Kebab, Club*	🔊 1.12
ÜB 5	Die S arbeiten in PA. Sie sortieren erst die Wörter in die Tabelle und danach wird mit dem HV kontrolliert. Gibt es Zweifelsfälle? Dann wird noch einmal gehört.	
5c	Vorgehen wie beschrieben. Gehen Sie herum und korrigieren Sie, wo nötig. Sagen Sie den S, dass sie die Dialoge immer wieder lesen sollen, bis Sie Stopp sagen. → **Tipps zum Vorlesen**	
5d	In PA vorgehen wie beschrieben. Die Dialoge können auch an andere Paare weitergegeben werden und neu gelesen werden.	

Anders konsumieren für die Umwelt

6a Vorgehen im PL wie beschrieben. Greifen Sie zurück auf die Redemittel zu Vermutungen, die die S in Aufgabe 2a gesammelt haben.

Binnendifferenzierung: Wenn Sie S haben, die sich schwer tun, vor der Klasse zu sprechen, lassen Sie die Aufgabe erst in KG bearbeiten. Die S haben 5–10 Minuten Zeit, ihre Vermutungen zu äußern und sich dann in der Gruppe auf eine Vermutung pro Text zu einigen; diese präsentieren sie dann im PL.

Hinweis: Für den fächerübergreifenden Unterricht im Fach Geografie oder Biologie Können Sie die CLIL-KV nutzen. Ziel: Die S vertiefen das Thema *Unverpackt-Läden*, das im KB thematisiert wurde, und können über die Abfallproblematik sprechen. Zur Auswertung: → **Kursstatistik**

Steigen Sie mit der Aufgabe 1 im PL ein und notieren Sie Punkte an der Tafel. Nachdem die S die Wörter aus Aufgabe 2 in PA geordnet haben und Sie dies im PL verglichen haben, bearbeiten die S Aufgabe 3 wie beschrieben. Aufgabe 3b ist die erste Recherche-Aufgabe; kommen Sie auf diese in der nächsten Woche zurück oder lassen Sie die S einen Text dazu schreiben.

In Aufgabe 4 schreiben die in PA eine Definition zum Begriff *Nachhaltigkeit*. Dann setzen sich 2 Paare zusammen und schreiben aus den zwei Definitionen eine. Dann setzen sich 2 KG zusammen und machen es noch einmal. Dann lesen die S die Definitionen im PL vor und die anderen S bepunkten die Definition, die am genauesten ist.

Die S bearbeiten die weiteren Aufgaben wie beschrieben. Aufgabe 9 können Sie auch zu einer **Projektaufgabe** ausweiten, indem Sie nach der Recherche und der Präsentation jeden einzelnen seinen eigenen ökologischen Fußabdruck ermitteln lassen und darüber und vor allem auch über die Verbesserung desselben mit den S sprechen.

6b Rein intuitiv oder mittels Ableitung aus Bekanntem überlegen die S, wohin welche Wörter passen, und begründen dies. Klären Sie am Ende die Wörter, die die S nicht ableiten konnten.

Binnendifferenzierung: Notieren Sie als Hilfe für die S die Struktur von *denn*- und *weil*-Sätzen an der Tafel: …, *denn* … *VERB* (Pos. 2) … / …, … *VERB*.

6c Vorgehen wie beschrieben. Falls es für die S nicht eindeutig ist, lassen Sie die Ergebnisse mit Textstellen begründen.
Lösung: 1B, 2A

Variante: → **Kooperatives Lesen, Reziprokes Lesen, Konfetti-Text**

Info: Im Deutschen wird der Satz *Das kommt nicht in die Tüte!* auch im übertragenen Sinn verwendet, wenn man sich rabiat gegen etwas aussprechen will, z. B. *Du willst ohne mich ins Kino gehen? Das kommt nicht in die Tüte!* (Synonym: *Das kommt nicht infrage!*)

6d In EA bearbeiten. Vergleich in PA mit Begründung aus den Texten, dann Vergleich im PL.
Lösung: 1. r, 2. r, 3. f, 4. r

ÜB 6a Als Erweiterung zu KB 6d. Kann auch als Binnendifferenzierung für schnellere S geeignet sein.

6e Die S arbeiten in PA und sprechen über die Informationen, die sie im Text zu den 4 Aussagen finden.

6f In KG vorgehen wie beschrieben.

Variante: → **Kugellager, Reißverschluss, Sprechmühle**

Variante zu KB 6e+f: Teilen Sie die Klasse in 4 KG, jede KG sucht und notiert Informationen zu einer der 4 Aussagen aus KB 6d und notiert alle Informationen auf Plakate. Mischen Sie die KG neu, die S arbeiten in KG, lesen die Informationen auf den Plakaten und sprechen darüber, dann rotieren sie.
Auch möglich: → **Eckensprechen, Stiller Dialog**.

6g **Sprachmittlung:** Gut als HA geeignet. Die S erzählen einer befreundeten Person oder einem Familienmitglied in der Muttersprache von einer der beiden Initiativen und fragen nach deren/dessen Meinung. Am nächsten Unterrichtstag berichten die S auf Deutsch im PL über die Meinungen ihrer Freunde oder Familienmitglieder. So üben die S zweimal Sprachmittlung.

6h Die S lesen den Grammatikkasten. Geben Sie zwei, drei Beispielsätze zu ein paar *irgend…*-Wörtern, sodass die S die Bedeutung verstehen, am besten mit Bezug zu ihrer Lebenswelt, z. B. *Irgendjemand hat hier die Tafel geputzt. Wir wissen nicht, wer.* Weisen Sie die S darauf hin, dass *irgendjemand* dekliniert werden muss wie *irgendein*. In KG überlegen die S sich weitere Beispiele für die verschiedenen *irgend…*-Wörter. Lassen Sie pro Wort ein paar Beispiele vorlesen. Anschließend suchen die S die Indefinitpronomen in den Texten. Mit den gefundenen Indefinitpronomen ergänzen sie dann die 5 Sätze. Sagen Sie den S, dass die Sätze aus

	KB 6h nicht wörtlich genau so im Text stehen, sondern dass sie nach dem Inhalt suchen sollen und dann die Indefinita sinngenau einsetzen. Als Wiederholung nutzen Sie die Grammatik-KV. **Binnendifferenzierung:** Geben Sie bei stärkeren Gruppen auch noch die Indefinitpronomen *irgendwohin*, *irgendwoher* und *irgendwelche* an, nachdem die S den Grammatikkasten gelesen haben. Weisen Sie hier darauf hin, dass auch *irgendwelche* wie *irgendein* dekliniert werden muss. (*irgendwarum* gibt es nicht) **Lösung:** 1. Irgendjemand (Text 1, Zeile 6 f.), 2. Irgendein (Text 1, Zeile 23), 3. irgendetwas (Text 1, Zeile 26), 4. irgendwie (Text 2, Zeile 3), 5. irgendwo (Text 2, Zeile 17)	GR-Kopier-vorlage
ÜB 6d+e	Lesen Sie die **Tipps** im ÜB. **Erweiterung:** Machen Sie mit dem erfolgreichen Lied *Irgendwo, irgendwie, irgendwann* der deutschen Sängerin Nena (in der ursprünglichen, deutschsprachigen Version) z. B. → **Liedtext pflücken.** Oder die S bekommen ein Strophe und malen ein passenden Bild dazu. Dann werden die Bilder in die Mitte gelegt, das Lied wird gehört und die Bilder geordnet, etc. Sie finden das Lied und den Liedtext im Internet.	
7a	S lesen die Statements, hören den Text und ordnen zu. **Lösung:** 1B, 2D, 3A, 4C	🎧 1.13
7b	Vorgehen wie beschrieben. Die S übertragen den Grammatikkasten ins Heft und ergänzen ihn oder nutzen die Grammatik-KV. **Lösung:** ich sollte – er/es/sie sollte – wir sollten – sie/Sie sollten	GR-Kopier-vorlage
7c	In KG vorgehen wie beschrieben. Wiederholen Sie vorher noch einmal alle im Redemittelkasten angegebenen Redemittel zum Thema *Einer Meinung zustimmen/widersprechen*. Lassen Sie am Ende einige der Ideen im PL nennen. **Erweiterung:** Schneiden Sie die Karten von der KV aus. Jede/-r S bekommt eine Problemkarte auf den Rücken geklebt. Sie gehen herum und die anderen geben Ratschläge mit dem Konjunktiv von *sollen*. Nach 10 Minuten bilden die S einen Kreis, nennen alle Ratschläge/Aufforderungen, die sie bekommen haben, und raten dann, welches „Problem" sie haben. Bei großen Gruppen teilen Sie die Klasse in 2 Gruppen auf, die S bearbeiten es dann in ihrer Teilgruppe wie beschrieben.	Kopier-vorlage
ÜB 7	Wenn Ihre S wenig Ideen haben, können sie zuerst ÜB 7 bearbeiten, dort werden einige Ideen vorgegeben. Sagen Sie den S, dass die die Ideen auch weiterführen können. Zum Beispiel: *Unsere Lehrer sollten ein gutes Beispiel für sein und keine Plastikflaschen benutzen* o. Ä.	
8	**Freie Wahl:** Lesen Sie die Aufgaben im PL und klären Sie sie ggf. Verständnisfragen. Hängen Sie Zettel mit A, B, C in die Ecken ihres Raumes. Die S entscheiden sich für eine Aufgabe, indem sie sich zu einem der Zettel stellen. Sie suchen sich dort ihre Partner/-innen und bearbeiten die Aufgabe. Lassen Sie die S bei Aufgabe B entweder am Computer/Tablet arbeiten oder bringen Sie Rezeptbücher bzw. Zeitschriften mit Rezepten mit. Geben Sie den S 15–20 Minuten Zeit. Am Ende hängt Gruppe B ihre Rezepte aus und alle lesen sie. Diese Rezepte können auch beim Kochklassenbuch ergänzt werden, wenn Sie in KB 4h ein solches angelegt haben. Gruppe C präsentiert ihre Wortigel und die Paare erklären Wörter, die ggf. nicht klar sind. **Variante:** Option B können Sie auch als **Projektaufgabe** für die ganze Klasse anlegen.	evtl. Compu-ter/Tablets, Rezept-bücher/Zeit-schriften
ÜB 8	Mit der „Lernen – üben – spielen"-Aufgabe üben und vertiefen die S den Wortschatz. Es funktioniert wie in → **Wortschatzspiele: Wörter raten** beschrieben.	
ÜB Per-fekt	Vorgehen wie beschrieben. Als HA möglich, dann mit Vergleich in der Klasse. Erinnern Sie die S bei diesen Übungen ggf. immer wieder an die Erweiterung ihrer Perfekt-Karten-Datei und daran, dass sie sich gegen-seitig mit den Lernkarten zur Wiederholung abfragen können. → **Perfekt**	Karten
	Was kann ich nach Kapitel 3?	
	Die S bearbeiten die „Was kann ich"-Seite im KB und im ÜB wie in der Einleitung zum Lehrerhandbuch be-schrieben. **Binnendifferenzierung:** In schwächeren Gruppen können Sie die linke Spalte erst im PL lesen und besprechen. Anschließend folgt die PA, bei der die linke Spalte zugedeckt wird. Die „Was kann ich?"-Seiten im ÜB können die S individuell als Hausaufgabe machen. Erwähnen Sie diese Seiten jedoch regelmäßig im Kurs, um die S auf dem Weg der Selbstevaluation zu stärken.	

Erläuterungen zum Unterricht	Material
In **Klasse!** gibt es vier Plateaus, die der Anwendung des Gelernten und der Wiederholung von Wortschatz der vorausgegangenen Kapitel dienen. Die S werden in den Plateaus nicht mit neuen Inhalten konfrontiert, sondern haben hier Zeit, noch einmal das zu wiederholen und zu vertiefen, was sie schon gesehen und gelernt haben.	

ÜB — Im ÜB findet sich als Pendant zu den Plateaus ein Testtraining. In den Tests werden die Formate der Prüfung *Goethe/ÖSD-Zertifikat B1* geübt, damit die S mit diesen und ähnlichen Testformaten schrittweise vertraut gemacht werden. Wenn die S Teile des Testtrainings im ÜB zu Hause bearbeiten sollen, leiten Sie die S immer genau dazu an und vergleichen und besprechen Sie die Übungen auf jeden Fall in der Klasse. Es bietet sich an, Testtraining 1 komplett in der Klasse durchzuführen, damit die S das Format kennenlernen und Sie sie auf die Tipps und Hilfekästen hinweisen können.

Hinweis: In den Kapiteln des ÜB (jedoch nicht in den Plateaus) werden die S mit je einem Aufgabenformat der Prüfung *DSD I* vertraut gemacht. Ein Testtraining für *DSD I* findet sich im Downloadbereich.

Karussell

1a — Der Übungstyp Karussell ist als Partnerübung gedacht. Die S sollen zu zweit die Impulse (blau) und deren Entsprechungen (rot) abwechselnd nennen und darauf reagieren. Dazu müssen sie ihre KB immer wieder drehen, daher der Name der Übung. In dieser Aufgabe werden viele Strukturen aus den Kapiteln 1 bis 3 im Format Minidialog wieder aufgegriffen. Zur Vorbereitung lesen die S in EA ca. 5 Minuten lang die Sätze im Karussell und ordnen sie zu.

1b — In PA vorgehen wie beschrieben. Regen Sie die S an, die Antworten mit passender Intonation zu lesen.

Lösung:

Machen wir heute zusammen Pizza?	Gute Idee, dann brauchen wir aber noch Tomaten und Käse.
Was machen wir heute?	Keine Ahnung. Gehen wir ins Kino?
Du musst dir mal die Haare kämmen!	Warum denn? Meine Frisur ist doch super!
Warum kommst du so spät?	Tut mir leid, aber ich musste mich noch schnell umziehen.
Willst du die Jacke wirklich kaufen, obwohl sie so teuer ist?	Ja, klar. Ich habe zum Geburtstag Geld von meiner Oma bekommen.
Ich habe Hunger!	Dann kauf dir doch irgendetwas! Am Kiosk gibt es Sandwiches und Hot Dogs.
Was ist eigentlich mit Ben los? Der hat so gute Laune.	Er ist verliebt. Darum ist er so glücklich.
Warum trägst du immer Sportschuhe?	Weil sie mir so gut gefallen!
Meiner Meinung nach sollten Jugendliche keine Fotos im Internet posten.	Echt? Das sehe ich nicht so. Ich sehe gern lustige Bilder.
Das Kleid von Frau Müller finde ich ziemlich hässlich.	Ich finde es eigentlich schön.
Kennst du diese App? Die habe ich gerade heruntergeladen.	Zeig mal. Ja, die habe ich auch.
Ich sehe am liebsten lustige Videos im Internet. Und du?	Mir gefallen spannende Serien am besten.
Alle Schüler in unserer Klasse haben ein Handy.	Das stimmt. Aber nur wenige haben ein neues Handy.
Ich habe jetzt ein besseres Handy.	Wow, das sieht ja cool aus. Hast du das zum Geburtstag bekommen?
Wir sollten echt weniger Süßigkeiten essen.	Das finde ich nicht. Ich liebe Schokolade!
Kennst du den neuen Schüler, der jetzt in die 9c geht?	Ja, er ist total nett.
Hast du Anna gesehen?	Das ist das Mädchen, das seit den Sommerferien in der 10c ist, oder?
Wann treffen wir uns?	Ich weiß noch nicht, irgendwann am Nachmittag.

Training

2 — Die S malen in PA eine Fantasiefigur wie beschrieben

Binnendifferenzierung: Sammeln Sie im PL Wortschatz für die Beschreibungen: Körperteile, Adjektive etc., die die S dann nutzen können. — Zettel, bunte Stifte

3a — Vorgehen wie beschrieben. Lassen Sie das gehörte Beispiel auch noch einmal von ein paar S nachsprechen. Dann arbeiten die S in PA. Gehen Sie herum und animieren Sie die S, wirklich viel Emotion zu benutzen, indem Sie ggf. noch einmal ein Beispiel vormachen. — 🎧 1.14

3b Die S hören das Beispiel und sprechen es einmal im Chor nach. Fragen Sie: *Wie hat sich die Intonation verändert?* Dann in PA vorgehen wie beschrieben.

(1.15) · Musik

Variante: Die S laufen zu Musik durch den Raum. Sobald die Musik stoppt, müssen sie sich eine/-n Partner/-in suchen und sich gegenseitig die Befehle geben und darauf reagieren, bis die Musik stoppt. Sobald die Musik wieder beginnt, gehen sie weiter durch den Raum. Verkürzen Sie die Zeit ohne Musik immer weiter, sodass die S am Ende ihre Mini-Dialoge relativ schnell sagen müssen.

4a Die S lesen die Karten A–L und die Ausdrücke 1–12. Sie ordnen sie in EA zusammen. Vergleich in PA.
Lösung: A2, B3, C8, D11, E9, F6, G1, H4, I7, J10, K5, L12
Binnendifferenzierung: Für die haptischen S und zur einfacheren Handhabung von KB 4b kopieren Sie die Karten und schneiden sie aus. Die S ordnen in PA die Karten zu und müssen sich so in 4b nur noch auf die Verknüpfung mit *deshalb* etc. konzentrieren, da sie die richtige Zuordnung bereits vor Augen haben.

Karten

4b In PA vorgehen wie beschrieben. Sagen Sie den S, dass es gleich ist, mit welchem der vier Wörter (*deshalb/daher/darum/deswegen*) sie beginnen, da alle dasselbe bedeuten.
Lösung: A2: … bin ich noch müde. B3: … müssen wir noch lernen. C8: … haben wir keinen Englischunterricht. D11: … gehen wir zusammen in den Supermarkt. E9: … bleibe ich zu Hause. F6: … kaufe ich ein Geschenk. G1: … schicke ich keine Nachrichten. H4 … gehen wir in den Park. I7: … fahren wir in den Urlaub. J10: … spricht er Russisch. K5: … kaufen wir ein Sandwich am Kiosk. L12: … kommt sie später.
Binnendifferenzierung: Schnellere S können weitere Karten schreiben. Die S erstellen so eigene Aufgaben. Diese können dann auch ausgetauscht, zugeordnet und wie in KB 4b bearbeitet werden.

Karten

5 Vorgehen in 4er-KG wie beschrieben. Machen Sie vorab eine Runde mit 4 S als Beispiel.

6 Lesen Sie das Beispiel im PL, danach ergänzen die S in EA die Sätze. Im nächsten Schritt sortieren die S die Reaktionen nach positiv/negativ. Dann arbeiten die S in PA wie angegeben. Sagen Sie ihnen, dass sie immer schneller werden sollen.

Erweiterung: → **Widersprechspiel** in 4er-KG mit den vorgegebenen Redemitteln, d. h. zwei S reagieren mit verschiedenen ablehnenden Redemitteln auf den Satz. Der/Die dritte reagiert positiv und übernimmt.

7 Lesen Sie die Beispiele im PL. Die S gehen dann durch die Klasse und geben einander komische Ratschläge.
Variante: Spielen Sie Musik. Immer wenn die Musik stoppt, müssen die S sich eine/-n Partner/-in suchen und vorgehen wie im KB beschrieben. Danach haben sie während der Musik wieder Zeit, sich weitere Ratschläge zu überlegen.
Binnendifferenzierung: Die S überlegen sich erst in EA Ratschläge, notieren diese und gehen dann durch die Klasse.

Musik

8 Lesen Sie das Beispiel, dann arbeiten die S in KG und machen → **Koffer packen** wie beschrieben.
Binnendifferenzierung: Sammeln Sie vorher viele Aktivitäten an der Tafel.

9a Lesen Sie die Gedichte im PL. Lesen Sie dann die Anleitung mit den S und klären Sie ggf. Fragen. Zur besseren Verdeutlichung könne Sie die Struktur auch an die Tafel zeichnen (siehe rechts) Die S arbeiten ja nach Vorliebe in EA oder PA und schreiben ein eigenes Elfchen. Wählen Sie ein Thema aus, das gerade passt, sodass alle zum selben Thema schreiben, z. B. die passende Jahreszeit, ein Fest (Halloween, Weihnachten etc.), eine Tageszeit, eine Stadt usw.

_____
_____ _____
_____ _____ _____
_____ _____ _____ _____
_____

9b Vorgehen wie beschrieben. Die S schreiben die Gedichte auf Plakate und gestalten sie. Freiwillige können sie vortragen und dabei auf den Ausdruck achten. Anschließend werden die Gedichte aufgehängt.

DIN-A3-Blätter, Stifte

10 **Sprachmittlung:** Als HA suchen die L ein Lied in ihrer Muttersprache, das ihnen gefällt. Die S schicken Ihnen das Lied oder bringen es am nächsten Unterrichtstag (ggf. genauen Link vorbereiten) mit. Dann vorgehen wie beschrieben. Die Zuhörer arbeiten in KG. Jede KG hat nach der Vorstellung 2 Minuten Zeit, sich eine Frage zu überlegen und diese zu stellen. So sichern Sie das aktive Zuhören. Ist eine Frage schon gestellt worden, muss spontan eine andere gestellt werden. → **Präsentation von Ergebnissen: Marktstand**

11 Kapitelmeister: Die S gehen noch einmal in die Kapitel 1 bis 3, um die gesuchten Informationen zu finden. So beschäftigen sich noch einmal intensiv mit dem im Kursbuch Gelernten. Sie können diese Aufgaben auch als Wettbewerb gestalten, indem sie die Klasse in KG aufteilen und eine Zeitvorgabe machen, z. B. 5 Minuten. Geben Sie eine knappe Zeitspanne vor, damit die S lernen, sich in KG zu organisieren. Wer hat die meisten Informationen gefunden? Halten Sie kleine Geschenke/Süßigkeiten bereit. Die S kennen diese Aufgabe schon aus **Klasse A1** und **A2**. Sollten Sie neu einsteigen, dann geben Sie mit dem Aufgabenteil a ein Beispiel: Fragen Sie: *Was bedeutet „S. 11"?* Bitten Sie die S, die fehlende Information auf Seite 11 zu suchen.

Lösung: a) gleich – b) meine/finde; Meinung – c) deshalb – d) am Computer – e) gebrauchtes – f) warte, eis – g) Schüler – h) Lebensmittel – i) schneiden

Landeskunde

12a Vorgehen wie beschrieben. Am Ende lassen Sie die Bilder kurz auch im PL beschreiben und notieren ggf. dabei auftauchendes wichtiges neues Vokabular an der Tafel.

Variante: Notieren Sie die Buchstaben der Bilder auf Karten, die S arbeiten in 6er-KG und jede/-r S zieht eine Karte und beschreibt dieses Bild. Die anderen hören zu und nennen dann das Bild, welches der/die S beschrieben hat.

Buchstaben-Karten

12b Vorgehen wie beschrieben.

Variante: Die S bleiben in den 6er-KG aus KB 12a und jede/-r S liest einen Text. Dann vorgehen wie beschrieben.

12c Vorgehen wie beschrieben.

Film

13a Fragen Sie die S, ob sie manchmal mit Freunden kochen oder backen – und ggf. was. Die S sollen in ganzen Sätzen antworten. Die S lesen die Nachrichten. Gehen Sie noch nicht auf die Abkürzungen ein, denn diese werden im Film geklärt. Die S bringen die Nachrichten in eine mögliche Reihenfolge, dann sehen sie den Filmclip und kontrollieren. Lesen Sie die Nachrichten mit den S nochmals, um die Abkürzungen aufzulösen.

Binnendifferenzierung: Fragen Sie bereits vor dem ersten Sehen, was die Abkürzungen bedeuten könnten. (*WG: Wie geht's; Wmds: Was machst du so?; zs: zusammen; jz: jetzt*).

In guten Gruppen können Sie die Filmclips 1.1 und 1.2 gleich zusammen zeigen und davon ausgehend KB 12a–d bearbeiten lassen. Zeigen Sie nach jeder Teilaufgabe die einzelnen Abschnitte ggf. zur Kontrolle.

Lösung: E – C – A – D – B

1.1

13b Die S sprechen in KG, welche Zutaten man für eine Pizza braucht. Lassen Sie die Zutaten an der Tafel sammeln. Dann sehen die S den Filmclip und achten auf die Zutaten. Sie können den Film zunächst einmal stoppen, bevor Jonas die Küche verlässt, da hier bereits alle Zutaten genannt sind. Vergleich erst in KG, dann im PL. Abgleich mit den an der Tafel notierten Zutaten.

Binnendifferenzierung: Bessere Schüler können zudem die Mengenangaben der Zutaten notieren.

Lösung: 300 g Mehl, 160 ml (Milliliter) Wasser, Hefe, 2 Dosen Tomaten, Käse, Oliven, Salami, Pilze, Mozzarella, Paprika, Zwiebeln

1.2

13c Die S versuchen, die Sätze den Fotos zuzuordnen. Zeigen Sie anschließend den Filmclip von Beginn an noch einmal. Die S achten darauf, wer was sagt. Lassen Sie den Filmclip bis zum Ende weiterlaufen, damit die S in Anschluss an KB 13c gleich mit 13d weitermachen können. Kontrolle im PL.

Lösung: 1C, 2D, 3A, 4B

Binnendifferenzierung: Fragen Sie, ob den S bei den von den Jungen mitgebrachten Zutaten etwas aufgefallen ist. (Jeder bringt zusätzlich mit, was er gern isst. Sie bringen nicht 2 Dosen Tomaten, sondern eine Flasche.)

1.2

13d Vorgehen wie beschrieben. Bei Bedarf sehen die S den Filmclip noch einmal.

Lösung: Ricki und Luzie machen den Teig, Lena schneidet die Pilze, Jonas schneidet die Salami, Emil macht Fotos.

Binnendifferenzierung: Geben Sie den S weitere Aufgaben, z. B. *Woher haben Ricki und Luzie das Rezept?* (aus dem Internet) *Wie macht man den Teig?* (Hefe in eine Tasse mit Wasser und Zucker geben, Mehl in die Schüssel geben und mit der Hefe mischen, kneten) *Womit belegen die Jugendlichen die Pizzen?* (eine mit Salami, Mozzarella und Pilzen, die andere mit Pilzen, Paprika, Oliven und Zwiebeln)? *Wie heiß und wie lange wird die Pizza gebacken?* (20 Minuten bei 180 Grad)

Info: Als Plural von *Pizza* ist sowohl *Pizzen* als auch *Pizzas* möglich.

1.2

13e+f Schreiben Sie *Handyturm* an die Tafel und lassen Sie die S spekulieren, was das sein könnte. Lesen Sie KB 13e im PL. Die S sehen den Filmclip und beantworten die Fragen. Stellen Sie dann die Frage aus KB 13f.

Lösung: Luzie schlägt einen Handyturm vor, weil jeder mit seinem Handy beschäftigt ist. Eigentlich wollte die Clique aber etwas zusammen machen. Alle müssen ihre Handys aufeinanderlegen und dürfen bei Nachrichten oder Anrufen nicht antworten. Wer sein Handy als Erstes nimmt, hat verloren und muss die Küche aufräumen. – *Lösung für 12f:* Emil hat wohl sein Handy als Erster genommen.

Info: In der Clique werden die üblichen Verhaltensregeln fürs Essen nicht streng eingehalten. Eine wichtige Regel, die in D-A-CH gilt, ist „Mit vollem Munde spricht man nicht." Pizza mit den Fingern zu essen ist dagegen erlaubt. Bestimmte Gerichte darf man traditionell mit den Fingern essen, z. B. Artischocken, manche Meeresfrüchte oder Chicken Wings.

1.3

13g Vorgehen wie beschrieben. Entweder im PL oder als → **Kugellager** oder → **Sprechmühle**.

(Nicht) gut drauf?

Lerninhalte: über Gefühle und Emotionen sprechen | einen Blog verstehen | Aufforderungen formulieren | ein Streitgespräch verstehen und führen | einen Ratgebertext verstehen | einen Brief schreiben und auf einen Brief antworten | Tipps für eine gute Freundschaft geben
Wortschatz: Gefühle und Emotionen | Streit: Vorwurf und Entschuldigung
Grammatik: *derselbe, dasselbe, dieselbe* | Verben im Plural mit Präposition + *einander* | Infinitive als Aufforderung | Nebensatz mit *als* und *(immer) wenn*
Aussprache: freundlich – unfreundlich sprechen
Lernen lernen: Textmodelle für eigene Texte nutzen | Formulierungen durch emotionales Sprechen trainieren

	Erläuterungen zum Unterricht	Material
ÜB 1a	Als Einstieg beginnen Sie mit der Übung im ÜB, in der die S Gefühlsadjektive wiederholen.	
1a	Lesen Sie zuerst die vorgegebenen Ausdrücke und klären Sie ggf. die Bedeutungen. Dann beschreiben die S in KG die Bilder. **Binnendifferenzierung:** Als Hilfe können Sie an der Tafel verschiedene hilfreiche Satzstrukturen untereinanderschreiben: …, *weil … VERB.* / …, *wenn … VERB.* / …, *deshalb VERB* … . **Erweiterung:** Zum Training des Wortschatzes → **Wortschatzspiele**. **Lösungsvorschlag:** B Kim ist wütend, weil ihr Bruder Chaos im Zimmer gemacht hat. C Marie ist traurig, weil sie kein Tor geschossen hat. Sie ist genervt, wenn ihre Mannschaft ein Spiel verliert. D Henri ist glücklich, denn er hat eine Zwei bekommen. E Die Mutter von Lars ist genervt, wenn Lars zu lange am Computer spielt. Er ist genervt, weil er den Computer ausmachen soll. F Jenny ist glücklich, weil sie Konzerttickets zum Geburtstag bekommt. G Lukas hat Geburtstag, deshalb haben seine Freunde eine Überraschungsparty organisiert. Lukas ist wirklich überrascht! H Kim und ihre Freundin sind in den Kletterpark gegangen, aber Kims Freundin ist ängstlich. Kim ist stolz auf sie, wenn sie sich traut.	
1b+c	Vorgehen wie beschrieben. **Variante:** Die S gehen in Paaren im Raum herum und spielen sich gegenseitig die kurzen Dialoge vor. Das Zuschauer-Paar sagt, um welches Bild es sich handelt. Projizieren Sie dazu die Bilder an die Tafel. **Variante:** → **Rollenspiel mit Souffleur**	
1d	Vorgehen wie beschrieben.	
	Glücksgefühle	
2a	Vorgehen in PA wie beschrieben. Dann Vergleich in der KG. Pro KG wird ein interessanter Punkt ins PL gebracht. **Erweiterung:** Im Anschluss daran machen Sie eine → **Skalendiskussion**. Sie notieren verschiedene genannte Aussagen der S an der Tafel, die für die Positionierung auf der Skala nacheinander vorgelesen werden.	Plakat
ÜB 2a	Die S bilden Komposita zum Thema *Glück*. Gehen Sie danach auf die Lebenswirklichkeit der S ein und fragen Sie, welche Glückssymbole in ihren Ländern typisch sind. Lesen Sie auch den **Tipp** und lassen Sie die S weitere Komposita bilden.	
2b	Die S lesen die Blogbeiträge, beantworten die Frage (*Wann …*) und notieren die Gründe. Die Auswertung folgt in KB 2c. **Lösung:** *Steve:* nur selten, aber gestern: hat Musik-Wettbewerb gewonnen; alles hat prima geklappt – *Kalle:* wenn man einen besten Freund hat: er und sein Freund streiten nicht, können über alles sprechen, haben denselben Humor, finden dieselben Dinge gut, können sich aufeinander verlassen – *Anne:* jetzt im Moment: lange gespart, Eltern haben Motorroller gekauft, gleicher Roller wie ihre Freundin – *Carina:* jetzt gerade: hatte Ärger mit ihrer Freundin Jana, hat sich einsam gefühlt, hat sich wieder mit ihrer Freundin versöhnt. **Variante:** → **Kooperatives Lesen, Wirbelgruppen** **Variante:** Machen Sie mit der KV ein → **Laufdiktat**: Die S arbeiten zu zweit. Verteilen Sie die Blogbeiträge aus 2b an die verschiedenen Paare. Die S machen das Laufdiktat wie beschrieben, für erhöhte Schwierigkeit sorgt, dass sie zudem die passenden Wörter in ihren Text einsetzen müssen. Die vorgegebenen Wörter im Schüttelkasten gehören zu allen 4 Texten. Kopieren Sie den Schüttelkasten öfter und hängen Sie ihn auch an mehrere Stellen zu den anderen Texten. Bearbeiten Sie im Anschluss an das Laufdiktat oder Flüsterlaufdiktat KB 2c wie vorgegeben, nur dass sich immer 4 Personen zusammensetzen und erzählen. Dann gehen die S wieder in ihre Ausgangsteams zurück und lösen das Quiz auf der KV.	Kopiervorlage
2c	Bevor die S diese Aufgabe bearbeiten, bitten Sie die S, aus den Texten von Kalle und Carina die vier Stellen mit …*einander* herauszusuchen. Fragen Sie: *Wie heißt das Verb? Gibt es eine Präposition?* und notieren Sie die Antworten an der Tafel (*sprechen + mit, Geheimnisse haben + vor, sich verlassen + auf, denken + an*).	

Lesen Sie den **Tipp** und erklären Sie den S, dass *einander* eine wechselseitige (reziproke) Beziehung zwischen zwei (oder mehr) Personen (oder Sachen) ausdrückt, z. B. *Die Kinder spielen miteinander*. Bei Verben mit Präposition wird die Präposition vor das Wort *einander* gestellt (wodurch grammatisch ein Adverb entsteht). Machen Sie mit den TN weitere Beispielsätze ohne und mit Präposition (z. B. *einander begrüßen, einander belügen, einander hassen – aufeinander achten, nebeneinander stehen, miteinander lachen, sich füreinander interessieren, sich umeinander kümmern, …*)

Hinweis: Bei reflexiven Verben lässt sich durch das identische Personal- bzw. Reflexivpronomen *sich* nicht immer genau unterscheiden, ob ein reziprokes Verhältnis vorliegt oder nicht, z. B. lässt der Satz *Die Kinder kämmen sich die Haare* im Deutschen offen, ob jedes Kind sich selbst die eigenen Haare kämmt oder ob sie sich gegenseitig die Haare kämmen. Wenn man das gegenseitige Haarekämmen betonen will, verwendet man *einander*. Nur bei wenigen reflexiven Verben („echt reziproke Verben") wie *sich einigen* oder *sich anfeinden* kann *einander* nicht verwendet werden.

Ohne ins Buch zu sehen, berichten die S in PA anschließend mithilfe ihrer Notizen aus KB 2b über 2 Personen im Blog und ihre Gründe fürs Glücklichsein.

2d	**Sprachmittlung:** Teilen Sie die Klasse in KG ein und jede KG bekommt ein Thema. Die S überlegen sich die passende(n) Frage(n) zu ihrem Thema in ihrer Muttersprache, dann fragen sie in der Pause / in verschiedenen Pausen die anderen S auf dem Schulhof. Geben Sie ihnen anschließend Zeit, im Deutschunterricht eine kleine Ergebnispräsentation auf Deutsch vorzubereiten. Wenn Ihre S verschiedene Herkunftsländer haben, dann notieren sie ihre Fragen auch in ihrer Muttersprache, aber sie fragen dann andere Personen ihrer Muttersprache aus dem privaten Umfeld und tragen die Ergebnisse beim nächsten Mal auf Deutsch zusammen.	
3a	Die S sprechen in KG über die gestellte Frage. Lassen Sie dann die S auf Deutsch erklären, worüber sie in den KG gesprochen haben. Fragen Sie ggf. nach, warum es in Bild A *dasselbe* sein muss und nicht *dieselbe* sein kann (weil das Wort vom Artikel des Nomens abhängt). **Erweiterung:** Lassen Sie Genus, Numerus und Kasus der drei Wörter mit *-selbe* auf den Bildern bestimmen (A: *dasselbe*: Neutrum, Singular, Akkusativ; B: *dieselbe*: Femininum, Singular, Nominativ; C: *dieselben*: Femininum, Plural, Akkusativ)	
3b	Die S notieren den Grammatikkasten in ihr Heft oder sie benutzen die Grammatik-KV und kleben sie dann ein. Sie ergänzen die fehlenden Wörter. Stärkere S können diese ohne die Texte ergänzen, schwächere S haben Hilfe in den Texten aus KB 2b. Lesen Sie auch die Information unten in der Tabelle. **Binnendifferenzierung:** Wenn Ihre S dieses Thema schwierig finden, dann gehen Sie noch einmal in die Texte aus KB 2b zurück und lassen Sie (ggf. an der Tafel) alle Wörter mit *-selbe* markieren. Dann lassen Sie die S erst in KG, danach im PL die Wörter nach Genus, Numerus und Kasus bestimmen. **Lösung:** *der:* derselbe; *das:* dasselbe; *die:* dieselbe; *die (PL.):* dieselben	GR-Kopiervorlage
3c	Hier üben die S direkt das Gelernte, indem sie die Nomen in PA in den Dialogen ergänzen und die Dialoge in ihr Heft schreiben. Dann vergleichen sie in KG. Am Ende können offene Fragen im PL geklärt werden. Nachdem die S die Übung gemacht haben, lesen Sie den **Tipp** im PL. Fragen Sie die S: *Wann kann* derselbe/dasselbe/… *auch ohne Nomen stehen?* (wenn es eine Wiederholung ist und man automatisch weiß, welches Nomen gemeint ist). **Lösung:** 1. Probleme/Schwierigkeiten; 2. Trainer; 3. Sportcamp/Ferienlager, Zeit/Woche; 4. Kette/Jacke	
3d	Vorgehen wie beschrieben. → **Tipps zum Vorlesen**	
3e	Vorgehen wie beschrieben. **Lösung:** 1. dieselben, 2. dieselbe, 3. denselben, 4. demselben	
4a	Zeigen Sie die Fotos an der Tafel. Die S beschreiben die Situationen. Gehen Sie dann ins Buch: Die S lesen die Aufforderungen und ordnen sie zu. Vergleich im PL. Lesen Sie mit den S den Grammatikkasten oder die S bearbeiten die Grammatik-KV. **Lösung:** A: Bitte lächeln! – B: Bitte nicht stören! – C: Nicht traurig sein! – D: Cool bleiben! – E: Bitte nicht schimpfen!	GR-Kopiervorlage
ÜB 4	Zur weiteren Vertiefung. Die S vergleichen ihre Lösungen und überlegen sich in PA Minidialoge zu den Situationen. Ein paar spielen diese im PL vor.	
4b	In PA vorgehen wie beschrieben. Im Anschluss werden die Aufforderungen zusammengetragen und die S erstellen ein Aufforderungsplakat und hängen es auf. **Variante:** Die S malen in PA Situationen, möglichst ohne Text. Dann werden die Bilder auf den Tischen verteilt. Die S gehen zu zweit herum und schreiben zu jeder Situation eine Aufforderung. Anschließend werden die Bilder aufgehängt, von allen gelesen und kommentiert. Fragen Sie dazu: *Welche Aufforderung passt? Welche ist lustig?*	Plakat

(Nicht) gut drauf?

	Spinnst du?	
5a	Projizieren Sie das Foto und die Sprechblasen groß an die Tafel oder die Wand. Im PL sprechen die S über die angegebene Frage.	
5b	Die S lesen die angegebenen Möglichkeiten und erklären sich untereinander evtl. unbekannten Wortschatz. Dann ergänzen sie in PA erst den Dialog und hören dann zur Kontrolle. **Lösung:** C – E – F – A – D – B	(1.16)
5c	Vorgehen wie beschrieben. Lesen und erklären Sie den S den **Tipp**. Wechseln Sie anschließend die Paare und lassen Sie den Dialog öfter lesen.	(1.16)
ÜB **5a+b**	**ODER-Aufgabe:** Die Klasse stimmt ab, welche der beiden Möglichkeiten sie machen möchte. Wenn sie sich für die Variante entscheiden, dass sie zuerst hören und dann schreiben, lassen Sie die S den Dialog am Ende zur Kontrolle noch einmal hören. Auch hier üben sie den Dialog mit viel Emotion und lesen ihn in der KG vor. Die anderen S geben Rückmeldung.	
5d	Die S sehen den Redemittelclip. Dann lesen die S den Redemittelkasten im PL und überlegen, welche Ausdrücke sie im Film gehört haben *(Sag mal, spinnst du? / Schau doch mal! / Chill mal. / Ich habe gar nichts gemacht! / Na und, das ist doch nicht so schlimm. / Das war nicht mit Absicht.)*. Die S lesen dann die Situationen im KB und bearbeiten die Aufgabe in PA und schreiben nach dem Muster aus KB 5b einen Dialog, den sie anschließend vor der Klasse vorspielen. **Variante:** → **Rollenspiel mit Souffleur** **Erweiterung:** Die S überlegen sich eigene Situationen, die sie bearbeiten. **Hinweis:** Erklären Sie ggf. die Kleinschreibung in *Du bist schuld!* im Gegensatz zur Großschreibung in *Das ist deine Schuld!*: *schuld sein* ist ein Verb und Verben schreibt man immer klein.	R4
6a	Einstieg: Notieren Sie das Wort *der Rat/Ratschlag* an der Tafel und die S definieren das Wort. Fragen Sie: *Wenn ihr ein Problem habt, wo holt ihr euch Rat?* Dann lesen die S den Text der E-Mail und bearbeiten die Aufgabe. Vergleich in KG. Fragen Sie danach *Welchen Rat würdet ihr Kaya geben?* und machen Sie dazu ein Klassengespräch. **Lösung:** *Kaya:* 3, 8 – *Kayas Freundin:* 2, 4, 5, 7, 8 – *Helena:* 1, 6	
6b	Danach lesen die S die Antwort von Frau Dr. Ratke und markieren die richtige Antwort aus dem Text. Bei Unklarheiten bitten Sie die S, die Textstelle zu nennen. **Lösung:** 1A, 2B	
6c	In PA schreiben die S einen kurzen Brief an Frau Dr. Ratke. Durch die PA ist das Problem weniger intim, auch halten Sie so die Korrekturlawine in Grenzen. Geben Sie den S für den Brief 20 Minuten Zeit. Auch als HA möglich. **Erweiterung:** Bevor die S KB 6d bearbeiten und inhaltlich weiter an den Texten arbeiten, bietet es sich an, eine → **Korrekturlawine** zu gestalten. **Erweiterung:** Bevor die S ihren eigenen Text schreiben, suchen die S die Fehler im Text auf der KV und korrigieren sie. Das sensibilisiert sie für typische Fehler, damit sie bei ihrem eigenen Text auch auf Verbpositionen, Kommas und Konjugationen achten. Wenn es für Ihre S zu schwierig ist, die Fehler zu finden, geben Sie ihnen Möglichkeit B, bei der die Fehler schon markiert sind. Die S vergleichen erst in KG und dann im PL.	Kopier-vorlage
6d	Vorgehen wie beschrieben. Jedes Paar aus KB 6c nimmt einen anderen Text und schreibt die Antwort, die dann wieder aufgehängt wird. (Hier können die S auch in EA arbeiten, wenn sie möchten, d. h. mehrere antworten auf einen Text.) **Erweiterung:** Auch hier kann vor dem Aufhängen eine → **Korrekturlawine** stattfinden. Lassen Sie jedoch nur eine der beiden Korrekturlawinen machen, sonst wird es zu viel. Möglich sind auch → **Fehlerauktion**, **Findet die Fehler**. **Erweiterung:** → **Stiller Dialog**	
7a	Erst überlegen die S, ohne die Sätze zu hören, welcher ihnen eher freundlich oder unfreundlich erscheint. Dann hören sie und vergleichen mit ihrer eigenen Lösung. **Lösung:** *freundlich:* 1, 4, 5 – *unfreundlich:* 2, 3, 6	(1.17)
7b	Vorgehen wie beschrieben. Einige S sprechen die Sätze im PL und die anderen kommentieren die Intonation.	(1.17)
ÜB 7	Bearbeiten Sie zu diesem Thema auch die Übungen im ÜB.	

Toller Freund ...

8a Die S lesen die Fotogeschichte und sprechen in KG, warum Ole Florian nicht hilft.

Lösungsvorschlag: Florian hat dreimal negativ reagiert / abgelehnt, wenn Ole etwas von ihm wollte. Nun hat Ole keine Lust mehr und ist sauer.

Erweiterung: Die S erstellen einen eigenen Comic oder eine Fotogeschichte mit einem Problem zum Thema *Freundschaft*. Das können Sie auch als **Projekt** ausbauen: Die S arbeiten in KG, überlegen sich ein Problem und dann besprechen sie, ob sie einen Comic oder eine Fotogeschichte machen möchten, welche Bilder sie darstellen wollen und wie sie es sprachlich darstellen wollen. Am Ende präsentieren sie ihre Ergebnisse im PL.

Hinweis: Die S können mithilfe entsprechender Internetseiten wie z. B. www.makebeliefscomix.com oder www.plasq.com eigene Comics erstellen.

8b Vorgehen wie beschrieben.

Variante: → **Kettenübung, Collagen**

8c Fragen Sie: *Was denkt ihr: Wie geht es weiter mit der Freundschaft zwischen Ole und Florian? Was passiert bei dem Telefonat?* Dann lesen sie die Zusammenfassungen und hören das Gespräch. 🎧 (1.18)

Lösung: B

8d In PA überlegen sich die S Tipps für die Freundschaft zwischen Ole und Florian. Vorstellung im PL.

9a Die S lesen den Grammatikkasten. Erinnern Sie hier auch noch einmal an die Smiley-Verb-Position bei voran- | GR-Kopiervorlage
gestellten Nebensätzen (siehe Kapitel 1, Aufgabe 6b). Dann lesen die S die Sätze in PA und verbinden sie mündlich mit *als*. Vergleich im PL. Zum Schluss schreiben sie die Sätze in ihr Heft. Nutzen Sie die Grammatik-KV als Wiederholung.

Lösung: 2. Als Ole am Montag seine Hilfe gebraucht hat, hatte Florian keine Zeit. 3. Florian war gleich eifersüchtig, als Ole ihn heute nach Camilla gefragt hat. 4. Als Florian Ole verstanden hat, hat er sich sofort bei ihm entschuldigt.

9b Vorgehen wie beschrieben. Die S überlegen in PA. Dann Vergleich im PL. Helfen Sie den S ggf. bei der Begründung ihrer Entscheidungen: Die S sollen merken, dass *als*-Nebensätze sich auf einen bestimmten Zeitpunkt oder eine begrenzte Zeitspanne in der Vergangenheit beziehen (also passt *später* nicht), der/die nur einmal stattfand (also passt *immer* und *jedes Mal* nicht). Dies dient bereits als Überleitung zu KB 9c.

Lösung: in dem Moment, zu der Zeit

9c Die S lesen die Aufgabe und den Grammatikkasten durch und versuchen, den Unterschied zwischen Temporal- | GR-Kopiervorlage
sätzen mit *wenn* und Temporalsätzen mit *als* zu klären. Anschließend nennen die S ihre Ideen im PL. Systematisieren Sie das Genannte an der Tafel (siehe Tabelle unten). Weisen Sie (nach KB 9b nochmals) darauf hin, dass Sätze mit *als* sich nicht nur auf punktuelle Handlungen in der Vergangenheit beziehen können, sondern sich auch auf eine begrenzte Zeitspanne in der Vergangenheit, die länger dauerte, aber nicht wiederkommt. (*Als ich ein Kind war, ... / Als ich in den Kindergarten ging, ... / Als ich ein Jahr in Mumbai gewohnt habe, ...*). Lesen Sie dazu auch den **Tipp** im PL und nutzen Sie die Grammatik-KV als Wiederholung.

Lösung: *als* benutzt man bei einmaligen Handlungen in der Vergangenheit:

	jetzt	früher
einmal	wenn	*als*
öfter oder immer wieder	wenn	(immer) wenn

9d In PA vorgehen wie beschrieben.

Lösungsvorschlag: 1. ..., habe ich mich sehr gefreut. 2. Wenn ich Ärger mit meiner besten Freundin hatte, war ich immer ganz traurig. 3. Wenn ich Hilfe brauchte, habe ich immer meinen besten Freund gefragt. 4. Als ich mich über die gute Note gefreut habe, war meine Freundin komisch.

Binnendifferenzierung: Schnellere S machen weitere eigene Sätze mit *wenn/als*: Person A beginnt mit einen *wenn-* oder *als*-Satz und Person B beendet ihn.

Erweiterung: Die S arbeiten mit dem Lernfalter. | Lernfalter

9e Die S übersetzen die beiden Sätze aus KB9c in ihre Muttersprache und vergleichen die beiden Sprachsysteme. *Gibt es wichtige Unterschiede oder Gemeinsamkeiten? Welche?*

ÜB 9b Nachdem die S das Gedicht in ÜB 9a zu Hause ergänzt haben, lesen Sie es gemeinsam im PL. Lesen zuerst Sie es vor; die S sprechen nach. Dann lesen die S das Gedicht in PA.

(Nicht) gut drauf?

	Variante: Sie beginnen irgendwo im Text zu lesen, die S suchen die Stelle, und wenn jemand sie gefunden hat, liest er mit Ihnen weiter. Wie schnell haben alle S die Stelle gefunden? Danach kann ein/-e S Ihre Rolle übernehmen. Oder → **Tipps zum Vorlesen**, **Synchronlesen**.	
10	**Freie Wahl:** Lesen Sie die Aufgaben im PL und klären Sie ggf. Verständnisfragen. Hängen Sie Zettel mit A, B, C in die Ecken Ihres Raumes. Da die Aufgaben unterschiedliche Bearbeitungszeit benötigen, gibt es 2 Möglichkeiten: Die S entscheiden sich für eine Aufgabe, indem sie sich zu einem der Zettel stellen. Der Zettel, bei dem die meisten S stehen, wird die Aufgabe für die ganze Klasse. Oder Sie hängen 2 Zettel auf: A/B und C und die S entscheiden sich. Die S bearbeiten die Aufgaben in KG. Lassen Sie die S bei Aufgabe C entweder im Computerraum / mit Tablets arbeiten oder bringen Sie Zeitschriften mit. Geben Sie den S 15–20 Minuten Zeit. Am Ende präsentiert Gruppe B ihre Tipps und Gruppe C zeigt das Bild und liest die Geschichte vor. Aufgabe C können Sie auch aus der freien Wahl herausnehmen, wenn Sie diese als **Projektaufgabe** gestalten möchten: Arbeiten Sie dann mit den S im Computerraum, die S suchen sich Bilder zu Emotionen aus dem Internet und drucken sie aus. Dann erstellen sie eine Collage. Die Collage wird an eine andere Gruppe gegeben, die sich eine Person aus der Collage heraussucht und eine kleine Geschichte zu ihr schreibt. Am Ende werden alle Geschichten vorgelesen und die anderen sagen, zu welcher Person auf welcher Collage das jeweils Vorgelesene passt.	evtl. Computer/Zeitschriften
ÜB 10	Mit der „Lernen – üben – spielen"-Aufgabe üben und vertiefen die S die Grammatik. Die S arbeiten in PA. Auch zur späteren Wiederholung mit unterschiedlichen Partner/-innen geeignet.	
ÜB Perfekt	Vorgehen wie beschrieben. Als HA möglich, dann mit Vergleich in der Klasse. Die S können mit den Perfektformen dieser Übung ihre Kärtchenkartei zum Perfekt weiterführen. Möglichkeiten, das Perfekt zu wiederholen, finden Sie unter → **Perfekt**.	Karten
	Was kann ich nach Kapitel 4?	
	Die S bearbeiten die „Was kann ich"-Seite im KB und im ÜB wie in der Einleitung zum Lehrerhandbuch beschrieben. **Binnendifferenzierung:** In schwächeren Gruppen können Sie die linke Spalte erst im PL lesen und besprechen. Anschließend folgt die PA, bei der die linke Spalte zugedeckt wird. Die „Was kann ich?"-Seiten im ÜB können die S individuell als Hausaufgabe machen. Erwähnen Sie diese Seiten jedoch regelmäßig im Kurs, um die S auf dem Weg der Selbstevaluation zu stärken.	

Lerninhalte: über Reisen und Verkehr sprechen | Durchsagen verstehen | eine Geschichte erzählen | nach dem Weg fragen und einen Weg beschreiben | einen Zeitungsbericht verstehen | Wünsche äußern | irreale Bedingungen äußern
Wortschatz: Verkehr | Orte und Wege in der Stadt | Reisen und Urlaub
Grammatik: *gegenüber, entlang, um … herum* | Infinitivsätze | *würde* + Infinitiv | Konjunktiv II von *sein* | irreale *wenn*-Sätze
Aussprache: *n, nn, ng, nk*
Lernen lernen: mithilfe von Notizen eine Geschichte erzählen | mit W-Fragen wichtige Informationen in einem Text verstehen

	Erläuterungen zum Unterricht	Material
1a	Vorgehen in PA wie beschrieben. Die S versuchen ohne Wörterbuch die Newsticker den Fotos zuzuordnen. Lassen Sie im Anschluss nur wichtige Wörter im PL klären. **Lösung:** A3, B5, C4, D1, E6, F2 **Variante:** Kopieren Sie die Fotos groß und sammeln Sie im PL W-Fragewörter an der Tafel. Stellen Sie am Beispiel eines Fotos alle W-Fragen mit den W-Wörtern und die S antworten, danach beschreiben die S die weiteren Fotos mithilfe der W-Wörter in KG. Danach lesen sie die Newsticker und ordnen sie zu.	Fotos
1b	In KG sprechen die S darüber, wo man solche Nachrichten liest und für wen sie nützlich sein könnten. Verschieden KG präsentieren am Ende kurz die Ergebnisse.	
1c	**Sprachmittlung:** Als HA erzählen die S zwei Newsticker-Inhalte ihren Eltern in ihrer Muttersprache und fragen diese, wo man solche News liest. Fragen Sie am nächsten Tag, was die Eltern gesagt haben.	
1d	Vorgehen wie beschrieben in KG. Klären Sie ggf. die drei Begriffe im PL. **Variante:** Kopieren Sie die Wortigel auf DIN-A3-Plakate. Die S arbeiten in KG und ergänzen das Vokabular auf einem Plakat. Dann rotieren sie nach 5 Minuten und ergänzen das nächste Plakat und nach 5 Minuten das dritte. Am Ende werden die Plakate aufgehängt und von allen gelesen und unbekannte Wörter erklärt. **Erweiterung:** Verbinden Sie die Aufgabe mit Bewegung. Bilden Sie drei Gruppen. Sie geben jeder Gruppe ein Thema und stellen ein leeres Medium zum Schreiben zur Verfügung. Die S stehen hintereinander und immer nur eine Person darf nach vorne laufen und ein passendes Wort schreiben. Geben Sie ihnen 7 Minuten Zeit. Danach wird verglichen, welche Gruppe die meisten Wörter hat und ob alle Wörter klar sind.	Plakate Tafel/Pinnwand/Flip
1e	Vorgehen wie beschrieben. Möglich ist auch → **Kugellager, 90-60-30**	
ÜB 3b	Lassen Sie den Lesetext als HA bearbeiten, lesen Sie aber vorher im PL den **Tipp**, da er für alle Lesetexte eine gute Lesestrategie bietet. Vergleichen Sie diese HA im PL. Bei Unstimmigkeiten oder nicht eindeutigen Antworten gehen Sie mit den S in den Text und lassen Sie die S die Wörter/Textstellen nennen, die sie markiert haben.	
	Unterwegs	
2a	Steigen Sie mit dem Wort *die Durchsage* ein, klären Sie, was es bedeutet, und fragen Sie die S: *Wo kann man Durchsagen hören?* Beispiele: am Bahnhof, in der U-Bahn-Station, im Kaufhaus, in der Schule, im Stadion etc. Steigen Sie dann ins KB ein. Die S hören die Durchsagen und besprechen in PA, zu welchen Orten sie passen. **Lösung:** am Bahnhof, im Flugzeug, im Kaufhaus, im Radio, im Bus/Bahn	1.19
2b	Die S hören die Durchsagen noch einmal, markieren richtig oder falsch und korrigieren die falschen Aussagen. **Lösung:** 1r, 2f (sie sollen den Zug um 15.56 nehmen, weil der Zug um 15.50 ausfällt), 3r, 4r, 5r, 6f (im dritten Stock/Obergeschoss), 7r, 8r, 9f (Heinemannplatz), 10f (An der Haltestelle Kaiserstraße kann man nicht aussteigen.) **Binnendifferenzierung:** Stärkere S können die falschen Aussagen korrigieren, alle anderen konzentrieren sich auch die Richtigkeit der Aussagen und markieren nur. **Variante:** Zuerst → **Liedtext pflücken**, dann korrigieren.	1.19 Streifen
3a	Greifen Sie hier auf die beiden letzten Durchsagen von KB 2b zurück und fragen Sie konkret: *Welche Informationen bekommen wir über die Bushaltestelle?* Lesen Sie dann den Beginn der Arbeitsanweisung (Treffpunkt …) und lassen Sie die S Vermutungen zu den Fotos anstellen. Sagen Sie ihnen, dass die Fotos zusammengehören und alle überlegen sich, was passiert ist. Anschließend erzählen sie es kurz im PL.	
3b	Die S hören den Hörtext und vergleichen mit ihren Vermutungen. Lassen Sie nach dem Hören die Geschichte im PL zusammenfassen, sodass alle auf dem gleichen Wissensstand sind und verstanden haben, was passiert ist. Dann notieren die S in PA die Stichpunkte zu den Personen und hören den Hörtext anschließend zur Kontrolle noch einmal. Dabei ordnen sie die Stichpunkte in die richtige Reihenfolge. Vergleich im PL.	1.20

	Binnendifferenzierung: Bilden Sie 2 Gruppen, eine Gruppe notiert alle Stichpunkte zu Mia und Florian, die andere zu Pia. Dann hören sie noch einmal, achten auf ihre Person(en) und anschließend setzen sich immer 2 S aus den verschiedenen Gruppen zusammen und erzählen sich ihre Ergebnisse. Lösung: *Mia und Florian:* sich am Stadttheater mit Paula treffen wollen – eine Baustelle an der Haltestelle – an einer anderen Haltestelle aussteigen – den Weg nicht kennen – Akku leer – Handy vergessen – nach dem Weg fragen – falsch gehen – das Handy in einem Café aufladen – eine Nachricht bekommen – keine Lust auf Shoppen haben, lieber ins Camp zurückgehen – Cola bestellen – die nächste Haltestelle suchen, *Paula:* mit den Freunden shoppen wollen – mit dem Rad zum Treffpunkt kommen – auf dem Gehsteig durch Glas fahren – eine Panne haben – die Freunde anrufen – ein Foto schicken und eine Nachricht schreiben – laufen müssen – der Weg zu weit – ins Feriencamp zurückgehen	
3c	Vorgehen wie beschrieben. **Variante:** → **90-60-30**, **Kugellager**	

Um den Platz herum

4a	Wiederholen Sie den schon bekannten Wortschatz zu Wegbeschreibungen (**Klasse! A1** Kapitel 11), indem Sie Gesten machen, und die S nennen *links, rechts* und *geradeaus.* Zeichnen Sie eine Kreuzung an die Tafel und fragen Sie, ob sich die S erinnern, wie man auf Deutsch sagt. Dann schreiben Sie *die Kreuzung* an. Danach öffnen die S das KB. Sie beachten im ersten Schritt nur den blauen Weg auf der Karte und lesen dazu beide Beschreibungen. Welche passt zu diesem Weg? Vergleich und Begründung im PL. Die S lesen anschließend den Grammatikkasten. Klären Sie die Präpositionen und ihren zugehörigen Kasus. Demonstrieren Sie die Präpositionen bei Unklarheit oder lassen Sie sie von den S vorspielen (Beispiel: *Maria sitzt gegenüber der Tafel. / Ich gehe um einen Tisch herum. / Ich gehe die Wand entlang.*). Lesen Sie dann den **Tipp** im PL und lassen Sie die S einige Beispiele in jeweils beiden Varianten nennen. Als Wiederholung oder für stärkere S benutzen Sie die Grammatik-KV. Lösung: Beschreibung 2	GR-Kopier-vorlage
ÜB 4a	Binnendifferenzierung: Nachdem die S den bekannten Wortschatz wiederholt haben, bearbeiten sie ÜB 4a und klären so das neue Vokabular. Dann gehen sie wieder ins KB und machen weiter wie oben beschrieben.	
ÜB 4b–d	Als Training und Vorentlastung für die eigene, freiere Wegbeschreibung im KB 4b bietet es sich an, ÜB 4b–d zu bearbeiten.	
4b	Lesen Sie den Redemittelkasten im PL und klären Sie Vokabular. Sagen Sie den S, dass es immer verschiedene Varianten sind, aus denen sie auswählen sollen. Die S arbeiten in PA dann wie beschrieben. **Variante:** Tippen Sie die Redemittel ab und machen Sie damit einzelne Kärtchen. Schreiben Sie zudem 2 Kärtchen mit Titeln: *Nach dem Weg fragen* und *Einen Weg beschreiben.* Pro KG bekommen die S einen Stapel Karten. Sie lesen die Redemittel und sortieren sie in die richtige Kategorie. Lassen Sie eine KG ihre Zuordnung an der Tafel vornehmen (z. B. am Interactive Whiteboard, das Sie vorbereitet haben). Dann vergleichen alle mit dem Ergebnis an der Tafel, korrigieren, fragen nach. Danach weiter vorgehen wie oben beschrieben. **Erweiterung:** Zum weiteren Üben der Wegbeschreibung kopieren Sie einen Teil ihrer Stadt, in dem z. B. Ihre Schule liegt, für jede/-n S von einer Landkarte, z. B. aus dem Internet. Die S arbeiten weiterhin in PA. Sie fragen sich gegenseitig nach Orten aus ihrer eigenen Lebenswelt und beschreiben den Weg. Der/Die andere zeichnet den beschriebenen Weg ein.	Karten Stadtpläne der eigenen Stadt (Papier/Internet)
5a	Vorgehen wie beschrieben. **Erweiterung:** Die S lesen die Wörter in PA noch einmal und Sie gehen herum und verbessern, wo nötig. **Hinweis:** Die Buchstabenkombination *ng* wird ohne *g* gesprochen, es ist also nur ein Laut. Wenn die S ein Nasenloch zuhalten, dann spüren sie die Nasalvibration besser. Zwischen den Lauten *n* und *nn* hört man keinen Unterschied im Konsonanten selbst, sondern das Doppel-*n* zeigt lediglich die Länge des vorangehenden Vokals an.	🔊 1.21
5b	Vorgehen wie beschrieben. Gehen Sie auch hier herum und helfen den S, wenn nötig. Wenn sich dabei zeigt, dass es schwierige Wörter gibt, dann sprechen Sie diese noch einmal im PL vor und die S wiederholen sie im Chor. Lösung: 1. inklusive, 2. Camping, 3. pünktlich, 4. die Verspätung, 5. kennen, 6. die Richtung, 7. links, 8. die Durchsagen Binnendifferenzierung: Die S ergänzen die Wörter zuerst und hören dann zur Kontrolle. Anschließend vorgehen wie beschrieben.	🔊 1.22
5c	Vorgehen wie beschrieben. Sagen Sie den S, dass nur eines der Wörter im Satz vorkommen soll. Klären Sie ggf. vorher unklares Vokabular (ggf. mit Verweis auf KB 2, wo *Richtung, Durchsage* und *Verspätung* vorkommen)	

Lösungsvorschlag: 1. Im Hotel ist das Frühstück inklusive. 3. Heute komme ich pünktlich. 4. Der Zug hat Verspätung. 5. Ich kenne Florian schon lange. 6. Der Zug fährt Richtung Hamburg. 7. Geh zuerst links. 8. Ich habe die Durchsagen am Bahnhof nicht verstanden.

ÜB 5	Im ÜB finden Sie eine weitere Übungen zum Vertiefen der Aussprache. → **Aussprache**	
	Reisen für einen guten Zweck	
6a	In KG vorgehen wie beschrieben. Sammeln Sie zu Beginn Verkehrsmittel an der Tafel und regen Sie die S an, kreativ zu werden (es gibt z. B. auch *Heißluftballon, Privatjet, Kreuzfahrtschiff, Wohnmobil, Rikscha* usw.) **Variante:** → **Sprechmühle** (Schreiben Sie die Fragen dann einzeln an die Tafel), **Kugellager, 90-60-30**	
6b	Notieren Sie den Titel des Textes an der Tafel. Fragen Sie die S, ob sie BreakOut kennen, evtl. hat ja auch schon jemand von Ihren S daran teilgenommen. Wenn ja, dann lassen Sie diese S zuerst berichten, bevor Sie ins Buch gehen. Die S lesen den Text und beantworten die Frage. **Lösung:** *Das Ziel von BreakOut ist:* in 36 Stunden innerhalb Europas eine möglichst große Entfernung zurücklegen – *Besonders ist:* dabei darf man kein Geld für Verkehrsmittel ausgeben; pro Kilometer gibt es Sponsoren, die Geld für einen guten Zweck spenden. **Info:** *BreakOut* ist ein Charity-Reisewettbewerb für junge Leute ab 18. In Zweierteams gehen sie an demselben Tag in verschiedenen Städten Deutschlands an den Start und haben 36 Stunden Zeit, so weit weg wie möglich zu reisen und dabei kein Geld für die Fortbewegung auszugeben. Pro gereistem Kilometer sammelt jedes Team Spenden von seinen Sponsoren, die dem Team vorher ihre Unterstützung zugesagt haben. Das können Freunde, Verwandte und Unternehmen sein. Damit die Sponsoren auch „live" dabei sein können, teilen die Teams Fotos und Videos über die BreakOut-App. Organisiert wird BreakOut von einem wechselnden Team aus rund 50 jungen Ehrenamtlichen. In D-A-CH gibt es auch weitere derartige Angebote, z. B. bieten viele deutsche Kommunen jedes Jahr das *Stadtradeln* an. – *EinDollarBrille* ist eine Wohltätigkeitsorganisation, die weltweit Bedürftige, die sonst nicht lesen lernen oder arbeiten könnten, mit stabilen, aber kostengünstigen Brillen (zu 1 Dollar pro Stück) ausstattet. Die Mitarbeiter/-innen reisen direkt in die Dörfer, messen die Sehkraft und stellen mit einfachen Mittel gleich vor Ort die benötigte Brille her.	
6c	Lesen Sie den **Tipp** im KB und sammeln Sie mit den S mögliche W-Fragen, die man an einen Text stellen könnte. Die S lesen zuerst die Fragen und klären ggf. unbekanntes Vokabular. Dann vorgehen wie beschrieben. Sie machen sich zuerst in EA Notizen und vergleichen dann in KG. Kurzes Gespräch im PL: *Wie findet ihr die Idee? Warum? Würdet ihr da mitmachen?* Dies kann auch schon zur Vorbereitung von KB 7b dienen. **Lösung:** 1. Sie sind von Berlin nach Aarhus in Dänemark gereist. 2. Sie wollen nach Frankreich reisen, mit dem Zug. 3. Sie haben sich in der Hamburger Fußgängerzone fünf Minuten mit einem Abfalleimer unterhalten. 4. Man erfährt es über die BreakOut-App. 5. Die Teams können z. B. Preise für die beste Reisedokumentation, für die beste Challenge, für die weiteste Reise oder für die meisten Spenden gewinnen. 6. Mitmachen können alle ab 18 Jahren. **Erweiterung:** Kopieren Sie die KV. Die S spielen zu viert jeweils in Zweierteams gegeneinander, bis ein Team 4 in einer Reihe hat. Sollte das sehr schnell gehen, lassen Sie die KG auch die restlichen Fragen formulieren. **Variante:** → **Reziprokes Lesen, Textlupe**	Kopier-vorlage, Würfel
ÜB 6	Wenn Ihre S das Thema interessiert, dann bearbeiten Sie das HV auch im Unterricht. **Erweiterung:** Kreativer Schreibanlass: Die S schreiben einen Text zu BreakOut, indem sie eine Perspektive wählen, z. B. als Martha, oder einen Dialog zwischen den Eltern und Hendrik oder ein Interview nach der Reise mit einer Zeitung. Diese Texte können gesammelt und für alle in eine schöne Form gebracht werden.	
7a	Vorgehen wie beschrieben. Vergleich in PL. **Lösung:** 1. Alle Teams versuchen, … 2. …, Geld für Verkehrsmittel auszugeben. 3. …, auch in diesem Jahr wieder mitzumachen und in München zu starten. 4. Diesmal planen wir, … 5. …, einen Zug zu nehmen. 6. Es ist möglich, …	
7b	Leiten Sie zu KB 7b über, indem Sie die S fragen, was ihnen an den Sätzen in KB 7a auffällt (Infinitiv mit zu). Dann sehen sich die S den Grammatikkasten an. Weisen Sie darauf hin, dass die Infinitivsätze immer eine Einleitung brauchen. Fragen Sie: *In welcher Form steht das Verb am Ende? (Infinitiv)*; bei trennbaren Verben: *Wo steht* zu? Weisen Sie darauf hin, dass diese Sätze nach den Regeln der deutschen Rechtschreibung sehr oft mit einem Komma abgetrennt werden müssen und in allen anderen Fällen mit Komma abgetrennt werden dürfen, sodass eine Kommasetzung hier nie falsch ist. Lesen Sie dann die Möglichkeiten, wo Infinitivsätze vorkommen, laut im PL. Die S ergänzen die Sätze 1–5 mündlich in PA und schreiben sie am Ende ins Heft.	GR-Kopier-vorlage

Hinweis: *Infinitivsatz* ist eine gängige Bezeichnung für sogenannte *satzwertige Infinitivgruppen*, weil diese durch die Endstellung des Infinitivs syntaktisch Nebensätzen ähneln. Sie unterscheiden sich aber von Nebensätzen dadurch, dass es kein konjugiertes Verb gibt und oft auch kein Subjekt zu benennen ist.

Lösungsvorschlag: 2. …, Reisen mit einem guten Zweck zu verbinden. 3. …, an so einem Event teilzunehmen. 4. …, alle Challenges zu erledigen. 5. …, einen Platz zum Schlafen zu finden.

Variante: Pro KG: Notieren Sie die Satzanfänge 1–5 auf Satzstreifen und die möglichen Infinitivergänzungen auf andere Satzstreifen und geben Sie fünf Kärtchen mit dem Wort *zu* dazu. Die S müssen die Satzanfänge den Ergänzungen zuordnen und dann die *zu*-Kärtchen dazulegen. Dazu müssen sie die Infinitive so zerschneiden, dass das *zu* an die richtige Stelle kommt. — Satzstreifen, Kärtchen

Erweiterung: Zum weiteren Üben notieren Sie folgende Satzanfänge an der Tafel: *Ich freue mich … / Ich habe Lust, … / Ich finde es anstrengend … / Ich habe vor … / Ich vergesse immer …* / Die S beenden in EA die Satzanfänge, indem sie die Wahrheit schreiben oder lügen. Dann arbeiten sie in KG. Alle S brauchen eine rote und eine grüne Karte. Ein/-e S liest einen Satz vor und die anderen zeigen daraufhin rot (*Ich denke, das ist eine Lüge!*) oder grün (*Ich denke, das ist die Wahrheit.*). Wer ist der beste Psychologe oder die beste Psychologin? Wer kann am besten lügen? — rote und grüne Karten

7c	Vorgehen wie beschrieben. S lesen ihre Sätze in PA abwechselnd mit Betonung.	🎧 1.23
ÜB 7d	Die S bearbeiten 7c als HA. Wenn Sie nochmals auf das Spiel „Lüge oder Wahrheit" zurückgreifen wollen (Erweiterung zu 7b), dann sagen Sie den S, dass sie wahre und falsche Sätze schreiben sollen. In der nächsten Stunde vergleichen die S ihre Sätze in PA. Alle S lesen einen Satz im PL vor. **Erweiterung:** Spielen Sie hier noch einmal „Lüge oder Wahrheit".	rote und grüne Karten
7d	Die S überlegen sich in EA, wie dieser Satz in ihrer Muttersprache lauten würde. Dann vergleichen sie, indem sie die Sätze in ihrer Muttersprache sagen und den anderen S erklären, was gleich und was anders als im Deutschen ist. Wenn Sie mit einer sprachhomogenen Gruppe arbeiten, dann lassen Sie den Satz übersetzen und vergleichen und dann fragen Sie die S, welche anderen Sprachen sie evtl. auch lernen/können und wie der Satz in der Sprache wäre und welche Gemeinsamkeiten/ Unterschiede es gibt.	
7e	Vorgehen wie beschrieben. Die S sollen die beiden vorgegebenen Satzanfänge mit Infinitivsätzen fortführen. Hier ist die Kreativität der S gefordert. Geben Sie ihnen 10 Minuten Zeit, sich in KG mehrere Challenges zu überlegen, die sie auf ein Plakat notieren. Danach stellen Sie sie in vollständigen Sätzen vor und hängen sie auf. Verteilen Sie 3 Klebepunkte pro Person und die S dürfen alle 3 zu einer bzw. zwei oder drei Challenges kleben, die sie am lustigsten finden. Welche gewinnt? → **Präsentation von Ergebnissen**, **Wirbelgruppen** Zur Wiederholung und weiteren Übung bearbeiten die S in PA den Lernfalter.	Plakate, Klebepunkte Lernfalter

Ich würde gern

8a	Notieren Sie *Traumurlaub* an der Tafel und zeigen Sie ein paar Fotos von Urlaubsregionen, die für Ihre S interessant sein könnten, oder Fotos von den Orten aus dem Hörtext (Bali, Italien, Kanada, Australien). Fragen Sie: *Wohin möchtet ihr gerne einmal fahren? Warum? Was möchtet ihr dort machen?* → **Kugellager**. Dann öffnen die S das Buch und lesen die Sätze 1–8. Sie hören und notieren ihre Antworten ins Heft. Vergleich im PL. Fragen Sie: *Sprechen die Leute, die die Sätze sagen, über reale Urlaube?* (nein, es sind Wünsche) *Wie drücken wir Wünsche auf Deutsch aus?* (z. B. mit dem Konjunktiv II) Lesen Sie dann die Grammatikkästen oder die S bearbeiten die Grammatik-KV. Fragen Sie: *Wo steht das konjugierte Verb? Wo der Infinitiv?* (Position 2, am Ende). Zu diesem Thema gibt es einen Redemittelclip. Fragen Sie, was die Familienmitglieder gerne machen würden. **Lösung:** 1. Bali, 2. Strand, Strandpartys, 3. Kanada, 4. Zug, 5. Italien, 6. Museen, 7. tauchen, 8. Segelschiff	🎧 1.24 GR-Kopiervorlage 🎬 R5
8b	Die S üben den Konjunktiv II in PA. Zuerst sprechen sie die Sätze, dann vergleichen Sie gemeinsam im PL, danach schreiben die S die Sätze ins Heft – oder nutzen die Grammatik-KV. Sie können auch hier, wenn Sie es nicht schon in KB 8a getan haben, den Redemittelclip einsetzen. **Lösung:** 1. hätte, 2. wäre, 3. würde … machen, 4. hätten	🎬 R5 GR-Kopiervorlage
8c	In KG vorgehen wie beschrieben: Erst sprechen, dann schreiben. Die Sätze werden anschließend im PL vorgelesen. **Lösungsvorschlag:** A: Sophie hätte jetzt gern Ferien. B: Sie würde gerne eine Schiffsreise machen. C: Sie würde gerne viel am Pool lesen. D: Sie hätte gern ein Eis. **Erweiterung:** Die S machen in Dreier-KG Collagen zu einer Person aus der Gruppe oder anderen Personen. Sie kleben ein Foto in die Mitte und suchen aus Zeitschriften Bilder zu den Wünschen dieser Person oder sie malen die Wünsche. Dann werden die Plakate im Klassenraum aufgehängt. Die KGs gehen herum und nennen die Wünsche der gezeigten Personen. Lassen Sie am Ende ein paar davon im PL sagen.	Plakate, Fotos, Zeitschriften, Stifte

ÜB 8c	Lesen Sie den **Tipp** im PL. Die S wählen eine der beiden Optionen und bearbeiten die Übung.	
8d	Lesen Sie die Aufgabe und die Sprechblase im PL. Dann arbeiten die S in KG wie beschrieben. → **Bericht erstatten**, **Kugellager**, **90-60-30**, **Reißverschluss**	

Wenn ich auch in einem Hotel mit Pool wäre, …

9a	Vorgehen in KG wie beschrieben. **Lösungsvorschlag:** Kim ist in den Ferien, sie macht Camping, es regnet, sie ist allein und sie hat schlechte Laune. A: Henri liegt am Pool und es geht ihm gut, er isst ein großes Eis und faulenzt. Er ist zufrieden. B: Lars langweilt sich auf einem Boot. Er hat selten Internet. Das Wetter ist gut. C: Marie ist mit einer Freundin in Paris. Sie haben tolles Wetter, es geht ihnen super und sie vermissen Kim. D: Lukas hat viel Spaß bei seinem Ferienjob. Er arbeitet, vielleicht in einem Freizeitpark oder beim Film, als Vampir.	
9b	Vorgehen wie beschrieben, erst in EA, dann sprechen S die Sätze in PA. Dann sehen sie sich den Grammatik-kasten an oder bearbeiten die Grammatik-KV. Erinnern Sie die S noch einmal an die „Smiley-Verbposition" und weisen Sie darauf hin, dass der Konjunktiv II sowohl im Hauptsatz als auch im Nebensatz steht. **Lösung:** 1D, 2C, 2A, 4B	GR-Kopier-vorlage
9c	Die S sprechen in PA und überlegen sich, wie sie die Sätze beenden würden. Dann vergleichen sie in KG und notieren ihre Sätze ins Heft. **Lösungsvorschlag:** 1. hätte ich wenig Gepäck dabei. 2. wäre ich glücklich. 3. hätten wir viel Spaß. 4. würde ich viel Computer spielen. 5. würde ich meine alte Playstation verkaufen. 6. hätte ich viel Spaß. **Variante:** → **Kettenübung**, **Vier gewinnt** **Erweiterung:** Kopieren Sie die Moralfragen A–D von der KV und geben Sie jeder KG eine. Die S gehen vor wie auf der KV beschrieben. Sie können zur Vertiefung der Sprachstruktur nach der Vorstellung einer KG vor dem PL zusätzlich noch mal im PL z. B. nachfragen: *Jonas, was würde die Gruppe machen, wenn sie die Mathearbeit schon vorher kennen würde?* Jonas aus dem PL antwortet *Wenn Gruppe A die Mathearbeit schon vorher kennen würde, würde sie …* So stellen Sie auch sicher, dass alle aktiv zuhören. Wenn Sie eine kleine Gruppe haben, dann können Sie die Fragen (alle oder eine Auswahl), je nach Interesse auch im PL behandeln. – Auch möglich ist → **Eckensprechen**	Kopier-vorlage
10	**Freie Wahl:** Hängen Sie Zettel mit A, B, C in die Ecken ihres Raumes und die S entscheiden sich für eine Aufgabe, indem sie sich zu einem der Zettel stellen. Die Aufgaben A und B brauchen relativ viel Zeit, während C auch in kürzerer Zeit zu bearbeiten ist. Geben Sie den S insgesamt 20 Minuten Zeit. Bei Aufgabe C lassen Sie die Paare/Gruppen nach fünf Minuten noch einmal wechseln. Aufgaben A + B werden im PL präsentiert. Um das flüssige Sprechen weiterhin zu trainieren, lassen Sie die Ergebnisse mit dem → **Marktstand (Präsentation von Ergebnissen)** vorstellen. **Variante:** Nehmen Sie die Aufgabe C aus den freien Wahlmöglichkeiten heraus, bearbeiten Sie sie demnächst einmal als Wiederholung, wenn es passt und sie z. B. vor der Pause noch ein wenig Zeit haben. Lassen Sie die S dann nur aus A und B wählen. **Variante:** Nehmen Sie Aufgabe A aus den Wahlmöglichkeiten heraus und weiten Sie sie zu einem größeren **Projekt** aus. Teilen Sie die S in KG und diese besprechen autonom, wie sie die Recherche-Aufgabe verteilen wollen und wie sie ihren Reiseplan gestalten wollen: analog oder digital. Sie können die S auch digital gleichzeitig an z. B. einem padlet arbeiten lassen.	
ÜB 10	Lesen Sie die Aufgabe im PL. Dann lesen die S die vorgeschlagenen Punkte und klären ggf. Wortschatz. Anschließend arbeiten die S in PA wie beschrieben.	
ÜB Per-fekt	In jedem Kapitel gibt es eine Wiederholungsübung zum Perfekt. Die S ergänzen die Partizipien und notieren diese ggf. auch wieder auf Karten. Auch als HA geeignet. → **Perfekt**	

Was kann ich nach Kapitel 2?

	Die S bearbeiten die „Was kann ich"-Seite im KB und im ÜB wie in der Einleitung zum Lehrerhandbuch beschrieben. **Binnendifferenzierung:** In schwächeren Gruppen können Sie die linke Spalte erst im PL lesen und besprechen. Anschließend folgt die PA, bei der die linke Spalte zugedeckt wird. Die „Was kann ich?"-Seiten im ÜB können die S individuell als Hausaufgabe machen. Erwähnen Sie diese Seiten jedoch regelmäßig im Kurs, um die S auf dem Weg der Selbstevaluation zu stärken.	

Aus Wissenschaft und Technik

Lerninhalte: über Technik und Forschung sprechen | ein Interview über Elektromobilität verstehen | Überraschung äußern | einen Text über Roboter verstehen | eine Präsentation halten
Wortschatz: Erfindungen | E-Mobilität | Technik
Grammatik: Stellung der Personalpronomen im Satz | Relativsatz im Dativ und mit Präposition | *wegen* + Genitiv
Aussprache: Fremdwörter sprechen
Lernen lernen: Wörter durch Zeichnen, Umschreiben, Übersetzen oder Spielen erklären | Präsentationen mit dem Handy überprüfen und verbessern

	Erläuterungen zum Unterricht	Material
1a	Einstieg mit dem Titel: Schreiben Sie *Jugend forscht* an die Tafel. Die S vermuten, was sich hinter diesem Titel verbirgt. Gibt es so etwas Ähnliches auch in ihrem Land? Dann lesen S die Texte und ergänzen die Tabelle.	

Info: *Jugend forscht* ist ein deutscher Wettbewerb für Jugendliche ab der 4. Klasse bis zum Alter von 21 Jahren. Ziel ist es, Jugendliche für Mathematik, Informatik, Naturwissenschaften und Technik (die sogenannten MINT-Fächer) zu begeistern sowie Talente zu finden und zu fördern. In Deutschland gibt es jährlich 120 Wettbewerbe. Jeder Teilnehmende sucht sich eine eigene Fragestellung für sein Forschungsprojekt und tritt zunächst im Regionalwettbewerb an. Dort kann man sich für den Landeswettbewerb qualifizieren und am Ende steht der Bundeswettbewerb. Zu gewinnen gibt es Geld- und Sachpreise. Die Bundessieger erhalten Preise bis zu 3000 Euro. In Österreich gibt es das Äquivalent *Jugend forscht in der Technik* als Landeswettbewerb, an dem alle Schüler ab der 3./4. Klasse teilnehmen können. Die Themengebiete sind etwas stärker eingegrenzt als in Deutschland. Der 1. Preis sind 800 Euro. In der Schweiz geht es beim nationalen Wettbewerb *Schweizer Jugend forscht* um Arbeiten aus allen Fachgebieten (also auch Kunst, Geschichte, Philosophie). Teilnehmen kann man ab dem Alter von 16 Jahren und bis zum Abschluss der Mittel- oder Berufsfachschule. Alle, die ins Finale kommen, werden mit einem Geldpreis (CHF 500.–, 750.–, 1000.–) belohnt.

Lösung:

Wer?	Was ...?	Was macht/ kann ...?	Warum?	...
Marvin Scherschel	Software	man kann mit der Software im Internet Vokabeln in aktuellen Liedern suchen	hatte keine Lust, mit Vokabellisten zu lernen	hat 2012 *Jugend forscht* im Saarland gewonnen; ist jetzt Unternehmer mit eigener Firma
Nils Lüpke	spezielle Box	mit dem Verbindungsgerät können alte Elektrogeräte auch mit dem Internet kommunizieren	alten Geräten fehlt die Technologie für eine Kommunikation mit dem Internet	für Jugend forscht erfunden
Eva-Maria Kolb und Robin Lauerer	digitaler Blindenstock	kann man an der Hand tragen und warnt automatisch mit Signalen, wenn etwas im Weg steht	der „normale" Blindenstock ist manchmal unpraktisch	für blinde Menschen

ÜB 1a	Bietet sich zur Wortschatzfestigung und Einführung vor KB 1a an. **Variante:** Kopieren Sie die Seite, schneiden Sie die Dominosteine aus und lassen Sie die S in PA spielen.	
ÜB 1b	**Erweiterung:** Geben Sie den S Blanko-Domino-Karten und die S erstellen ihr eigenes Domino-Set. Sie nehmen die Erfindungen aus dem Übungsbuch und überlegen sich weitere Definitionen für Wörter zum Thema *Wissenschaft und Technik*. Dann tauschen die Paare ihre Domino-Sets und die anderen spielen es.	Blanko-Karten
1b	Vergleich wie beschrieben in PA. **Variante:** → **Kooperatives Lesen, Wirbelgruppen**	
1c	In KG vorgehen wie beschrieben. **Variante:** Die S müssen sich in den KGs auf ein Produkt einigen und dieses mit den dazugehörigen Argumenten dem PL präsentieren. Welches Produkt „gewinnt"?	
1d	Die S bearbeiten die Aufgabe erst in PA, danach machen sie eine Klassenliste. Sagen Sie ihnen, dass sie hier nicht nur ihre Muttersprache zu Rate ziehen können, sondern natürlich auch alle anderen Sprachen, die sie gelernt haben. **Lösungsvorschlag:** Schule (*ital.* scuola), Vokabeln, aktuell, Software, Internet – kommunizieren, Technologie, speziell, die Box, automatisch, Lampe (*engl.* lamp, *span.* lámpara) – oft (*engl.* often), (un)praktisch, digital, Alarm-Funktion, Hand (*engl.* hand), warnt, Person, Signal	

Voll mobil . . .

2a — Vorgehen wie beschrieben. Die S versuchen in PA unbekannte Wörter mithilfe des Wörterbuchs oder durch Ableitung zu ermitteln.

Variante: Kopieren Sie den Comic und löschen Sie die Texte in den Sprechblasen. Verteilen Sie pro KG einen Comic und die S schreiben selbst Texte in die Sprechblasen. Anschließend wird mit dem Original im KB verglichen.
Lösung: Kim hat einen E-Roller gebaut. Aber der E-Roller hat noch keine Bremse.

Comic ohne Text

2b — Vorgehen wie beschrieben. Gehen Sie herum und helfen Sie, wenn nötig.

3a — Die S lesen den Grammatikkasten. Lassen Sie im PL den ersten Satz darin grammatisch analysieren; fragen Sie: *Was ist das Subjekt? In welchem Kasus steht das Subjekt? Wo ist der Akkusativ? Was ist* Kim *grammatisch?* Und notieren Sie die Satzstruktur so an der Tafel, zum Beispiel: *VERB + Dativ-Objekt + Akkusativ-Objekt.* Gehen Sie so auch für die Sätze 2–4 vor, zeigen Sie bei Satz 2 die identische Reihenfolge anhand des Tafelanschriebs. Bei Satz 3 ergänzen Sie den Tafelanschrieb durch die nächste Struktur: *VERB + Akk-Pronomen + Dativ-Objekt.* Weisen Sie auf die vertauschte Position von Dativ und Akkusativ hin, sobald ein Pronomen ins Spiel kommt. Bei Satz 4 ergänzen Sie den Tafelanschrieb um die letzte Variante, bei der zwei Pronomen vorkommen: *VERB + Akkusativ-Pronomen + Dativ-Pronomen.* Lesen Sie die angegebenen Verben im Grammatikkasten und lassen Sie die S in PA mündlich Sätze bilden; am Ende werden ein paar Sätze im PL gesagt. Setzen Sie den Grammatikclip zur Verdeutlichung und die Grammatik-KV als Wiederholung ein.

GR-Kopier-vorlage
G6

Binnendifferenzierung: Bei stärkeren Kursen beginnen Sie die Sätze zudem mit *Heute …,* sodass die S auch überlegen müssen, wie die Reihenfolge ist, wenn das Subjekt erst nach Position 2 genannt wird.
Lösung: Das Akkusativ-Pronomen steht vor dem Dativ-Objekt bzw. Dativ-Pronomen.

3b — Vorgehen in KG wie beschrieben. Lassen Sie am Ende ein paar S die Sätze in ihrer Sprache nennen und ggf. erklären, was gleich, ähnlich oder anders ist.

ÜB 3c — Lesen Sie mit den S den **Tipp** im Übungsbuch, da er eine gute Faustregel (kurz vor lang) anbietet, die fast immer zutrifft (außer wenn das Nomen sehr kurz ist und das Personalpronomen relativ lang, was aber selten passiert z. B. in Sätzen wie *Ich kaufe ihnen Eis/Holz/Eier …*). Die S üben dann in PA wie beschrieben.

3c — Vorgehen in PA wie beschrieben. Machen Sie ein Beispiel im PL, sodass alle S sehen, dass sie mit einem Satz mit zwei Pronomen antworten sollen. Weisen Sie die S darauf hin, dass sie manchmal das Subjekt anpassen müssen, zum Beispiel gleich in Satz 2: *dir -> mir.* Vor allem Satz 6 ist vielleicht für Ihre S schwierig. Zur Automatisierung bietet sich anschließend der Lernfalter an.

Lernfalter

Binnendifferenzierung: Die S können positiv oder negativ antworten. Bei negativen Antworten kommt die Negation als weitere Schwierigkeit hinzu.
Lösung: 2. Ja (Nein), er kauft es mir (nicht). – 3. Ja (Nein), sie erzählt sie ihnen (nicht). – 4. Ja (Nein), ich schenke ihn ihr (nicht). – 5. Ja (Nein), sie zeigt sie ihnen (nicht). – 6. Ja (Nein), wir bringen es euch (nicht) mit. – 7. Ja (Nein), ich schicke sie ihm heute (nicht).

ÜB 3 — Zum weiteren Üben und zur Vertiefung bearbeiten die S in PA ÜB 3c+d.

4a — Die S arbeiten in KG und gehen vor wie beschrieben. Weisen Sie sie darauf hin, dass sie die Option „übersetzen" als letzte benutzen sollen, wenn alles andere nicht geklappt hat. Viele S tendieren sonst dazu, immer direkt zu übersetzen, obwohl sie auf diesem Niveau schon sehr viel auf Deutsch machen können.

Erweiterung: Wechseln Sie die KG noch einmal nach 10 Minuten.

4b — Vorgehen wie beschrieben. Klären Sie ggf. vorab den Wortschatz.
Lösung: *richtig sind:* 1, 3, 5, 6 – *falsch sind:* 2, 4, 7 (nur in manchen Stadtteilen), 8 (besser, aber nicht sehr gut)

1.25

4c — Die S vergleichen in KG. Nur Sätze, bei denen die S noch Fragen haben, kommen ins PL.

4d — Klassengespräch wie vorgegeben. Halten Sie einige Punkte an der Tafel fest, als Hilfe für KB 4e.

4e — **Sprachmittlung:** Die S erzählen einer/-m anderen S (z. B. aus der Parallelklasse) oder ihren Eltern in ihrer eigenen Sprache, was sie in dem Interview gelernt haben.

5 — Lesen Sie den Redemittelkasten mit den S. Sprechen Sie die Ausdrücke nach dem Hören noch einmal selbst mit deutlicher Betonung vor und lassen Sie die S im Chor nachsprechen. Klären Sie anschließend Fragen zu den „Meldungen aus der Zukunft". Die S laufen danach durch den Raum, treffen einander, lesen eine Meldung vor und die anderen reagieren. Üben Sie weiter mit ÜB 5.

1.26

Variante: Die S schreiben weitere „Meldungen aus der Zukunft", mit denen sie durch den Raum laufen.

	Roboter

6a Sammeln Sie im PL Wortschatz zu den einzelnen Bildern an der Tafel. Dann vorgehen wie beschrieben.
Lösungsvorschlag: A: zu Hause, putzen / Hausarbeit übernehmen – B: in der Schule, helfen/korrigieren – C: in der Fabrik, arbeiten/montieren/zusammenbauen – D: im Altenheim, trainieren, unterhalten und unterstützen

Hinweis: Für den fächerübergreifenden Unterricht im Fach Wissenschaft und Technik können Sie die CLIL-KV nutzen. Ziel: Die S lernen wichtigen Wortschatz zum Thema *Handynutzung* kennen und können eine Anwendung (App) auf Deutsch beschreiben.
Aufgabe 1 führt neuen Wortschatz ein. Die S arbeiten in PA und ordnen die Definitionen zu. Vergleich im PL. In Aufgabe 2 erstellen die S eine eigene Wortschatzübung mit diesem Vokabular. Dazu brauchen Sie den Computerraum oder die S müssen ihre eigenen Handys nutzen dürfen. Die S arbeiten mit einer Wortschatz-App ihrer Wahl; es eignen sich z. B. Kahoot, Quizlet oder Quizizz. Stellen Sie die Seiten auf Deutsch ein und lassen Sie die S in 3er-KGs arbeiten. Nach 20 Minuten führen die S die Aufgaben der anderen KG durch (Aufgabe 3), danach gibt es ein Feedback im PL. In Aufgabe 4 gehen die S auf ihre eigene Lebenswirklichkeit ein. Die S sammeln ihre Aktivitäten im PL an der Tafel. Danach wählen sie eine aus und haben in EA 10–15 Minuten Zeit für Notizen für eine mündliche Anleitung (Aufgabe 5a). Weisen Sie die S darauf hin, dass sie nur kostenlose Apps nehmen sollen. Dann leiten die S sich gegenseitig in PA an (Aufgabe 5b). Die S brauchen entweder Schul-Tablets oder benutzen ihre eigenen Handys und führen darauf das Angeleitete genau so aus, wie ihr/-e Partner/-in es erklärt. Wurde alles gesagt oder fehlten Schritte? Was wäre noch nötig gewesen? Was lässt sich noch verbessern?

6b Im PL sammeln die S weitere Bereiche und Sie notieren diese und die Tätigkeiten der Roboter an der Tafel.
Variante: → **Eckensprechen, Kugellager**
Lösungsvorschlag: auf der Straße: sie regeln den Verkehr; in Verkehrsmitteln: sie steuern den Wagen / das Flugzeug / das Schiff; in der Bibliothek: sie suchen die Bücher und leihen sie aus; beim Militär: sie entschärfen Bomben; bei der Feuerwehr: sie gehen in unsichere Gebäude

6c Vorgehen wie beschrieben. Lassen Sie den S hier nur kurz Zeit, denn sie sollen zunächst nur strategisch den Text lesen (überfliegendes Lesen), genaueres Lesen ist erst in KB 6d erforderlich.
Lösung: A: Foto A, B: Foto D, C: Foto B, D: Foto C

6d Die S arbeiten in 5er-KG, in denen jeder wie beschrieben einen Abschnitt liest. Sie können auch 5 KG bilden und alle in einer KG lesen denselben Abschnitt, um so Fragen klären zu können (→ **Kooperatives Lesen**). Sie notieren die wichtigen Informationen. Die Bücher werden geschlossen und die S berichten sich gegenseitig. Am Ende Klassengespräch über die Fragen, was neu und interessant war.
Lösungsvorschlag: *Einleitung:* Roboter können aus Fehlern lernen, ihr Verhalten selbstständig ändern, sich unterhalten und auf Gefühle reagieren – Vorteile: (Keine Angaben) – auch interessant: können noch nicht selbst denken, brauchen immer noch Befehle/Programmierung. – *Abschnitt A:* Roboter können staubsaugen, allein durch die Wohnung fahren, Rasen mähen, im Garten unterwegs sein – Vorteile: sie können unangenehme Arbeiten erledigen – auch interessant: sie können noch nicht genug (z. B. Essen vorbereiten) – *Abschnitt B:* Zora kann Menschen motivieren, sich zu bewegen, Bewegungen vormachen, ca. 30 verschiedene Übungen zeigen, tanzen, Geschichten erzählen. Zora kann Patienten an die Medikamenteneinnahme erinnern – Vorteile: (keine Angabe) – auch interessant: Roboter mit Menschenkontakt haben Augen und Münder, aber sie müssen aussehen wie Roboter. Die Leute finden sie sonst unheimlich. – *Abschnitt C:* Roboter können schwerkranke Kinder und Jugendliche unterstützen, durch sie kann das kranke Kind mit den Mitschülern kommunizieren und dem Unterricht folgen Vorteil: große Hilfe für isolierte Kinder, sie haben so weiterhin Kontakt – auch interessant: die Roboter sind sehr teuer. – *Abschnitt D:* übernehmen schwere, monotone und gefährliche Tätigkeiten in der Autoindustrie – Vorteil/auch interessant: für die Betriebe billiger als Menschen
Variante: → **Kooperatives Lesen, Textlupe, Reziprokes Lesen**

7a Vorgehen wie beschrieben. Vergleich erst in PA, dann evtl. nochmaliges Hören, dann Vergleich im PL.
Lösung: 1F, 2D, 3E, 4C, 5A, 6B
Binnendifferenzierung: Stärkere Gruppen können auch auf weitere Informationen zu den Personen achten und diese im Anschluss im PL berichten. (*Beispiel:* Martha kann sich zu Hause keinen Roboter vorstellen, denkt aber, in der Firma werden sie mehr Aufgaben übernehmen. – Ben hätte gerne einen Roboter, der kocht. – Levin: Fahren ist für Roboter kein Problem, aber laufen. – Olivia denkt, ein Roboter wäre praktisch für eine ältere Frau im Haus. – Lilly beschäftigt sich lieber mit realen Menschen und Tieren. – Maxi hätte gern einen Roboter, der immer weiß, was er machen soll, und ihm bei den Hausaufgaben helfen kann.)

7b Die S lesen den Grammatikkasten und ordnen die Sätze aus KB 7a zu. Lassen Sie dann die Sätze analysieren: Auf welches Wort nimmt das Relativpronomen Bezug? Lassen Sie ggf. zum Verständnis aus den Relativsätzen in KB 7a jeweils zwei einzelne Hauptsätze machen Weisen Sie darauf hin, dass das Relativpronomen im Dativ

	Plural nicht identisch mit der Artikeldeklination ist. Und weisen Sie ebenso auf die Position der Präposition hin. Die S können die Grammatik-KV ausfüllen und in ihr Heft kleben.	GR-Kopiervorlage
	Hinweis: Falls die Frage auftaucht, woher man weiß, welche Präposition man braucht, verweisen Sie auf die Liste *Verben mit Präpositionen* im Anhang. Erklären Sie, dass im Relativsatz aber nicht nur diese Verben mit festen Präpositionen vorkommen, sondern jede Präposition, die auch in einem Hauptsatz verwendet werden würde, z. B. bei der lokalen Ergänzung *in der Stadt München leben -> Die Stadt, in der ich lebe, heißt München.*	
	Lösung: *Relativsätze mit Dativ:* 4C und 6B – *Relativsätze mit Präposition:* 1F, 2D, 3E, 5A	
	Binnendifferenzierung: Nehmen Sie vor KB 7b noch einmal die KV aus Kapitel 3. Lassen die S die schon bekannten Relativsätze noch einmal zusammenlegen und wiederholen Sie noch einmal die Regeln.	Kopiervorlage aus Kapitel 3
7c	Klären Sie ggf. die Wörter im PL. Sagen Sie den S, dass es hier um Fantasiegegenstände geht und es viele Möglichkeiten der Zuordnung gibt. Geben Sie den S dann ca. 5 Minuten Zeit, damit sie sich in EA individuelle Sätze überlegen können. Lassen Sie die Sätze dann im PL vorsprechen, sodass Sie Fehler ggf. korrigieren können. Anschließend schreiben die S die Sätze ins Heft.	
	Lösung: 1. …, mit dem ich auch fliegen kann. 2 …, um das ich mich kümmern kann. 3. …, mit dem ich schnell schwimmen kann. 4. …, über den ich lachen kann. 5. …, mit denen ich weit springen kann. 6. … mit dem ich alle Aufgaben lösen kann.	
	Erweiterung: Kopieren Sie das Domino von der KV für Gruppenarbeit. Jede KG bekommt einen Satz Karten → **Domino**. Die Sätze müssen sowohl grammatisch als auch inhaltlich passen.	Kopiervorlage
7d	In KG sammeln die S Ideen. Dann schreiben Sie in PA einen Text. Die Texte werden vorgelesen und aufgehängt. Sie S bekommen alle einen Punkt, den sie für den Text vergeben dürfen, der ihnen am besten gefällt. Nehmen Sie die Texte zur Korrektur mit: → **Fehlerauktion, Findet die Fehler, Korrekturlawine.**	

Technik für die Umwelt

8a	Steigen Sie mit dem Wort *Umwelt* an der Tafel ein und lassen Sie die S ein paar Assoziationen dazu nennen. Dann lesen die S die vorgegebenen präpositionalen Wortgruppen und die zu ergänzenden Sätze. Klären Sie ggf. Wortschatz, gehen sie an dieser Stelle aber noch nicht auf den Genitiv ein. Dann vorgehen wie beschrieben. Nach der Kontrolle der Ergebnisse im PL gehen Sie auf die Präposition *wegen* + Genitiv ein. Die S lesen den Grammatikkasten oder sie füllen die Grammatik-KV aus. Lassen Sie die S zum besseren Verständnis die Sätze 1–5 auch noch einmal mit einem Nebensatz formulieren, sodass sie verstehen, dass *wegen* eine kausale Präposition ist (Beispiel: *Mia hat viel recherchiert, weil sie ein Umweltprojekt macht*). Dann lesen Sie auch den Hinweis im Grammatikkasten zur Adjektivdeklination im Genitiv. Diese ist für die S einfach, da die Endung immer *-en* lautet, mit der genannten Ausnahme *-er*, wenn bei einem Nomen mit Nullartikel im Genitiv Plural ein Adjektiv hinzukommt.	1.28 GR-Kopiervorlage
	Hinweis: In der gesprochenen Sprache wird *wegen* häufig mit dem Dativ verwendet, für die Schriftsprache ist jedoch der Genitiv Standard.	
	Lösung: 1. wegen eines Umweltprojekts 2. Wegen einer Diskussion mit ihren Eltern 3. Wegen der Natur 4. Wegen des hohen Stromverbrauchs 5. wegen der Akkus	
8b	In PA vorgehen wie beschrieben.	
	Lösung: 1. wegen der Umwelt 2. wegen des Klimas 3. wegen des Klimawandels 4. wegen der Luft 5. wegen der Müllberge 6. wegen der Insekten	
	Binnendifferenzierung: Geben Sie den S erst drei Minuten Zeit, sich die Antworten mit *wegen* zu überlegen.	
8c	Vorgehen wie beschrieben, auch gut als HA geeignet. Die S sollen auf die Verbposition achten.	
	Hinweis: Hier steht die präpositionale Wortgruppe auf Position 1 im Satz, vor dem Verb. Der Satz könnte auch anders gebaut werden: *Alle Länder sollten wegen der Umwelt über alternative Energien nachdenken.* Erklären Sie anhand des Beispiels, dass die präpositionale Wortgruppe, auch wenn sie aus mehreren Wörtern besteht, nur EIN Satzglied ist und deshalb innerhalb des Satzes insgesamt eine Position belegt und bei Umstellungen immer insgesamt „wandern" muss.	
ÜB 8a	Als HA, allerdings sollten Sie den **Tipp** zur Bearbeitung des Textes vorher im PL lesen.	
9a	Hier beginnen Sie auf das Abhalten und die Form einer Präsentation einzugehen. In KG sammeln die S ca. 5 Minuten Tipps, was aus ihrer Sicht bei einer Präsentation wichtig ist. Notieren Sie die Ergebnisse im PL.	
	Lösungsvorschläge: laut genug sprechen – langsam sprechen – Pausen machen – richtig betonen und Wichtiges hervorheben (nicht monoton reden) – am Satzende bei Aussagen die Stimme senken – nicht Wort für Wort ablesen (d. h. stichpunktartig Notizen machen) – kurze Sätze bilden – ruhig atmen – einfache Sprache verwenden, komplizierte/neue Wörter erklären – für Präsentation keine zu kleine Schrift nehmen – …	
9b	Die S lesen die Themen. Klären Sie ggf. Fragen dazu im PL. Dann vorgehen wie beschrieben.	

9c Gehen Sie im PL die Struktur der Präsentation durch und weisen Sie auf die Redemittel hin. Lassen Sie alles von einer/-m S vorlesen und gehen Sie auf Fragen ein. Sagen Sie den S, dass sie nicht alle Redemittel verwenden müssen, sondern sich eins pro Folie aussuchen können. Üben Sie die Struktur *Meiner Meinung nach + VERB …*, die vielen S schwerfällt. Nehmen Sie eines von den Themen als Beispiel und lassen Sie die S zu den Folien 2–4 jeweils ein paar konkrete Beispiele nennen. Dann in PA vorgehen wie beschrieben.

Hinweis: Die S sollen keine ganzen Sätze schreiben. Machen Sie den S klar, dass eine Präsentation nicht bedeutet, dass man einen vorbereiteten Text vorliest. Sagen Sie den S, dass sie zu allen Folien etwas sagen müssen, selbst wenn sie keine persönlichen Erfahrungen haben. Eine persönliche Erfahrung kann auch sein, dass sie sagen: *Über dieses Thema wusste ich selbst lange Zeit überhaupt nichts. Aber ich habe jetzt viel über das Thema recherchiert.* Sagen Sie ihnen, dass sie sich auch etwas ausdenken können. Erwähnen Sie, dass sie die erste und letzte Folie komplett auswendig lernen können und immer wieder so benutzen können.

Variante: Die S haben die Bücher geschlossen. Kopieren Sie die Folien aus dem Kapitel groß und verteilen Sie je eine Kopie der Präsentationsfolien an die KG. Kopieren Sie auch die Redemittel von der KV einmal pro KG und schneiden Sie sie aus. Die S ordnen die Redemittel den passenden Folien zu. Kontrolle im PL. Lassen Sie für alle Redemittel Beispiele geben, sodass deutlich wird, welche Satzstruktur jeweils folgt. Sie können Exemplare der Folien-Kopien und der Redemittel-KV an alle S verteilen, sodass diese sie in Zukunft als Stütze nutzen und in einer Präsentation jeweils die Karte ablegen können, die sie bereits benutzt haben.

Alternative: Sie selbst halten mit den Redemitteln eine Präsentation zu einem Thema aus KB 9a. Die S haben wie oben beschrieben in KG je einen Satz Redemittel-Karten und einmal die Präsentationsfolien. Beim Hören eines Redemittels legen Sie es zu der passenden Folie. | Kopier-vorlage

9d Vorgehen wie beschrieben. Geben Sie den S 5 Minuten pro Präsentation Zeit. Idealerweise zeigen Sie eine Uhr an der Tafel, sodass alle S Kontrolle über die Zeit haben. Anschließend hören die S die Aufnahme und überlegen, was gut war und was noch verbessert werden kann. Gehen Sie herum und notieren Sie häufige Grammatik-, Ausdrucks- und Phonetik-Fehler, um sie im PL anonymisiert zu besprechen. | Handys/ Aufnahme-gerät

Erweiterung: Sagen Sie den S, dass der Zuhörer am Ende ein Feedback geben und eine Frage stellen muss. Sammeln Sie für das Feedback Möglichkeiten an der Tafel, z. B. *Deine/Die Präsentation hat mir gut gefallen / war sehr interessant. Eine Frage habe ich noch: … / Ich habe nach deiner Präsentation eine Frage: …*

Variante: Je 2 Paare mit unterschiedlichen Themen gehen zusammen. S1 aus Paar A hält die Präsentation und S1 aus Paar B gibt Feedback und stellt eine Frage. Dann geben die S2 Feedback zu Grammatik und Phonetik. Anschließend Wechsel. So werden die S dafür sensibilisiert, wie man Feedback gibt und andere konstruktiv korrigiert. Wenn alle S einverstanden sind, können sie die Präsentation zudem aufnehmen. (Weisen Sie die S dann am Ende an, die aufgenommenen Präsentationen der Mitschüler wieder zu löschen.) Die Gruppen legen vorab Punkte fest, auf die sie besonders achten wollen: z. B. Verbposition oder Auslautverhärtung etc. | Handys/ Aufnahme-gerät

10 a+b Die Bücher sind geschlossen. Die S hören die Wörter und achten auf den Wortakzent. Durch einen Strich können Sie notieren, ob er auf der ersten/zweiten/dritten/… Silbe liegt. Danach hören sie die Wörter in KB 10b noch einmal und sprechen sie im Chor nach. Berücksichtigen Sie ggf. bei einer weiteren Wiederholung die speziellen phonetischen Schwierigkeiten Ihrer S. Fragen Sie: *Was sind das für Wörter? Was haben sie gemeinsam? (Es sind Internationalismen. Es sind Fremdwörter aus dem Lateinischen.)* Anschießend öffnen die S das Buch, hören die Wörter noch einmal und lesen mit. Zum Abschluss lesen Sie den **Tipp**. | 1.29

Erweiterung: Die S vergleichen die deutsche Aussprache der angegebenen Fremdwörter mit ihrer Muttersprache und dem Englischen. Ist die Aussprache dort gleich? Was ist ggf. anders?

Erweiterung: Wiederholen und üben Sie den Wortschatz des Kapitels → **Wortschatzspiele**.

ÜB 10 Zum weiteren Üben der Aussprache als HA oder im PL.

11 **Freie Wahl:** Bieten Sie Aufgabe A nur in der Auswahl mit an, wenn die S im Unterricht ins Internet gehen können. Sie können Sie sonst als HA geben und später als **Projektaufgabe** bearbeiten und präsentieren lassen. Hängen Sie Zettel mit (A,) B, C in die Ecken ihres Raumes und die S entscheiden sich für eine Aufgabe, indem sie sich zu einem der Zettel stellen. Geben Sie den S insgesamt 20–30 Minuten Zeit. Ausgewählte Bearbeiter von Aufgabe A und C präsentieren am Ende ihre Ergebnisse im PL. | Internet

ÜB 11 Vorgehen wie beschrieben. Hier können Sie auch noch einmal die Variante aus Kapitel 3, Aufgabe 3d aufgreifen.

ÜB Per-fekt In jedem Kapitel gibt es eine Wiederholungsübung zum Perfekt. Die S ergänzen die Sätze mit den entsprechenden Partizipien. Weisen Sie darauf hin, dass sie die durchgestrichenen Partizipien benutzen müssen. Auch als HA geeignet. → **Perfekt**

Was kann ich nach Kapitel 6?

Die S bearbeiten die „Was kann ich"-Seite im KB und im ÜB wie in der Einleitung zum LHB beschrieben.

Karussell		Material

1a+b In **Klasse!** gibt es vier Plateaus, die der Anwendung des Gelernten und der Wiederholung von Wortschatz der vorausgegangenen Kapitel dienen. Die S werden in den Plateaus nicht mit neuen Inhalten konfrontiert, sondern haben hier Zeit, noch einmal das zu wiederholen und zu vertiefen, was sie schon gesehen und gelernt haben.

In PA vorgehen wie beschrieben. Regen Sie die S an, die Antworten mit passender und abwechslungsreicher Intonation zu lesen.

Lösung:

Warst du pünktlich in Berlin?	Nein. Der Zug hatte eine halbe Stunde Verspätung.
Marie ist so glücklich. Weißt du, warum?	Klar! Weil ihr Team endlich gewonnen hat.
Wie muss eine gute Freundin sein?	Sie muss ehrlich sein. Und wir müssen uns aufeinander verlassen können.
Wann warst du zuletzt glücklich?	Gestern. Da war ich mit meinen Freunden im Konzert.
Wie geht es Henri?	Er ist wütend!
Mein E-Bike hat 20 Euro gekostet.	So billig? Das gibt's doch gar nicht!
Ich darf nicht zur Party gehen. Das ist so gemein.	Hey, nicht traurig sein!
Sieh mal. Ich habe einen neuen Laptop.	Oh, der ist super. Meine Schwester hat dasselbe Modell.
Ist es nicht total anstrengend, jeden Tag Sport zu machen?	Nö … Aber manchmal habe ich auch keine Lust, zu trainieren.
Siehst du deine Großeltern oft?	Leider nein. Aber als ich klein war, haben sie uns jedes Wochenende besucht.
Entschuldigung, wo ist hier eine Bäckerei?	Äh … warte. An der Kreuzung links und dann neben der Post.
Warum sollen wir weniger Plastik kaufen?	Wegen der Umwelt.
Würdest du gerne ein Instrument lernen?	Ja, Schlagzeug. Und ich wäre gerne in einer Band.
Geht's noch? Jetzt ist mein Buch dreckig!	Sorry. Das war nicht mit Absicht!
Ich habe echt keine Lust, jetzt Hausaufgaben zu machen.	Wenn du sie jetzt machen würdest, hättest du danach frei.
Was hast du gemacht, wenn du Probleme in der Schule hattest?	Wenn es Schwierigkeiten in der Schule gab, haben mir meine Freunde geholfen.
Kannst du mir einen Bleistift leihen?	Hier. Ich schenke ihn dir.
Was wünschst du dir zu Weihnachten?	Ein Mofa, mit dem ich zur Schule fahren kann.

Training	

2a Vorgehen in PA wie beschrieben. Lassen Sie die S ihre Aussage auch begründen, um *der-/die-/dasselbe* noch einmal zu üben.
Lösungsvorschlag: A: Die Mutter ist überrascht/glücklich/froh – B: Ein Mädchen ist begeistert, das andere gelangweilt. 🎧 1.31

2b In EA ordnen die S die Sätze zu und arbeiten dann in PA. Regen Sie die S an, die Emotionen deutlich zu sprechen und gerne zu übertreiben.
Lösung: 1B, 2C, 3D, 4A

2c Im PL lesen die S die Vorgaben und klären ggf. Vokabular. Weisen Sie die S darauf hin, dass sie auch freier schreiben können als in KB 2b, und geben Sie verschiedene Beispiele für 1.: *Ich war in den Osterferien in Hamburg – Echt? Dann waren wir an demselben Ort und haben uns nicht gesehen. / In Hamburg hat es letztes Jahr in den Ferien nur geregnet! – Echt? Waren wir an demselben Ort? Ich erinnere mich an viel Sonne! / Unser Ferienort heißt Ahrenshoop. – Was? Wir fahren in denselben!* Dann in PA vorgehen wie beschrieben.

3a+b Vorgehen wie beschrieben. Achten Sie darauf, dass die S wirklich mit dem Rücken zueinander sitzen und sich nicht umdrehen, wenn sie diktieren. Der Lärmpegel in der Klasse wird steigen und auch das wird das Diktieren und Zuhören schwieriger machen, sodass sich die S gut konzentrieren müssen. Dann lesen sie den Text in PA gemeinsam vor. → **Synchron lesen**

4 Vorgehen wie beschrieben.
Variante: In eigenen KG → **Kettenübung**.

5a	Vorgehen wie beschrieben. Erklären Sie den S, dass sie auf die Intonation achten sollen, da beide Personen den Weg beschreiben, aber es auf eine unterschiedliche Art und Weise tun. **Lösung:** *Person 1:* D (Reporterin) – *Person 2:* A (Rapperin)	(1.32)
5b	Vorgehen wie beschrieben. **Variante:** Zeigen Sie den Stadtplan an der Tafel, ein/-e S kommt an die Tafel und zeigt den Weg, während ein/-e andere/-r S vorliest.	
5c	Vorgehen wie beschrieben. Damit die anderen S raten können, welche Person es ist, sammeln Sie vorher bestimmte mögliche Sprechweisen der Personen, z. B. der alte Mann macht vielleicht mehr Pausen oder spricht sehr langsam, die Rapperin nutzt Reimwörter; der Polizist ist lauter und benutzt vielleicht Ausdrücke wie *Achtung!* oder *Verstanden?*. **Variante:** Sammeln Sie weitere Möglichkeiten, wie man den Text sprechen könnte, und notieren Sie diese an der Tafel. Die S arbeiten dann in PA und haben mehr Wahlmöglichkeiten. Beispiele: *wie ein/-e Lehrer/-in, wie ein/-e Opernsänger/-in, wie ein/-e General/-in, wie ein/-e Gamer* etc.	
6	In 4-er-KG vorgehen wie beschrieben. Ein/-e S beginnt und ein/-e andere/-r beendet den Satz. **Variante:** → **Kettenübung, Koffer packen**	
7	Vorgehen wie beschrieben. Die S hören das Beispiel und lesen es in den Sprechblasen mit. Verweisen Sie noch einmal auf die Farben im Buch, sodass sich alle S daran erinnern, dass das Genus markiert ist. Weisen Sie auch darauf hin, dass die S in den 3er-KG die Reihenfolge genauso einhalten wie vorgeben, dann können sie versuchen, es immer schneller zu machen.	(1.33)
8a+b →🧍→	**Sprachmittlung:** Die S hören und machen Notizen. Dann erklären sie es ihren Eltern in ihrer Muttersprache. Die S können den Vorgang bei homogener Muttersprache in der Klasse simulieren; ansonsten geben Sie es den S als HA auf. **Lösung:** 30 Minuten Verspätung – warme/kalte Getränke, leckere Snacks – Musikprogramm, Filme, Serien, Tageszeitungen	(1.34)
9	Wie auf jeder Plattform gehen die S in der „Kapitelmeister"-Aufgabe noch einmal in die Kapitel zurück, um die gesuchten Informationen zu finden. So beschäftigen sich noch einmal intensiv mit dem neu Gelernten. **Variante:** siehe didaktische Hinweise zu Plattform 1, Aufgabe 11. **Lösung:** a: dasselbe Modell – b: spinnst du – c: einmal, immer wieder, oft – d: Baustelle – e: zu reisen – f: Ferienjob, verdienen – g: den Roller, ihn mir – h: Zukunft, morgen, Monat, Jahren – i: Nachteil, finde	
	Landeskunde	
10a	Vorgehen wie beschrieben. Die S antworten mit ganzen Sätzen. **Variante:** Die S arbeiten in KG.	
10b	Die Bücher bleiben geschlossen. Vorgehen wie beschrieben. Sammeln Sie zuerst die Orte und Aktivitäten an der Tafel, nach dem Hören vergleichen die S mit ihren eigenen Ideen. **Lösung:** *Orte:* der Hafen, die Stadt, die Nordsee, der Horizont, Festivals, Berge, Berlin, Kiel, Hamburg, Bremen, Sachsen, Dresden, Bonn, Frankfurt, Mainz, Saarbrücken, Stuttgart, Freiburg, München – *Aktivitäten:* Neues erleben, im Morgenrot am Hafen stehen, an die Nordsee fahren, Bilder in den Sand malen, losziehen, neue Menschen treffen, Geschichten erzählen, Dialekte sprechen, vor der Bühne stehen, in die Berge fahren, (die Skyline der) Natur sehen, durch die Straßen ziehen, die Segel hissen, *Moin* sagen, auf und davon ziehen, mit dem Bus fahren, mit dem Zug fahren **Variante:** → **Liedtext pflücken** **Erweiterung:** Die S suchen die Städte auf einer Deutschlandkarte. **Hinweis:** *Die Skyline der Natur sehen* ist poetisch ausgedrückt: Normalerweise beschreibt man im Deutschen mit *Skyline* nur die Silhouette von Städten (z. B. *die Skyline von Köln*). **Info:** *Moin* ist die typische regionale Begrüßung in Norddeutschland, die aber in ganz Deutschland verstanden wird; gleichbedeutend mit *Hallo*.	(1.35)
10c	In PA vorgehen wie beschrieben. Vergleich im PL, dann suchen die S gleiche oder ähnliche Ausdrücke in ihren Muttersprachen. **Lösung:** 1B, 2C, 3D, 4A	
10d	Vorgehen wie beschrieben. Gespräch in KG. Interessante Punkte kommen am Ende ins PL.	(1.35)

Erweiterung: Vorgehen wie beschrieben, danach teilen Sie die Strophen in der Klasse an KG auf. Die KG gestalten ihre Strophe, entweder mit einem Plakat oder einem → **Standbild**. Die Ergebnisse werden gezeigt und die Klasse muss sich in die richtige Reihenfolge stellen. Dann wird das Lied gehört und kontrolliert.		Plakate
	Info: Die *Bremer Stadtmusikanten* kennen Ihre S evtl. noch aus Band A1, wo sie in Plateau 1 schon einmal kurz das berühmte Standbild der Tiere aus der Stadt Bremen kennengelernt haben. Es bezieht sich auf das gleichnamige Märchen der Brüder Grimm.	

10e	Vorgehen wie beschrieben.	🎧 1.35

Film

11a	Die S bearbeiten in PA die Aufgabe wie vorgegeben. Dazu lesen sie zuerst die Wahlmöglichkeiten A–H, klären ggf. Fragen dazu und ergänzen dann das Dialoggerüst. Die S vergleichen mit einem anderen Paar.	🎬 2.1
	Variante für den Einstieg: Zeigen Sie den Teil des Filmclips, in dem Lena mit ihrem Vater spricht, ohne Ton. Die S sagen, was sie für eine Stimmung gesehen haben, und sammeln Themen, um die es in dem Gespräch gehen könnte. Dann schreiben sie in PA einen Dialog und spielen ihn den anderen vor. Dazu lassen Sie den Filmclip jeweils ohne Ton laufen und die S sprechen dazu ihren Dialog. Gehen Sie dann weiter zu Aufgabe KB 11a.	
	Variante: Kopieren Sie den Dialog mit den Lücken und verteilen Sie ihn an die Paare. Die S ergänzen die Lücken, ohne die Vorgaben A–H zu kennen. Dann lesen sie die Dialoge vor, sehen den Film und vergleichen das Gespräch mit ihrem Dialog. Anschließend ergänzen sie das Dialoggerüst mit den Originalsätzen. **Lösung:** 1G, 2E, 3H, 4B, 5C, 6F, 7D, 8A	Kopie des Dialogs

11b	Vorgehen wie beschrieben.	🎬
	Erweiterung: Schreiben Sie verschiedene Stimmungen auf Kärtchen und verteilen Sie diese an die Paare. (Mögliche Stimmungen: *ängstlich, traurig, wütend, wie bei Halloween / gruselig, wie zu Weihnachten / feierlich, lachend, ironisch* …) Jedes Paar bekommt eine Karte für den Vater und eine Karte für Lena. Sie S lesen den Dialog mit diesen Stimmungen. Paare, die möchten, lesen den Dialog vor der Klasse vor und die anderen benennen die Stimmungen.	

11c	Leiten Sie über, indem Sie fragen: *Was denkt ihr: Zu welchem Thema muss Lena eine Präsentation machen? Habt ihr schon einmal eine Präsentation gemacht? Zu welchem Thema?* Über welches Thema würdet ihr gerne sprechen? → **Ecken sprechen**. Die S sehen sich danach die Fotos an. Fragen Sie: *Was würdet ihr in der Situation denken?* Die S besprechen in KG, was Lena wohl denkt.	
	Erweiterung: Die S machen in KG ein eigenes Comic zum Thema Präsentations-Vorbereitung – ggf. mithilfe spezieller Seiten im Internet, die man zur Comic-Herstellung benutzen kann, oder die S malen die einzelnen Comicbilder selbst.	

11d	Lesen Sie die Sätze im PL und klären Sie ggf. Fragen. Dann vorgehen wie beschrieben.	🎬 2.2
	Variante: Die S überlegen erst eine mögliche Sortierung der Sätze, dann sehen sie den Film. **Lösung:** 2 – 4 – 5 – 1 – 3	

11e	Die S ordnen zuerst die Satzteile einander zu. Dann sehen sie den Film und kontrollieren. Stoppen Sie den Film, nachdem Lena das Referat beendet hat. **Lösung:** 1E, 2F, 3D, 4C, 5B, 6A	🎬 2.2
	Erweiterung: Die S bereiten ein Spontan-Mini-Referat vor. Sie suchen sich ein Thema aus, zu dem sie nicht recherchieren müssen. Dann benutzen sie die Redemittel und halten die Referate in KG. Die anderen geben Feedback. Sagen Sie den S, dass es dabei nicht so sehr um das Inhaltliche geht, sondern darum, dass die S die Redemittel benutzen, nicht zu schnell reden und Augenkontakt zu den anderen herstellen.	

11f	Zeigen Sie nun den Schluss des zweiten Filmclips (ab 03:15). Sprechen Sie über die angegebenen Fragen im PL. Erklären Sie hier ggf. nochmals das Notensystem in Deutschland, damit die S sich daran erinnern, dass die Note 5 eine schlechte Note ist und die Note 1 die beste Note. Fragen Sie auch, wie der Vater reagiert (er glaubt, dass Lena eine 5 bekommen hat und fängt an, sie zu rügen). **Lösung:** Lena macht einen Witz und sagt zuerst, dass das Referat schlecht war und sie eine 5 bekommen hat. Tatsächlich hat sie eine 1 bekommen.	🎬 2.2

Schule und mehr

Lerninhalte: Witze und Cartoons über Schule verstehen | ein Forum über das Schulsystem verstehen | eine Radiosendung über Fremdsprachen verstehen | Lerntipps geben | gemeinsam etwas planen | eine Grafik beschreiben | eine Umfrage verstehen | Vermutungen äußern | über Zukunftspläne schreiben
Wortschatz: Schulsystem | Abschlüsse | Schulnoten | Zukunftspläne
Grammatik: *innerhalb, außerhalb, während* + Genitiv | Futur I
Aussprache: schwaches *e*
Lernen lernen: vor dem Hören Vorwissen zum Thema aktivieren

	Erläuterungen zum Unterricht	Material
1a	Zeigen Sie die Witze und Cartoons an der Tafel und geben Sie den S 5 Minuten Zeit, sie zu lesen. Dann sprechen die S in KG über die Frage, was sie am witzigsten finden.	
ÜB 1a+b	Nachdem die S die Aussagen zu den Sprechblasen in den Cartoons zugeordnet haben, arbeiten sie in PA und überlegen sich zu den Cartoons C, D und F, was jeweils die Personen ohne Sprechblase sagen. Dann vergleichen sie es in KG. Ein paar S stellen ihre Cartoons vor. **Erweiterung:** Lassen Sie zum Thema *Schule* von den S selbst Cartoons oder Comicstreifen erstellen, z. B. mit den Seiten www.makebeliefscomix.com oder www.plasq.com.	
1b	In KG vorgehen wie beschrieben, dann Vergleich im PL. Klären Sie ggf. die Pointen. **Lösung:** A: Man lacht, weil der Lehrer sagt, dass der Schüler eigentlich noch schlechter ist. B: Man lacht, weil der alte Lehrer die neuen Medien nur als Lineal benutzt. C: Man lacht über den Tafelanschrieb, weil für den Schüler das Handy schon zum Körper gehört. D: Man lacht über den Umgang des Schülers mit den neuen Medien: Er denkt, dass alles schon fertig im Internet steht. E: Man lacht über das Wortspiel *leerer/Lehrer* (beide Wörter klingen gleich). F: In F lacht man über das digitale Lehrbuch, weil es genau gleich ist wie das analoge Lehrbuch / weil *digital* nicht nur heißt, dass man etwas auf einem Bildschirm ansieht. G: Man lacht darüber, weil *un-* bei Wort *Unterricht* kein Präfix ist (und daher die Regel hier nicht gilt), aber für den Schüler die Regel hier trotzdem stimmt, weil er keinen Unterricht mag.	
1c →🔑→	**Sprachmittlung:** Bei homogenen Sprachgruppen vorgehen wie beschrieben. Bei heterogenen Sprachgruppen können die S einen der Witze in ihrer Muttersprache den Eltern oder Freunden außerhalb des Deutschunterrichts erklären. Fragen Sie danach: *Haben deine Eltern/Freunde etc. über den Witz lachen können? Was haben sie gesagt?*	
1d	Die S erzählen einen Witz aus ihrer Kultur auf Deutsch. Es muss kein Witz zum Thema *Schule* sein. Auch dies ist **Sprachmittlung:** Der Witz wird aus der Muttersprache ins Deutsche übertragen.	
1d	Übergang zum Thema *Schule:* Die S sprechen in KG zu den angegebenen Fragen. **Variante:** → **Sprechmühle, Reißverschluss, Speeddating, Ecken sprechen** Wenn die S Vertrauen zu Ihnen haben, können Sie die vier Punkte auch auf Plakate schreiben und die S ergänzen und notieren Stichpunkte dazu. Anschließend werden diese im PL vorgestellt. Das ist interessant, um ein Feedback zu hören, auf das Sie ggf. eingehen können.	Plakate
	Das deutsche Schulsystem	
2a	Klären Sie Fragen zu Arbeitsanweisung und Eingangstext im PL. Dann in KG vorgehen wie beschrieben. **Alternative:** Wenn Sie wissen oder merken, dass Ihre S noch gar keine Informationen zum deutschen Schulsystem haben, sprechen Sie mehr darüber, woran sich die S aus den ersten beiden Büchern Klasse noch erinnern, z. B. Fächer und Uhrzeiten (**Klasse! A1** Kapitel 3), Freizeit nach dem Unterricht (siehe auch **Klasse! A1** Kapitel 11), oder die S berichten nochmals, was ihnen zur Wortwolke aus **Klasse! A2** Kapitel 10 in Bezug auf Schule einfällt. **Hinweis:** Mit *nach der Schule* meint Amy *nach dem Schulabschluss*, sie fragt also nach den Zukunftsplänen. **Variante:** → **Kugellager**	
2b	Vorgehen wie beschrieben, Vergleich im PL. Ergebniskontrolle: 1–2 S kommen an die Tafel, die anderen nennen ihre Informationen und diese systematisieren sie in einem übersichtlichen Tafelbild:	

Lösung:	Maxi	Toto	Benny
Schulart	4 Jahre Grundschule (mit 6 Jahren), jetzt Realschule	Grundschule, Hauptschule, jetzt Gesamtschule	Grundschule, jetzt Gymnasium
Abschluss	Mittlere Reife (am Ende der 10. Klasse)	hat schon den Hauptschulabschluss, will den Realschulabschluss (Mittlere Reife)	Abitur (am Ende der 12. Klasse)
nach der Schule	entweder aufs Gymnasium wechseln oder Ausbildung zur Fachinformatikerin	Lehre zum Mechaniker (3 Jahre) mit Berufsschule	Universität: Medizin- oder Jurastudium (will evtl. Anwalt werden)

Variante: → **Wirbelgruppen, Kooperatives Lesen, Konfetti-Text**

Info: Gehen Sie mit den S nach dem Textverständnis kurz auf die Informationen aus den Texten ein, sodass die S verstehen, dass das Schulsystem in Deutschland *nicht einheitlich* ist (jedes Bundesland hat seine Besonderheiten), die Abschlüsse aber überall gleich sind. Die *Wahl der Schulform* hängt wegen des Fächerspektrums von der Leistung bzw. Veranlagung (Schulempfehlung bzw. Elternentscheidung) ab (vgl. Toto und Benny); Man kann von einer Sekundarschulform in eine andere wechseln (vgl. Maxi). In Berlin und Brandenburg dauert die Grundschule 6 Jahre und erst danach erfolgt eine Aufsplittung. Die *Gesamtschule* (die in manchen Bundesländern *Gemeinschaftsschule* oder *Regionalschule* heißt) verbindet die drei Schulformen: Sie haben ein breiteres Notensystem und bieten alle möglichen Schulabschlüsse an. – In Deutschland werden alle Lehrberufe in Form der *dualen Berufsausbildung* erlernt: Die jungen Leute bewerben sich bei einer Firma (ihrem Lehr-/Ausbildungsbetrieb). Dort arbeiten sie einen Teil der Woche oder des Monats mit und lernen die Praxis; in der übrigen Zeit haben sie in einer *Berufsschule* theoretischen Unterricht. Die Abschlussprüfung besteht dementsprechend auch aus einem praktischen und einem theoretischen Teil (vgl. Toto).

2c In EA Vorgehen wie beschrieben. Vergleich im PL. Lesen Sie dann den **Tipp** im PL und sagen Sie den S noch einmal, dass es in jedem Bundesland Unterschiede gibt. Fragen Sie: *Wie ist das bei euch? Sind die Schulen im ganzen Land einheitlich oder gibt es Unterschiede?* Um KB 2d mündlich vorzubereiten, können Sie die S das deutsche Schulsystem mit ihrem eigenen vergleichen lassen: *Was ist gleich? Was ist anders? Wie findet ihr das?*
Lösung: A: Grundschule, B: Mittlere Reife, C: 5.–10. Klasse, D: Gesamtschule, E: Abitur, F: Universität

Erweiterung: Bei Interesse lassen Sie die S in KG zu bestimmten Punkten recherchieren: Wenn Sie eine Partnerschule in Deutschland haben, lassen Sie die S zum Schulsystem dieses Bundeslandes recherchieren, oder sie sehen sich die Schulwebsite an und stellen dann die Schule vor. Sie können Ihre Klasse auch in KG aufteilen und jede KG ist für ein anderes Bundesland in D-A-CH (in CH: in der deutschsprachigen Schweiz) zuständig. → **Präsentation der Ergebnisse**

ÜB 2b Zur Verständnisüberprüfung zu KB 2b+c bearbeiten die S diese Übung in PA.

2d
→ 🔑 → **Sprachmittlung:** Die S beschreiben nun auf Deutsch ihr eigenes Schulsystem. Wenn Sie eine heterogene Klasse haben, dann hängen Sie die Forumsbeiträge auf. Alle S lesen sie und können dann Fragen stellen. Danach nehmen Sie die Texte zum Korrigieren mit.

Erweiterung: → **Stiller Dialog, Findet die Fehler, Fehlerauktion**

Innerhalb meiner Schulzeit ...

3a Die S lesen die Fragen und bearbeiten sie in KG. Vergleich der Vermutungen im PL. Erklären Sie den S, warum sie zuerst Vermutungen anstellen sollten, indem sie den **Tipp** lesen.

Variante: am Ende → **Klassenstatistik**

3b Vorgehen wie beschrieben. Vergleich erst in KG, so können die S von den anderen profitieren und ihre Notizen ergänzen. Fragen Sie die S, ob sie noch einmal hören wollen; wenn die S ihre Notizen ergänzt haben, wird dieses Hören nun einfacher. Am Ende Vergleich im PL.
Lösung: 1. Englisch; 2. Die erste Fremdsprache lernt man ab der 3. Klasse (manchmal auch schon ab der 1. Klasse), die zweite Fremdsprache normalerweise ab der 6. Klasse; 3. Englisch, Französisch und Spanisch; 4. Chinesisch; 5. Man sollte die Sprache wählen, die einen am meisten interessiert. Aber man sollte auch darauf achten, dass man auch außerhalb der Schule Kontakt mit der Sprache hat (z. B. im Urlaub, durch Freunde oder Musik). Oder man wählt eine Sprache, die einfach ist, weil sie der Muttersprache ähnlich ist.

Binnendifferenzierung: Beim zweiten Hören können stärkere Schüler weitere Fragen beantworten, z. B.: *Welche Fremdsprachen kann man in Deutschland lernen?* (Französisch, Latein, Russisch, Polnisch, Dänisch); *Wie viele Fremdsprachen kann man lernen?* (Auf der Realschule zwei, auf dem Gymnasium drei); *Kann man Chinesisch lernen?* (in manchen Schulen ja)

3c Die S hören die Sätze und ergänzen die Präpositionen. Nach dem Vergleich im PL lesen Sie mit den S den Grammatikkasten. Wiederholen Sie dabei auch noch einmal den Genitiv. Zur Wiederholung nutzen Sie die Grammatik-KV. Sobald Sie mit den S auch KB 6b erarbeitet haben, können Sie zudem die Lernfalter-KV nutzen (siehe bei 6b).
Lösung: 1. Außerhalb, 2. außerhalb, 3. innerhalb, 4. innerhalb

GR-KV, Lernfalter

3d In PA notieren die S die Präpositionen und die richtige Deklination des Nomens und hören dann zur Kontrolle. Lesen Sie anschließend im PL den **Tipp**. Dann lesen die S die Tipps zum Sprachenlernen noch einmal inhaltlich und sprechen in KG darüber, ob sie sie hilfreich finden oder nicht, und begründen dies. Im Anschluss nennen die S interessante Beiträge aus den KG (z. B. wenn sie darüber gesprochen haben, wie sie Wörter lernen etc.).
Lösung: 2. außerhalb des Unterrichts, 3. Innerhalb eines Tages, 4. außerhalb der Schulzeit

4a Die S sprechen die Wörter in PA, dann vorgehen wie beschrieben. Erinnern Sie die S zunächst noch einmal daran, dass e in *ei* Teil eines Diphthongs ist und daher anders ausgesprochen wird; um die Lautung von diesem e geht es hier also nicht. Erklären Sie den S dann, dass sie bei den Wörtern auf den Wortakzent achten müssen, da sich die Aussprache von akzentuiertem e (in der Lösung zu KB 4b gekennzeichnet als *é*) und nicht akzentuiertem e unterscheidet. Das e in unbetonten Silben und an den (meist) unbetonten Enden eines Wortes wird schwachtonig gesprochen; um dieses e geht es hier. Sie können die S fragen, ob sie in KB 4a ein Wort finden, in dem sich zudem ein akzentuiertes e befindet (*Fremdsprache*).

Hinweis: Am Wortende ähnelt sich durch das schwache e die Aussprache von *-e* und *-er* stark (e- und a-Schwa). Sprechen Sie den minimalen Unterschied z. B. beim Wort *welche ↔ welcher* vor. Weisen Sie darauf hin, dass diese lautliche Unterscheidung zwar hörbar sein soll, aber dennoch unbetont gesprochen werden muss.

4b In PA vorgehen wie beschrieben. Die S probieren es erst ohne die Audiodatei aus, dann hören sie zur Kontrolle. Wenn Sie einen Computerraum haben, kann jedes Paar in seinem eigenen Tempo arbeiten.
Lösung: 1. mach**e**, Mittl**e**re, Reif**e** – 2. W**é**lch**e**, Sprach**e**, l**é**rn**e**n, Silk**e**, H**é**l**é**n**e** – 3. hab**e**, ein**e**, schl**é**cht**e**, Not**e**, Math**e** – 4. Klass**e**, b**e**ginnt, Fr**é**mdsprach**e** – 5. hab**e**, mein**e**, H**é**ft**e**, heut**e**, b**e**nutzt – 6. lang**e**, Reis**e**, g**e**fall**e**n

ÜB 4 Im ÜB finden die S weitere Übungen zur Aussprache des schwachen e.

Im Notenstress

5a In PA vorgehen wie beschrieben. Achten Sie auf die Benutzung bereits bekannter Redemittel zu Vermutungen.
Lösungsvorschlag: Ole hat vielleicht zu viele Hausaufgaben. Es könnte sein, dass Ole gestresst ist.

5b Die S lesen die Fragen und hören dann das Gespräch und bearbeiten die Fragen. Vergleich in KG, dann evtl. noch einmal Hören, dann Vergleich im PL.
Lösung: 1. Ole hat schlechte Noten in Französisch. 2. Im Zeugnis hatte er eine 5 und in der Klassenarbeit braucht er eine 3. 3. Sie sagen, dass er jeden Tag lernen soll und zur Nachhilfe gehen soll. 4. Er hat Angst vor der Arbeit. (Und er hat Angst, dass er die Klasse wiederholen muss.) 5. Florian will mit Ole für die Klassenarbeit lernen.

Info: Wenn man in bestimmten Fächern eine schlechte Note hat, muss man in Deutschland diese Klasse noch einmal machen (*die Klasse wiederholen*, umgangssprachlich: *man bleibt sitzen*), um so die Lücken im erlernten Stoff zu schließen. Hat ein/-e S z. B. 3 Fünfen auf dem Zeugnis, dann muss er/sie das Jahr wiederholen, bei 2 Fünfen hat man die Chance, diese mit guten Noten in anderen Fächern auszugleichen.
Nachhilfe: Wenn ein Kind Schwierigkeiten in einem Fach hat, bezahlen Eltern oft eine/-n Lehrer/-in oder eine/-n ältere/-n Schüler/-in, der/die den Lehrstoff nach der Schule oder in den Ferien im Privatunterricht vermittelt. Es gibt auch Firmen, die gezielt Nachhilfe anbieten.

5c Lesen Sie den **Tipp** mit der Klasse. Lesen Sie dann die Aufgabe im PL und klären Sie, was *eine Klasse wiederholen* bedeutet. Dann sprechen die S in KG über die Noten und das Wiederholen in Deutschland und vergleichen mit ihrem Land. Interessante Punkte bringen sie ins PL.

Erweiterung: → **Sprechmühle**, **Kugellager**; weitere Fragen könnten sein: *Welches System findet ihr besser? Warum? Würdet ihr Noten abschaffen? Was ist das Positive/Negative an Noten? Machen Noten zu viel Druck?* Diese Fragen dienen schon als Überleitung zu KB 6a.

Info: Die Schulnoten in Österreich reichen von 1 bis 5 (1 = sehr gut, 2 = gut, 3 = befriedigend, 4 = genügend, 5 = nicht genügend); in der Schweiz reichen sie in den meisten Kantonen von 1 bis 6, aber 6 ist dort die beste Note (6 = sehr gut, 5 = gut, 4 = genügend, 3 = ungenügend, 2 = schwach, 1 = schlecht). Zwischennoten (z. B. *2+*, *4–5* usw.) sind in allen drei Ländern üblich, aber nur in der Schweiz sind auch im Zeugnis halbe Noten möglich. Zudem variiert dort das Notenvergabesystem von Kanton zu Kanton und in den verschiedenen Schularten.

6a Steigen Sie mit dem Titel *Erfolgreich lernen* an der Tafel ein. Fragen Sie: *Was macht ihr zur Vorbereitung einer Klassenarbeit?* Die S nennen Methoden und Strategien, wie sie selbst erfolgreich lernen. Notieren Sie oder ein/-e S die genannten Methoden an der Tafel. Dann lesen die S den Text und ordnen die Tipps den Absätzen zu. Sagen Sie den S, dass sie ein Wörterbuch benutzen dürfen, aber bevor sie ein Wort suchen, erst überlegen sollen, ob es ein wichtiges Wort ist und ob sie es aus dem Kontext klären können oder ob sie wirklich das Wörterbuch brauchen. Vergleich im PL. In KB 6c kommen Sie dann noch einmal auf die Tipps aus dem Text und die eigenen Tipps zurück.
Lösung: 1. A, 2. E, 3. C, 4. D, 5. B

6b Steigen Sie mit dem Grammatik-Kasten oder mit der Grammatik-KV ein. Wiederholen Sie ggf. noch einmal den Genitiv. Die S arbeiten in PA, lesen den Text noch einmal und formulieren gemeinsam Tipps zu den unterschiedlichen Phasen, sodass damit der Text noch einmal resümiert wird. Gehen Sie herum und achten Sie auf die korrekte Grammatik und auf die Aussprache. Am Ende werden die Tipps im PL vorgestellt.

Hinweis: Üben Sie die Aussprache von *während*, wenn Ihre S Schwierigkeiten mit der Aussprache von Umlauten und mit der Auslautverhärtung haben, indem sie das Wort einzeln und übertrieben aussprechen. Ohne klar

GR-Kopier-vorlage

hörbaren Auslaut ist das Wort sonst nur schwer zu erkennen. Sagen Sie den S, dass nach der präpositionalen Wortgruppe *während* + Nomen kein Komma kommt (wie in manchen anderen Sprachen), sondern dass die präpositionale Wortgruppe, auch wenn sie mehrere Wörter umfasst, ein normales einzelnes Satzglied ist.
Lösung: 2. Während des Lernens sollte man sich einen ruhigen Arbeitsplatz ohne Ablenkung suchen / auf frische Luft achten. 3. Während der Pausen sollte man nach draußen gehen, Musik hören oder Sport machen. 4. Während der Klassenarbeit sollte man die Aufgaben erst in Ruhe lesen und dann mit den Aufgaben beginnen, die leicht sind. Am Ende sollte man alles noch einmal lesen und kontrollieren.

Binnendifferenzierung: Selbstentdeckende Grammatik: Notieren Sie die Tipps zu Nummer 2 und 4 an der Tafel und fragen Sie, was die Tipps bedeuten. Die S erklären die Bedeutung auf Deutsch und überlegen sich die Grammatik mithilfe der Grammatik-KV. Dann weiteres Vorgehen wie oben beschrieben.

Erweiterung: Zur Vertiefung und zum weiteren Üben sowohl der Präposition *während* mit Genitiv als auch der Präpositionen *innerhalb* und *außerhalb* aus KB 3c bearbeiten die S den Lernfalter. | Lernfalter

6c	Inhaltlicher Rückgriff auf den Text und die eigene Lebenswirklichkeit der S wie beschrieben. **Varianten:** → **Sprechmühle**, **Kugellager**, **Kursspaziergang** oder, mit Fokus auf das Schriftliche, **Stiller Dialog**.	
7a	In PA vorgehen wie beschrieben. Fragen werden danach im PL geklärt. Fragen Sie im PL: *Wenn ihr lernen müsst, würdet ihr trotzdem feiern oder nicht?* Sie können auch fragen: *Warum schreibt Ole am Ende „Merci"?* (Es ist das französische Wort für *Danke* und Ole lernt jetzt viel für das Fach Französisch.) **Hinweis:** Sie können erwähnen, dass im Süden Deutschlands und der deutschsprachigen Schweiz auch das Wort *merci* für *danke* üblich ist. **Lösung:** 1. Er muss lernen. 2. Er findet sie nicht gut. 3. Florian schlägt vor, dass sie zusammen lernen. 4. Ole findet die Idee gut.	
7b	Vorgehen wie beschrieben. Vergleich im PL. Klassengespräch: *Würdet ihr euch über eine Überraschungsparty freuen? Warum (nicht)?*. **Lösung:** 1. am nächsten Freitag / an Oles Geburtstag; 2. im Park; 3. die Clique: Sinan, Jannik, Clara, Mia, Florian; 4. Kuchen, Salat, Cola, Limo, Würstchen, Brötchen, Chips (jeder darf entscheiden); 5. Sie fragen die anderen.	🎧 2.08
7c	Lesen Sie die Redemittel im PL. In PA planen die S eine Klassenparty und präsentieren sie anschließend im PL. → **Präsentation von Ergebnissen** Die Klasse entscheidet, welche Klassenparty am besten/praktikabelsten ist. Vielleicht kann man sie tatsächlich durchführen. **Binnendifferenzierung:** Teilen Sie die S in Gruppen. Jede Gruppe bekommt ein oder zwei Fragen und erstellt auf einem Plakat ein Brainstorming mit Ideen. Diese Plakate werden aufgehängt und können dann für die PA benutzt werden. Nun weiteres Vorgehen wie beschrieben. Sie können auch die Redemittel kopieren, sodass die S die benutzten Redemittel durchstreichen können und so sehen, welche sie bereits benutzt haben. **Erweiterung:** Legen Sie je eine Farbe pro Themenbereich fest. Die S notieren sich die Redemittel auf die passenden Kärtchen. Sie bearbeiten dann die Aufgabe wie vorgesehen, und immer wenn sie ein Redemittel benutzen, legen sie es ab. Da dieses Aufgabenformat öfter geübt werden sollte, können die S danach immer wieder die Redemittelkärtchen benutzen. Wenn es geht, lassen die S diese Kärtchen mit ihrem Namen versehen in der Schule, sodass sie sie wirklich jederzeit parat haben.	DIN-A4-Plakate Kärtchen
ÜB 7c	Zur weiteren Übung und Vertiefung der Redemittel planen die S hier in PA einen Ausflug. Sie können bei dieser Übung wieder die Karten nutzen, die sie evtl. in KB 7c hergestellt haben.	

Schule und dann???

8a	Steigen Sie mit der Frage nach der Zukunft Ihrer S ein: *Welche Pläne habt ihr nach der Schule? Was würdet ihr gern machen? Was ist realistisch?* (Dies wird in KB 8c noch einmal mit einer Klassenstatistik aufgegriffen.) Dann arbeiten die S in PA. Jede Person entscheidet sich für eine Grafik und ergänzt die passende Frage für die eigene Grafik. Dann lesen Sie den **Tipp** im PL, damit die S ihn für KB 8b nutzen können. **Lösung:** A: Was möchtest du nach der Schule machen? – B: Was ist dir bei der Entscheidung für einen Beruf am wichtigsten?	
8b	Die S bleiben zu zweit bei derselben Grafik zusammen. Lesen und klären Sie die Redemittel im PL. Weisen Sie die S darauf hin, dass sie wichtige Informationen aus der Grafik als Notizen notieren sollen. Dann sprechen sie in PA und informieren sich über die Grafiken. Freiwillige tragen am Ende im PL vor. **Binnendifferenzierung:** Eine Grafik in einer Fremdsprache zu beschreiben ist eine komplexe Aufgabe. Bei diesem Thema kann es helfen, wenn die S zuerst einen schriftlichen Text zur Grafik verfassen, Sie diesen korrigieren, auf bestimmte Fehler eingehen, die sich als typisch für die Klasse erwiesen haben, und die S danach die Aufgabe mündlich noch einmal lösen. Sie können zu diesem Zweck ÜB8 mit der dortigen Grafik dazwischenschalten oder direkt einen Text zur Grafik im KB schreiben lassen.	

8c	Die Frage, die die S ggf. in KB 8a schon kurz beantwortet haben, wird für eine → **Klassenstatistik** aufgegriffen. Anschließend Vergleich der Ergebnisse mit der Grafik. Sie können diese Aufgabe auch als **Projekt** ausweiten, indem Sie die Klasse in 2 Gruppen einteilen, die je für eine der Fragen aus 8a zuständig ist. Nachdem die Klasse befragt wurde, recherchieren die S weitere Möglichkeiten, Ergebnisse darzustellen (Balkendiagramm, Tortendiagramm etc.) und recherchieren, wie sie diese konkret erstellen können. Dann erstellen sie für ihre Ergebnisse eine Grafik und präsentieren sie (→ **Präsentation von Ergebnissen**).	
9a	Die S lesen die Aussagen und Wörter werden erklärt. Wenn da schon die Frage nach *falls* kommt, lesen sie den **Tipp**. Sollte die Frage noch nicht kommen, lassen Sie zuerst hören und lesen Sie den **Tipp** dann nach dem Vergleich der Ergebnisse. *Lösung: Mariella: 1, 4 – Moritz: 5, 7, 9 – Natalie: 2, 8 – Kai: 3, 6*	(2.09)
9b	Vorgehen wie beschrieben, Sie können auch die Grammatik-KV benutzen. Vergleich in KG und nur bei Fragen Klärung im PL. *Lösung: ich werde, wir werden, sie/Sie werden + Verb im Infinitiv*	GR-Kopiervorlage
9c	In KG vorgehen wie beschrieben. Am Ende nennt jede/-r S einen anderen Punkt der vier Personen. So müssen alle S aktiv zuhören.	
9d	Die S überlegen, wie sie in ihren Muttersprachen über Zukünftiges sprechen. Fragen Sie auch: *Gibt es in eurer Sprache auch verschiedene Möglichkeiten, über die Zukunft zu sprechen?* Die S sprechen im PL.	
ÜB 9b	Fragen Sie: *Kennt ihr andere Sätze mit* werden? Kommen Sie so darauf, dass die S *werden* schon als Vollverb kennen. Lassen Sie Beispiele nennen und lesen Sie dann den **Tipp** im PL. **Binnendifferenzierung:** Thematisieren Sie den Unterschied zwischen Hilfs- und Vollverb, welche Hilfsverben die S bereits kennen und wie sie benutzt werden (*sein/haben* + Partizip und *werden* + Infinitiv).	
9e	Steigen Sie mit dem Redemittelclip ein: Die S notieren, was die beiden sagen / um welches Thema es geht. Lassen Sie die S analysieren, wie die Zukunft hier ausgedrückt wird. Lesen Sie die Aufgabe und die Beispiele. Geben Sie den S ein paar Minuten Zeit, sich in EA eine Frage zu überlegen und zu notieren. Zeigen Sie die Redemittel an der Tafel und lassen Sie diese während der Aufgabe offen stehen. → **Klassenspaziergang**. Am Ende berichten ein paar S von Antworten, die sie bekommen haben. **Variante:** Kopieren Sie die Karten von der KV und zerschneiden Sie sie. Die S bekommen in KG je einen Stapel Karten. Zeigen Sie die Redemittelkasten *Vermutungen äußern* an der Tafel und nennen Sie den Titel der KV: *Die Welt von morgen*. Ein/-e S zieht eine Karte und äußert eine Vermutung, ob er/sie glaubt, dass es in der Zukunft so passieren wird oder nicht. Die anderen können ihre Meinung dazu sagen.	R7 / Kopiervorlage
9f	Vorgehen wie beschrieben. Sammeln Sie die Texte ein; korrigieren Sie sie, ggf. mit einer der Erweiterungen. **Erweiterung:** → **Korrekturlawine, Stiller Dialog** **Erweiterung:** Kopieren Sie den Spielplan von der KV und vergrößern Sie ihn. Dann kopieren Sie die Karten für jede KG und schneiden sie aus oder lassen Sie dies die S machen. Die S spielen wie angegeben und müssen die Aufgaben lösen. Wenn sie die Aufgabe nicht richtig lösen, müssen sie 2 Felder zurück. Kopieren Sie auch die Lösung und legen Sie pro KG eine Lösungskopie verdeckt dazu. So können die S kontrollieren. Oder geben Sie einer/-m S die Rolle des Kontrolleurs / der Kontrolleurin und diese/-r erhält die Lösungen. Diese befinden sich auf Seite 106 unten.	Kopiervorlage, Spielfiguren, Würfel
10	**Freie Wahl:** Hängen Sie Zettel mit A, B, C in die Ecken ihres Raumes und die S entscheiden sich für eine Aufgabe, indem sie sich zu einem der Zettel stellen. Geben Sie den S insgesamt 20 Minuten Zeit. → **Präsentation von Ergebnissen**	
ÜB 10	Lesen Sie den **Tipp** im PL, um die S an die Regel zu erinnern. Dan vorgehen wie beschrieben in PA. Geben Sie den S 10 Minuten Zeit, bevor alle Paare im PL ihre Komposita vorstellen.	
ÜB Perfekt	In jedem Kapitel gibt es eine Wiederholungsübung zum Perfekt. Die S beenden hier die jeweiligen Sätze mit dem richtigen Partizip. Lassen Sie im Anschluss noch einmal die Infinitive dieser Partizipien nennen. Auch als HA geeignet. → **Perfekt**	

Was kann ich nach Kapitel 7?

Die S bearbeiten die „Was kann ich"-Seite im KB und im ÜB wie in der Einleitung zum LHB beschrieben.

Lerninhalte: über Orte sprechen | über Vergangenes sprechen | zeitliche Abfolgen beschreiben | eine Geschichte erzählen
Wortschatz: Daten und Fakten in der Geschichte | BRD und DDR | Sehenswürdigkeiten
Grammatik: WH: Präteritum | Relativsätze mit *wo* und *was* | Plusquamperfekt | Nebensatz mit *nachdem*, *bevor* und *während*
Aussprache: mit Nachdruck sprechen
Lernen lernen: sich mit eigenen Beispielen neue Strukturen merken

	Erläuterungen zum Unterricht	Material
1a	Einstieg bei geschlossenen KB über die Lebenswirklichkeit der S: Notieren Sie an der Tafel: *Das ist Geschichte.* Fragen Sie: *Welche Ereignisse fallen euch ein?* Lenken Sie die S: Es kann um Fußball oder den Eurovision Song Contest gehen, aber auch um politische und länger zurückliegende Ereignisse. Sie können dies mit dem digitalen Tool www.mentimeter.com machen, wenn die S ihre Handys benutzen dürfen: Die Wörter erscheinen als Wortwolke an der Tafel und je mehr S ein Ereignis genannt haben, desto größer wird es angezeigt. – Zeigen Sie dann nur die Fotos aus dem KB. Fragen Sie: *Was ist hier passiert? Wer ist das?* Die S antworten im PL.	ggf. Handys, Fotos aus dem Buch
1b	Die S öffnen ihre Bücher, lesen die Texte und ordnen sie zu. Vergleich im PL. **Lösung:** 1C, 2D, 3E, 4B, 5A	
1c	In PA sprechen die S über die Ereignisse. Wenn es sich anbietet, lassen Sie einen Vergleich mit dem eigenen Land machen: z. B. *Gibt es in deinem Land auch Demonstrationen für den Klimaschutz? Hat dein Land auch einmal einen sportlichen Wettbewerb gewonnen? Gibt es Politikerinnen?* etc.	
ÜB 1a+b	Vor KB 1d bietet es sich an, die ÜB 1a+b zu bearbeiten, weil die S hier Wortschatz systematisieren und erweitern. Die S ordnen in ÜB 1a in EA zu, vergleichen in ÜB 1b in PA und ergänzen zwei weitere Wörter, die sie auch im Wörterbuch suchen können. Diese neuen Wörter werden anschließend im PL vorgestellt.	Plakate
	Variante: Kopieren Sie die Wortigel groß und kleben Sie je ein Foto auf ein Plakat. Notieren Sie die angegebenen Wörter auf Streifen. Bilden Sie 5 Gruppen. Diese KG rotieren von Plakat zu Plakat und haben je 5–7 Minuten Zeit, passende Wörter dort zu notieren. Am Ende verteilen Sie die Wortstreifen und die S legen sie zum passenden Plakat. Die Wortstreifen werden aufgeklebt, die Plakate aufgehängt, gelesen und Wörter geklärt. Dann notieren die S die Wörter in ihr Heft. Für die Bearbeitung eignet sich auch eine digitale Pinnwand wie Padlet.	
1d	**Projekt:** Geben Sie den S eine Woche Zeit, ein Ereignis zu recherchieren und die Präsentation vorzubereiten. Bei großen Gruppen lassen Sie sich die Ereignisse vorher geben, sodass Sie kleinere Gruppen bilden können; wenn sich Ereignisse doppeln, können die S sie in KG vorstellen. → **Präsentation von Ergebnissen**	
	Berlin, Berlin	
2a	Vorgehen wie beschrieben. Fragen Sie dann: *Wo genau liegt Berlin?* (Lassen Sie es auf der Deutschlandkarte zeigen.) *War schon mal jemand von euch in Berlin? Wie hat es dir gefallen? Was hast du gesehen?*	
	Variante: Eine digitale Alternative für eine Bearbeitung online bietet z. B. www.mindmeister.com.	
	Variante: Wenn Sie vorab schon wissen, dass einige Ihrer S schon einmal in Berlin waren, können Sie diese Aufgabe auch in KG bearbeiten lassen. Teilen Sie die KG so auf, dass immer ein Experte oder eine Expertin dabei ist. Danach werden die Ergebnisse zusammengetragen.	
↻	**Hinweis:** Für den fächerübergreifenden Unterricht mit dem Fach Geschichte/Politik können Sie im Anschluss an das Modul *Berlin, Berlin* die CLIL-Kopiervorlage nutzen. Ziel: Die S lernen Wortschatz zum Thema *Geteiltes Deutschland, Mauerfall und Wiedervereinigung* und bekommen einen Einblick in diese historischen Ereignisse aus Zeitzeugensicht. (Wichtig: Das 1. Aufgabenblatt ohne die beiden Fotos unten austeilen!) Schneiden Sie als Erstes die Fotos bei Aufgabe 3 ab. Als Einstieg können Sie ein paar Fragen zu KB 2 in Kapitel 8 stellen, um die S auf das Thema vorzubereiten. Anschließend arbeiten die S in PA und ordnen die Definitionen den Wörtern zu (Aufgabe 1). Als Erweiterung bzw. Wiederholung können Sie aus den Wörtern einen → **Buchstabensalat** o. Ä. (→ **Wortschatzspiele**) erstellen. Danach bearbeiten die S Aufgabe 2 wie beschrieben. Aufgabe 3 bearbeiten die S in PA, jede/-r erhält eines der vorher abgeschnittenen Fotos. Die S zeigen sich die Fotos nicht und beschreiben sie jeweils. Anschließend vergleichen sie ihre Bilder mit dem Original. Sie legen dann die Fotos nebeneinander und überlegen, was sie gemeinsam haben und welcher Zusammenhang zum Thema besteht (*das eine Foto zeigt die ehemalige Grenze, den sogenannten „Todesstreifen", das andere das „Grüne Band", ein Naturschutzgebiet, das sich heute an derselben Stelle befindet*). Am Ende bringen die S ihre Ideen im PL ein. Um den S durch Bildmaterial dieses historische Thema näher zu bringen, können Sie zudem mit folgendem Material arbeiten: https://www.schule-bw.de/faecher-und-schularten/gesellschaftswissenschaftliche-und-philosophische-faecher/geschichte/unterrichtsmaterialien/sekundarstufe-I/dundintnach1945/grenzbilder – dort finden Sie ein Bildermemory, das Fotos von der gleichen Stelle aus der Zeit des geteilten Deutschlands und aus der heutigen Zeit zeigt. Die S machen das Memo-Spiel in KG und sprechen in den KG über die Fotos: Was sehen sie? Was hat sich verändert? Was überrascht?	CLIL-Kopiervorlage

Bei Aufgabe 4 geht es um verschiedene persönliche Erfahrungsberichte von Ost- und Westdeutschen, die die S bearbeiten → **Kooperatives Lesen.** Zum Abschluss bearbeiten die S die weiterführende offene Aufgabe 5 (zum Beispiel könnten die S recherchieren, wie es zu der Situation des geteilten Deutschland kam).

2b	Steigen Sie ein, indem Sie ein wenig die historische Zeit eingrenzen und die S situieren: *Wann war der 2. Weltkrieg? Wer hat gewonnen/verloren? Wer waren die Alliierten?* Danach lesen die S den Text in EA und ordnen die Fotos zu. Zur weiteren Veranschaulichung suchen Sie Fotos aus dem Internet, um den S zu zeigen, dass es in Berlin eine Mauer gab, wie die Stadt aufgeteilt war und dass auch der Rest der DDR mit einer unüberwindlichen Grenze abgetrennt war. Je weniger die S über die Geschichte wissen, desto wichtiger ist es, mit Bildmaterial zu unterstützen. Gehen Sie erst nach der inhaltlichen Erarbeitung des Textes auf den Grammatikkasten ein. Dazu lassen Sie die S zuerst in KG überlegen, was sie noch vom Präteritum wissen (Form, wann wird es auf Deutsch benutzt etc.). Teilen Sie die Klasse dann in zwei Gruppen, je eine Gruppe bearbeitet einen Textteil (Zeile 1–14 und 15–28) und die S suchen alle Präteritumformen aus dem Text und notieren diese Wörter auf ihr Plakat. Vergleich im PL: Gibt es Verben, die das Präteritum gleich bilden? Wie wird es gemacht? (regelmäßige Verben: + *-t* und 1. + 3. Person Sg ohne ein *-t* am Ende). Dann Ausfüllen der Grammatik-KV und anschließend Kontrolle mit dem Grammatikkasten im Buch. **Lösung:** *1949:* Z. 1–6 – *1961:* Z. 12–15 – *Sept. 1989:* Z. 18–21 – *Nov. 1989:* Z. 22–23 **Binnendifferenzierung:** Stärkere S nutzen gleich die Grammatik-KV und ergänzen diese. **Variante:** Kopieren Sie die Bilder untereinander in ein Dokument und notieren Sie die Jahreszahlen dazu. Die S lesen die Texte und notieren alle wichtigen Informationen in Stichpunkten zu den Fotos. In einem → **Klassenspaziergang** Vergleich der Informationen. **Erweiterung:** Bei Interesse der S können Sie Themen verteilen, zu denen die S recherchieren, und nehmen Sie sich zwei Unterrichtseinheiten Zeit für die → **Präsentation von Ergebnissen.** **Hinweis:** Weiterführendes didaktisiertes Material finden Sie auf der Website der Deutschen Welle; weitere Ideen und Links im derdieDaF-Portal des Klett-Verlags: https://www.derdiedaf.com/	GR-Kopiervorlage Fotos in ein Dokument kopiert
ÜB 2b+c	Zum Üben und Vertiefen in PA vorgehen wie beschrieben. Wenn die Karten aus Lektion 10 von **Klasse! A2** (bei Aufgabe 6) noch vorhanden sind, können die S diese dazunehmen. **Erweiterung:** Bei schnelleren S oder zur Wiederholung nutzen die S die Karten, gehen vor wie beschrieben, müssen ab dann noch einen Satz mit Perfekt oder Präteritum formulieren.	Karten
3a	Zeigen Sie die Fotos, und wenn Sie S haben, die Berlin schon kennen, lassen sie diese erst von ihren eigenen Erfahrungen konkret zu diesen Sehenswürdigkeiten im PL erzählen (um nicht KB 2a zu wiederholen): *Wart ihr bei diesen Sehenswürdigkeiten? Was ist das? Was habt ihr dort gemacht? Haben sie euch gefallen?* Dann hören die S und notieren. Vergleich im PL. **Lösung:** A – C – E – B – D – F	🎧 2.10
3b	Vorgehen wie beschrieben. **Binnendifferenzierung:** Bei stärkeren Gruppen können Sie 3a und b zusammenziehen. Oder die S versuchen nach dem ersten Hören in KB 3a die Sätze zuzuordnen und kontrollieren dann durch das zweite Hören. **Lösung:** 1C, 2E, 3B, 4F, 5A, 6D	🎧 2.10
3c	Beginnen Sie die Aufgabe mit der Grammatik, indem die S sich den Grammatikkasten ansehen und die schon bekannte Struktur der Relativpronomen (Verb am Ende) klären. Fragen Sie: *Wann kann man wo in einem Relativsatz benutzen?* (wenn es sich beim Bezugswort um einen Ort handelt). Lassen Sie dann die Grammatik-KV ergänzen. Dann lesen die S den Redemittelkasten und klären unbekannten Wortschatz. **Sprachmittlung:** Im Anschluss schreibt jede/-r S mit diesen Satzanfängen fünf Sätze mit *wo* zu Sehenswürdigkeiten aus seiner/ihrer Heimat. Dann setzen sich die S in KG zusammen und lesen sich gegenseitig ihre Sätze vor, sprechen über die Sehenswürdigkeiten des eigenen Landes und vermitteln so Informationen auf Deutsch. **Lösungsvorschlag:** Es gibt ein Denkmal, wo immer viele Blumen liegen. – Im Zentrum ist ein Museum, wo man bekannte Bilder besichtigen kann. – Touristen müssen den Turm sehen, wo früher der Bürgermeister gewohnt hat. – Besonders schön ist die Altstadt, wo man gut shoppen kann. – Ich mag besonders den großen Platz, wo man gut chillen kann. **Variante:** → **Sprechmühle, Stiller Dialog** **Erweiterung:** Machen Sie aus KB 3c ein **Projekt:** Sprechen Sie eine Präsentation vor, indem sie einmal die Intonation sehr monoton sprechen und einmal bestimmte Wörter betonen. Gehen Sie mit den S auf die verschiedenen Intonationsmöglichkeiten ein (Stimme heben und senken, wichtige Wörter betonen). Die S wählen in PA zwei oder drei Sehenswürdigkeiten aus Berlin oder einer Stadt ihrer Wahl. Sie recherchieren im Internet weitere Informationen zu der Stadt. Sie wählen gemeinsam Fotos aus und schreiben einen Text zu ihnen, den sie anschließend mit passender Intonation zu lesen üben. Dann halten sie ihre Präsentation im Unterricht. Die S sollen zu ihrer Präsentation zwei offene Fragen formulieren.	GR-Kopiervorlage

	Hinweise zum **Projekt**: Die S können ihre Präsentation auch via voicethread aufnehmen. In KG sehen sich die S im Computerraum die Präsentationen der anderen an und beantworten die Fragen. Vergleich und Gespräch über die Präsentationen im PL. Dieses Projekt können Sie auch gut digital anbieten, indem die S die Präsentationen online ansehen und ihre Lösungen in ein Forum schreiben. Das Ersteller-Paar kommentiert die Lösungen der anderen auch im Forum. So üben die S, konstruktives Feedback zu geben.	Computer-raum
4a	Lesen Sie den Grammatikkasten im PL. Dann gehen die S vor wie beschrieben. Zur Wiederholung können Sie die Grammatik-KV nutzen. **Lösung:** Alles, was wir dort gesehen haben, war interessant – Manche Stadtviertel, wo wir waren, … – Ich glaube, es gibt in Berlin nichts, was wir nicht besichtigen mussten. – Ich glaube, in jeder Stadt gibt es etwas, was man nicht mag. – Am besten war es auf dem Ku'damm, wo es viele coole Geschäfte gibt.	GR-Kopier-vorlage
4b	Vorgehen wie beschrieben. Vergleich im PL. **Lösungsvorschlag:** 2. Berlin – 3. …, wo ich viel lernen muss. – 4. Spanisch	

Meine Geschichte(n) …

5a	Vorgehen wie beschrieben. Die S arbeiten erst in KG, um sich die Wörter zu erklären. Um ggf. Zeit zu sparen, notieren Sie je 3 zu erklärende Wörter auf eine Karte und verteilen sie diese Wörter an die S. Greifen Sie diese Wortschatzvorentlastung nur im PL auf, falls ein Wort nicht geklärt worden ist oder Sie beim Herumgehen gemerkt haben, dass es ein Wort gibt, das den S nicht klar ist. Die S lesen den Text in EA und ordnen die Begriffe zu. **Variante:** → **Kooperatives Lesen, Konfetti-Text** **Lösung:** *Johann:* die Selbstständigkeit, die Einsamkeit, die Reiselust, die Neugierde – *Carin:* der Ehrgeiz, die Laufbahn, das Vorbild – *Gina:* der Umweltschutz, die Verantwortung, der Protest – *Jan:* die Partnerschaft, die Erfindung	Karten
5b	In KG vorgehen wie beschrieben. Lassen Sie am Ende im PL jeweils eine/-n S über einen Text berichten, den er/sie gehört und nicht noch einmal gelesen hat.	
ÜB 5a+b	Vorgehen wie beschrieben, möglich sind auch → **Kooperatives Lesen, Reziprokes Lesen, Wirbelgruppen** **Erweiterung:** Zur Festigung der wichtigen Wörter aus dem Text kopieren Sie die KV für mehrere Gruppen und zerschneiden Sie die Karten. Die S spielen z. B. zu sechst und bilden in ihrer Gruppe zwei Teams. Sie stoppen die Zeit, pro Team gibt es immer eine Minute Zeit. Eine Person von Team A zieht eine Karte und definiert das Wort, ohne die unten notierten Wörter zu nennen (natürlich sind Wörter mit demselben Wortstamm wie das zu ratende Wort auch tabu, z. B. darf *Leser* nicht mit *lesen* erklärt werden) und Team A muss raten. Wenn Team A geraten hat, zieht dieselbe Person wieder eine Karte – so lange, bis die Minute vorbei ist. Dann ist Team B an der Reihe. Je eine Person der anderen Gruppe guckt der/-m Erklärenden über die Schulter und kontrolliert so, ob er/sie die Wörter unten auch wirklich nicht verwendet. **Binnendifferenzierung:** Schwächere Gruppen dürfen die Tabu-Wörter als Hilfe nutzen.	Kopier-vorlage, ggf. Sanduhren
6a	Die S nutzen die Grammatik-KV und ergänzen mithilfe des Textes in KB 5a die Lücken im Grammatikkasten. Zuerst Vergleich in PA. Noch offene Fragen werden im PL gestellt. **Lösung:** *Perfekt:* losgefahren, habe … geändert – *Präteritum:* hatte – *Plusquamperfekt:* hatte … bekommen, war	GR-Kopier-vorlage
ÜB 6	Die S bearbeiten ÜB 6a+b in PA. Dann Vergleich im PL.	
6b	In PA vorgehen wie beschrieben. Nutzen Sie die Grammatik-KV, damit die S dort hineinschreiben können, oder die S müssen den Grammatikkasten ins Heft übertragen. Lesen Sie im Anschluss die Regel laut im PL. **Lösung:** haben/sein im Präteritum + Partizip II – *Weitere Sätze im Plusquamperfekt aus dem Text in KB 5a:* …, als ich vorher gedacht hatte.; Meine Eltern hatten sich gerade getrennt …; Vorher hatte ich auch regelmäßig trainiert, …; Vorher hatten sich die Katastrophen in Japan ereignet und ich hatte die schrecklichen Berichte … gesehen.; Was dort geschehen war, …; Vorher hatte ich ab und zu am PC von meinem Vater gesurft.; Zwei Wochen vorher hatte ich sie beim Chatten kennengelernt. **Hinweis:** Erklären Sie den S, dass die Sätze in der Vergangenheit, auf die sich die Sätze in der Vorvergangenheit (Plusquamperfekt) beziehen, sowohl im Präteritum als auch im Perfekt stehen können und beides grammatisch korrekt ist. Allerdings gibt es einen situativen Unterschied: Das Präteritum wird vorrangig in schriftlichen Erzählungen, Berichten, in der Literatur usw. verwendet. Mündlich wird meist das Perfekt benutzt (außer bei *sein, haben*, einigen kurzen Verben, sehr frequenten Verben und den Modalverben, die meistens im Präteritum genutzt werden). Hier in den Texten finden sich beide Zeitformen.	GR-Kopier-vorlage
6c	Vorgehen wie beschrieben. Lesen Sie zuerst den **Tipp** im PL und dann den Arbeitsauftrag. **Binnendifferenzierung:** Schnellere Gruppen tauschen ihre Karten, um neue Situationen zu haben. Zur Wiederholung und Vertiefung eignet sich der Lernfalter.	Karten Lernfalter

6d Alle S einer Muttersprache gehen in eine Gruppe zusammen oder bei homogenen Sprachgruppen bilden Sie KG. Die S sprechen kurz über die angegebene Frage und sammeln Beispiele. Dann Vergleich und Zusammentragen im PL. Fragen Sie z. B.: *Was ist in eurer Sprache gleich? Was ist anders? Welches System erscheint euch komplizierter/einfacher?*

6e	Vorgehen wie beschrieben. Zur Hilfe für die S können Sie vorab einige Ereignisse nennen lassen, um so die Kreativität der S anzuregen. Die S schreiben einen Text und ergänzen ein oder mehrere Fotos zu dem Text. Wer möchte, kann ihn vorlesen oder es kann eine → **Ausstellung** gemacht werden. → **Stiller Dialog** (nur möglich, wenn nicht sehr persönlich geschrieben wird), **Bericht erstatten**.	Fotos der TN
	Hinweis: Falls einzelnen Jugendlichen in Ihrer Klasse die Aufgabe zu persönlich sein könnte (z. B. wegen traumatischer Erfahrungen, einem großen sozialen Gefälle in der Klasse o. Ä), dann sagen Sie den S, dass das Schreiben der Texte freiwillig ist und diese nur von Ihnen gelesen werden – oder stellen Sie den S frei, auch über eine andere Person zu schreiben.	
	Variante: Bei homogenen Sprachgruppen mit gemeinsamem Heimatland als Basis können Sie als Anregung Fotos von Ereignissen aus diesem Land mitbringen, die zum Alter der S passen.	Fotos

Geschichten erzählen

7a Lesen Sie gemeinsam mit den S die Arbeitsanweisung, damit sie für alle klar ist und die S wissen, dass es sich um 2 Comics handelt. Dann klären Sie noch einmal die Namen der Personen, die die S auf den beiden Comicstreifen sehen: Im oberen Comic sieht man Kim und Henri; im unteren Comic sieht man Marie und Jenny. Die S ordnen zuerst die Satzanfänge und -enden zu, dann überlegen sie, zu welchem Bild der Satz passt. Vergleichen Sie hier noch nicht, die S überprüfen ihre Aufgabe, indem sie in KB 7b die Audiodatei hören.
Lösung: siehe 7b

Variante: Teilen Sie die Klasse in zwei Gruppen, die jeweils eine der Geschichten bekommen und sie sich erst einmal gegenseitig erzählen: *Was ist in Berlin passiert?* Dann suchen sie sich eine/-n Partner/-in aus der anderen Gruppe und erzählen die Geschichte, ohne den Comic zu zeigen. Die S der jeweils anderen Gruppe skizzieren den Comic, wie sie ihn sich vorstellen – dann wird am Ende verglichen. – Noch kreativer wird es, wenn Sie den Text aus den Sprechblasen löschen und die S ihn selbst einfüllen lassen. Dann hat auch die Ausgangsgruppe beim Vergleich einen Überraschungsmoment.

7b	Vorgehen wie beschrieben. **Lösung:** *Oberer Comic:* 5C: Henri über Bild A – 3A: Henri über Bild B – 6E: Henri über Bild C – *Unterer Comic:* 1B: Jenny über Bild A – 2D: Jenny über Bild B – 4F, Jenny über Bild C	

7c	Die S lesen den Grammatikkasten oder nutzen die Grammatik-KV. Gehen Sie zuerst auf die Verbposition ein und erinnern Sie noch einmal an die Smiley-Verbstellung. Gehen Sie im zweiten Schritt auf das Tempus ein und lassen Sie die S die verschiedenen Zeiten nennen, sodass deutlich wird, dass nur bei *nachdem* eine Vorzeitigkeit im Nebensatz eingehalten werden muss und bei den anderen Sätzen nicht. Klären Sie zum Abschluss noch einmal die Bedeutung der verschiedenen temporalen Subjunktionen. Danach ergänzen die S die Sätze in PA. Sehen Sie zur Verdeutlichung den Grammatik-Clip. **Lösung:** 1. bevor, 2. während, 3. nachdem, 4. Während, 5. Nachdem	GR-Kopiervorlage

Hinweis: Hier im Grammatikkasten und im Grammatikclip wird die Vorzeitigkeit mit dem Präteritum gezeigt. Wichtig ist, dass die S begreifen, dass der *nachdem*-Satz vorzeitig ist und sie im Hauptsatz eine andere Zeit nehmen müssen: Wenn der *nachdem*-Satz im Plusquamperfekt steht, dann Präteritum oder Perfekt; wenn der *nachdem*-Satz im Perfekt/Präteritum steht, dann Präsens. Wie schon im „Hinweis" zu KB 6b erwähnt, wird auf Deutsch vor allem in informellen und mündlichen Situationen zumeist das Perfekt und seltener das Präteritum benutzt. Anders als in manchen anderen Sprachen markieren Perfekt und Präteritum also lediglich verschiedene Stilebenen bzw. situative Kontexte. Thematisieren Sie dies, falls die Anwendung der Vergangenheitsform in der Muttersprache Ihrer S anders organisiert ist.

ÜB 7 Lesen Sie gemeinsam den **Tipp**, der noch einmal kurz zusammenfasst, was die S auch gerade im KB in KB 7c gelernt haben. Weisen Sie zudem darauf hin, dass – wie bei allen Nebensätzen im Deutschen – der Nebensatz entweder im Vorfeld oder im Nachfeld des Satzes stehen kann. (Erinnern Sie ggf. daran, dass bei Nebensätzen im Vorfeld diese insgesamt als Position 1 des Hauptsatzes betrachtet werden und nach dem Komma dann auf Position 2 das Verb des Hauptsatzes folgt: „Smiley-Position".) Dann bearbeiten die S ÜB 7b und vergleichen anschließend in ÜB 7c in PA. Sie sprechen die Sätze, indem sie beide Stellungsvarianten anwenden (einmal Nebensatz zuerst und einmal Hauptsatz zuerst).

7d	Hören Sie noch einmal den gesamten Text mit der Klasse. Jedes Paar entscheidet vorab, zu welchem Text es sich weitere Informationen notiert. Dann vorgehen wie beschrieben.	

Variante: Die S hören auf ihrem eigenen digitalen Endgerät im Unterricht, wenn sie es verwenden dürfen. Die S können so ggf. vorspulen oder stoppen und nur ihren Teil hören. Auch möglich: → **Reißverschluss** mit 2 Paaren, **90-60-30** (in EA; achten Sie darauf, dass die Kreise den gleichen Comic gewählt haben)

7e	Die S lesen die Satzanfänge und ggf. klären Sie Wortschatz. Die S arbeiten in PA. Wenn ihre Klasse recht schnell ist, lassen sie die Paare noch einmal wechseln und die S mit einer/-m anderen Partner/-in sprechen. **Lösungsvorschlag:** 1. …, habe ich mir die Jacke angezogen. 2. … hat es angefangen zu regnen. 3. … hatten wir schönes Wetter 4. … waren wir total genervt. 5. … hatte ich viel Spaß. 6. … habe ich viel eingekauft. **Erweiterung:** Als Wiederholung kopieren Sie die KV, knicken Sie sie in der Mitte und die S bearbeiten sie wie in → **Satzstreifen** beschrieben.	Kopiervorlage
ÜB 8a	Als Vorentlastung für KB 8 sehr gut geeignet.	
8	In KG vorgehen wie beschrieben. Geben Sie den S in den KG Zeit, das Thema auszuwählen und sich eine Geschichte zu überlegen. Sagen Sie ihnen, dass sie nur Stichpunkte notieren sollen und keine ganzen Sätze, damit sie flüssiges freies Sprechen trainieren. Hausaufgabe sind die Fotos für die Geschichte und am nächsten Tag werden die Geschichten präsentiert, dabei müssen alle aus der Gruppe sprechen. **Variante:** → **Bericht erstatten** **Binnendifferenzierung:** Für schüchterne S, die nicht gerne frei vor anderen sprechen, eignet sich hier → **Rollenspiel mit Souffleur:** Die S schreiben gemeinsam in 4er-KG einen Text, und wenn sie ihre Geschichte präsentieren, gibt es immer 2 S aus der KG, die helfen können. **Erweiterung:** Die S erstellen selbst eine Geschichte oder einen Comic, z. B. mithilfe von plasq.com, makebeliefscomix, picCollage oder storybird. Ausgedruckt oder digital wird das Ergebnis an ein anderes Paar weitergegeben. Dieses Paar erzählt nun im PL die Geschichte.	
ÜB 8b	Nachdem die S in KB 8 ihre Geschichten erzählt haben, bearbeiten sie ÜB 8b in PA. Lesen Sie den **Tipp** und die Beispiele 1.–4. Auch hier sollen die S die Redemittel benutzen.	
9a	Vorgehen wie beschrieben. Fragen Sie anschließend: *Was drücken die Sprecher mit der Betonung aus?* Über diese Fragen sollen die S erkennen, dass man beim Sprechen das mit Nachdruck spricht, was man besonders wichtig findet. Außerdem zeigt man so, dass man emotional in das, was man sagt, involviert ist. **Lösung:** 1. Hey … Friseur? / … da … nie … Nie wieder! 2. Berlin? / … interessant … sehr. 3. … passiert? / 2015? Keine Ahnung. Wirklich … 4. 40 Jahre … 40 Jahre! / Das …	2.12
9b	Vorgehen wie beschrieben, hier haben die S Pausen zum Nachsprechen. **Erweiterung:** Die S lesen die Mini-Dialoge in PA und spielen mit ihnen, indem sie auch andere Wörter betonen und überlegen, wie sich dann die Dialoge verändern.	2.13
ÜB9	Vorgehen wie beschrieben. Zuerst arbeiten die S in EA, dann in PA. **Erweiterung:** Die S schreiben in PA weitere Mini-Dialoge und sprechen sie in der Klasse vor. Die Klasse sagt, welche Wörter betont wurden.	
11	**Freie Wahl:** Hängen Sie Zettel mit A, B, C in die Ecken ihres Raumes; die S entscheiden sich für eine Aufgabe, indem sie sich zu einem der Zettel stellen. Für jede der Aufgaben braucht man mindestens 30 Minuten. Aufgabe A können die S in EA oder in PA bearbeiten und anschließend, wenn sie möchten, auch präsentieren. B und C werden am Ende vorgestellt. → **Präsentation von Ergebnissen** **Erweiterung:** Wahlaufgabe B können Sie auch zu einem **Projekt** ausweiten, dann nehmen Sie sie aus der freien Wahl raus. Die S arbeiten in KG und wählen ein Ereignis von der Einstiegsseite, dann recherchieren sie. Das kann im Unterricht passieren, wenn es die Möglichkeit gibt, oder auch zu Hause. Die S tragen nach 15 Minuten ihre Ergebnisse zusammen und einigen sich auf die Informationen, die sie der Klasse vorstellen möchten und wie (geben Sie dazu auch noch einmal 15–20 Minuten) → **Präsentation der Ergebnisse**	evtl. Computerraum
ÜB 10	Vorgehen in PA wie beschrieben. Die S können die Antworten auch im KB suchen. **Binnendifferenzierung:** Schnellere S überlegen sich eigene Fragen (auch zum eigenen Land).	
ÜB Perfekt	In jedem Kapitel gibt es eine Wiederholungsübung zum Perfekt. Die S ergänzen hier aus den Anagrammen das richtige Partizip. Lassen Sie im Anschluss noch einmal die Infinitive dieser Partizipien nennen. Auch als HA geeignet. → **Perfekt**	
	Was kann ich nach Kapitel 8?	
	Die S bearbeiten die „Was kann ich"-Seite im KB und im ÜB wie in der Einleitung zum LHB beschrieben.	

Rund ums Geld

Lerninhalte: Zeitungstexte verstehen | jemanden überzeugen | Vorgänge beschreiben | Alternativen vorschlagen | etwas reklamieren
Wortschatz: Geld | Bank | Reklamation
Grammatik: *nicht/kein/nur + brauchen + zu* + Infinitiv | Modalpartikeln | Passiv Präsens und Präteritum | Sätze mit *(an)statt – zu*
Aussprache: Modalpartikeln
Lernen lernen: Dialogmodelle für eigene Dialoge nutzen

	Erläuterungen zum Unterricht	Material
1a	Notieren Sie *Rund ums Geld* an der Tafel. Fragen Sie: *Was bedeutet das? Wofür braucht ihr Geld? Bekommt ihr Taschengeld? Fragt ihr eure Eltern, wenn ihr etwas möchtet? Jobbt ihr?* Das kann auch per → **Sprechmühle, Kugellager** geschehen. Klären Sie dann unbekannten Wortschatz: *trendy, Fee, Flop.* Danach vorgehen wie beschrieben. Sprechen Sie im PL zu der angegebenen Frage. **Lösungsvorschlag:** Zuerst findet er Geld wichtig, weil er viele Dinge haben möchte. Er braucht Geld, denn er hat nicht genug Taschengeld. Er soll Geld sparen und jobben. Am Ende sagt er, dass Freunde wichtiger als Geld sind. **Variante:** → **Liedtext pflücken** **Variante:** Kopieren Sie die Bilder aus dem KB auf Karten. Verteilen Sie pro KG einen Satz Karten. Die S legen sie in eine Reihenfolge und überlegen sich und berichten im PL, worum es in einem Rap mit diesen Bildern gehen könnte. Danach vorgehen wie oben beschrieben.	(2.14) Liedtext-Streifen Bilder auf Karten
1b	Sammeln Sie im PL, was für die S wichtig ist. Daraus notieren die S dann in EA eine eigene Hitliste mit den fünf für sie wichtigsten Dingen → **Klassenstatistik**. Übergeben Sie den ganzen Prozess der Erstellung der Klassenstatistik der Klasse, sodass die S sich selbst organisieren müssen, bis die Statistik an der Tafel steht. Achten Sie darauf, dass dies auf Deutsch geschieht.	
1c	Vorgehen wie beschrieben. Sie können die Hinweise zur → **Gruppenbildung** nutzen. **Variante:** Sie können auch sechs Gruppen bilden und die Strophen an die einzelnen KG verteilen. **Erweiterung:** Bilden Sie sechs Gruppen und verteilen Sie verdeckt die Kopien der einzelnen Strophen. Die S üben eine Pantomime zu ihrer Strophe ein. Die KG führen ihre Pantomime vor und die anderen raten, um welche Strophe es sich handelt. Dann spielen Sie das Lied vor und die KGs machen jeweils ihre Pantomime, die anderen singen und beim Refrain singen alle.	(2.14) Kopie
	Tauschen wir?	
2a+b	Die S lesen in EA die Titel, klären Sie ggf. Wortschatz. Dann vorgehen wie beschrieben: → **Kooperatives Lesen**, dabei können die S gemeinsam auch wichtige unbekannte Wörter klären. Weisen Sie immer wieder darauf hin, dass man nicht jedes Wort verstehen muss. **Lösung 2a:** A: Tauschen für einen guten Zweck, B: Jeder hilft jedem und das alles umsonst **Lösungsvorschlag 2b:** A: Fiona hat ein Tauschprojekt auf einer Homepage und einer Instagram-Seite gestartet. Sie hat mit einem Kuli angefangen und tauscht Dinge gegen immer bessere Dinge ein. Zum Beispiel tauscht sie den Kuli gegen einen Schlüsselanhänger, diesen dann gegen ein altes Handy usw. Sie will so lange tauschen, bis sie am Ende etwas Cooles für das Jugendzentrum in ihrer Stadt hat. B: In vielen Städten gibt es einen Tauschring, entweder im Internet oder in der Nachbarschaft. Man bietet dort etwas an, was man gut kann, und kann von anderen Hilfe bekommen bei etwas, was man nicht gut kann. Man muss nichts mit Geld bezahlen, weil man auf einem Zeitkonto aufschreibt, wie viele Stunden man gegeben hat und wie viele man bekommen hat.	
2c	Vorgehen wie beschrieben. Im Anschluss Gespräch im PL: *Mit welcher Aussage könnt ihr euch identifizieren? Warum?* → **Skalendiskussion** **Lösung:** 1B, 2A, 3B, 4B	
2d	In PA vorgehen wie beschrieben. Sagen Sie den S, dass sie argumentieren und begründen sollen. **Variante:** → **Reißverschluss, Kugellager, Stiller Dialog**	
2e	**Sprachmittlung:** Die S erklären als HA einer anderen Person in ihrer Muttersprache von einem der Projekte und berichten in der nächsten Stunde, wie die Person das Projekt findet und warum. So arbeiten sie gleich doppelt mit der Sprachmittlung in beide Richtungen.	
3a	In EA vorgehen wie beschrieben. Vergleich im PL. **Lösung:** Ich brauche nichts zu bezahlen: B – Ich brauche nur meine Nachbarn zu fragen: A	
3b	Lesen Sie im PL den Grammatikkasten. Machen Sie hier deutlich, dass diese Struktur und der Gebrauch von *brauchen + zu* nur mit einer Einschränkung (wie z. B. *nur, bloß, erst* …) oder Negation funktioniert und sonst	GR-Kopier-vorlage

auf das Verb *müssen* ausgewichen werden muss. Sammeln Sie die hier genannten Negationen und Einschränkungen und sagen Sie, dass beide Sätze aus KB 3a ohne die Negation grammatisch falsch wären. Dann bearbeiten die S KB 3b in PA erst mündlich und schließlich schreiben sie die Sätze ins Heft. Vergleich mit einem anderen Paar, dann werden die Schwierigkeiten im PL besprochen.

Zur Wiederholung nutzen Sie die Grammatik-KV.

Lösung: 1. Du brauchst mir das Geld nicht jetzt zu geben. 2. Wir brauchen beim Schulkonzert keinen Eintritt zu bezahlen. 3. Ihr braucht nicht immer neue Sachen zu kaufen. 4. Du brauchst nur deine Eltern um mehr Taschengeld zu bitten. 5. Du brauchst nur ein bisschen zu sparen.

Info: In der gesprochenen Sprache werden *nicht/kein/nur* + *brauchen* auch mit dem reinen Infinitiv, also ohne *zu* verwendet (z. B. *Du brauchst nicht anrufen.*) Ihre S sollten jedoch zunächst die Standardvariante erlernen.

ÜB 3b In PA bearbeiten. Gut als Wiederholung geeignet.

4a Einstieg mit KG-Gesprächen: *Es gibt ein Tausch-Projekt an eurer Schule. Was würdet ihr tauschen? Was würdet ihr geben? Was hättet ihr gern?* (In KB 4d, wo die S ein Tausch-Projekt organisieren, können sie auf diese Ideen zurückgreifen.) Danach hören die S mit geschlossenen Büchern wie beschrieben die Dialoge, die später in KB 4b zum Mitlesen aufgegriffen werden. Zusatzfrage: *Tauschen die Personen oder nicht?*

Lösung: 1: altes Vokabelheft – roter Stift, sie tauschen nicht 2: Mathe lernen – Englisch erklären, sie tauschen

---

4b Die S hören die beiden Dialoge in je zwei Varianten, einmal mit den Modalpartikeln und einmal ohne, und beantworten die Frage. Dann lesen Sie im PL mit den S den Grammatikkasten. Erklären Sie den S, dass Modalpartikeln die sonstige Aussage des Satzes zusätzlich (emotional bzw. wertend) „beleuchten", ähnlich wie ein Filter beim Filmen oder Fotografieren. Sagen Sie ihnen, dass die (passende) Verwendung von Modalpartikeln für Muttersprachler im Gespräch mit Nicht-Muttersprachlern (meist unbewusst) ein Kriterium für die Bewertung ist, wie gut diese die Sprache schon können. Anschließend sprechen die S die Dialoge in PA. Ein paar freiwillige Paare lesen dann einen Dialog im PL vor.

GR-Kopiervorlage

Lösung: Jeweils Variante 1 mit den Modalpartikeln klingt lebendiger.

Binnendifferenzierung: Bearbeiten Sie mit stärkeren Gruppen als Wiederholung die Grammatik-KV. Die S ergänzen die fehlenden Modalpartikeln und nennen Sätze, die sie mit diesen kennen.

Hinweis: Modalpartikeln sind für viele Lerner ein schwieriges Thema, da es in vielen Sprachen keine gleichartige Entsprechung gibt, sondern Nuancierungen anders ausgedrückt werden (z. B. durch die Intonation). Hier geht es demnach erst einmal um die Bewusstmachung als ersten Schritt des Lernens. Es kann den S helfen, fertige Sätze mit Modalpartikeln als *chunks* auswendig zu lernen. Regen Sie sie an, in Gesprächen mit deutschsprachigen Personen oder bei Filmdialogen usw. auf die hier angegebenen Modalpartikeln zu achten, denn Muttersprachler verwenden sie oft und automatisch, um eine weitere, oft emotionale Bedeutungsebene (Überraschung, Interesse/Desinteresse, Vorwurf usw.) mit dem Gesagten zu transportieren. Gespräche wirken dadurch lebendig und flüssig.

4c In PA vorgehen wie beschrieben. Die S überlegen sich, was der Sprecher mit diesem Satz ausdrücken will, und können auch dies dahinter notieren.

Lösung: 1. Zeig mal! (freundliche Aufforderung) 2. Das ist aber nett! (Überraschung) 3. Komm doch heute mit ins Kino! (Vorschlag) 4. Woher hast du denn dieses T-Shirt? (interessierte Frage)

ÜB 4a+b Die S bearbeiten 4a in PA, dann Vergleich im PL. Anschließend hören die S die Dialoge und sprechen sie in PA nach.

4d Lesen Sie die Arbeitsanweisung im PL. Besprechen Sie dann den Redemittelkasten, lassen Sie die S die Sätze mit einigen Beispielen zu Ende führen, damit sie sich der Verbposition bewusst werden. Teilen Sie dann die Klasse in vier KG. In diesen KG überlegen sich die S Gegenstände und Aktivitäten, die sie zum Tausch anbieten; dazu können Sie die KV nutzen. An dieser Stelle können die S auch noch einmal ihre Ideen aus KB 4a aufgreifen. Hier können Sie ggf. vorab alles Nötige zur Organisation ankündigen und den S Zeit geben, die Gegenstände bis zum nächsten Unterricht mitzubringen, sodass Sie das Tausch-Projekt als **Projektaufgabe** in der nächsten Stunde durchführen können. Zur Durchführung des Projektes bietet sich → **Präsentation von Ergebnissen: Marktstand** an, indem immer zwei S am Platz bleiben und zwei rotieren. Zeigen Sie die Redemittel an der Tafel und die S versuchen, die anderen S unter Verwendung dieser Formulierungen zu überzeugen. Am Ende wird präsentiert, wer was und warum getauscht hat.

ggf. Gegenstände zum Tauschen

Kopiervorlage

Binnendifferenzierung: Sammeln Sie zuerst im PL Gegenstände und Aktivitäten, die man zum Tauschen anbieten könnte. Dann machen die S in KG weiter wie oben beschrieben.

Variante: Nutzen Sie wie beschrieben die KV, um das Projekt in KB 4d durchzuführen. Die S überlegen sich dort 4 Gegenstände oder Aktivitäten, die sie anbieten können, und Argumente für diese. Dann laufen die S durch den Raum und sprechen mit verschiedenen anderen S und versuchen sie von ihren Angeboten zu überzeugen. Nach 10–15 Minuten kommen alle im PL zusammen und erzählen, wie viele Tauschpartner sie

Kopiervorlage

Rund ums Geld

für jeden ihrer Gegenstände gefunden haben und was sie dagegen eintauschen könnten und wofür sie sich aus den verschiedenen Möglichkeiten entscheiden. Bei größeren Gruppen tauschen sich die S in KG aus und bringen am Ende einen interessanten Tausch ins PL.

Wie wird das gemacht?

ÜB 5a	Bearbeiten Sie vor KB 5a diese Aufgabe im ÜB, um den Wortschatz vorzuentlasten.	
	Erweiterung: Die S schließen die Bücher. Bringen Sie die angezeigten Dinge mit in den Unterricht. Halten Sie einen Gegenstand hoch und lassen Sie ihn benennen. Dann nennen Sie einen Gegenstand (dabei können Sie als Binnendifferenzierung auch noch einmal den Gegenstand zeigen) und wer ihn von den S dabei hat, steht auf. Dann führen die S das Ganze in KG fort.	Realia
5a	Vorgehen wie beschrieben. Gespräch im PL. Wenn die S in Ihrer Klasse untereinander ein gutes Verhältnis haben, können Sie auch fragen: *Wer von euch hat ein eigenes Konto? Warum?* **Lösung:** … sie ein eigenes Konto haben möchte. Sie will auch alleine etwas im Internet bestellen können, ohne immer ihre Eltern fragen zu müssen.	🎧 (2.17)
5b	Im ersten Schritt ordnen die S in PA die Sätze den einzelnen Bildern zu, dann kontrollieren sie mit dem Hörtext. **Lösung:** A4, B2, C6, D1, E3, F5 **Info:** In Deutschland und Österreich muss man ab 16 Jahren laut Gesetz einen *Personalausweis* oder *Reisepass* besitzen, in der Schweiz ab 18 Jahren eine *Identitätskarte* oder einen *Pass*. Vorher gibt es einen besonderen Ausweis für Kinder bzw. Minderjährige. – *Girokonto* ist bei Banken die Bezeichnung für das Konto, das für die alltäglichen Geldgeschäfte genutzt wird (Bezahlung von Rechnungen, Miete, Gehaltszahlung, Einkäufe usw.). Jede Person in Deutschland hat das Recht, ein Girokonto zu beantragen. Da man mit 16 Jahren in D-A-CH juristisch noch nicht uneingeschränkt geschäftstüchtig ("handlungsfähig" in der Schweiz) ist, kann man ein Konto nur mit Einverständnis der Eltern und im Beisein eines Erziehungsberechtigten eröffnen. Beide Erziehungsberechtigten müssen den Vertrag unterschreiben und sich vor Ort mittels eines Ausweispapieres legitimieren. Wenn die Jugendlichen ein Girokonto haben, können sie auch als Minderjährige Geld abheben, mit Karte bezahlen und Überweisungen tätigen. Für die Kontoführung wird kein Dispokredit eingeräumt – es kann also nur das ausgegeben werden, was auf dem Konto ist, nicht mehr.	🎧 (2.18)
5c	Die S erzählen in PA noch einmal im Aktiv. Sie sagen abwechselnd jeder einen Satz. Weisen Sie die S darauf hin, dass sie sowohl die Strukturwörter (*zuerst*, *dann*, *danach*, *zum Schluss*, …) benutzen sollen als auch darauf achten, dass das Verb auf der richtigen Position steht. **Variante:** Person 2 wechselt die Perspektive und erzählt es in der Ich-Person.	
5d	Vorgehen wie beschrieben. **Lösung:** 1B, 2A **Variante:** Schneiden Sie die Bilder für das interactive Whiteboard aus und schreiben Sie die Sätze so auf das Whiteboard, dass die S je den passenden Satz zum Bild ziehen können.	
5e	Die S lesen den Grammatikkasten und überlegen, wie die Regel lautet. Sie können hier direkt die Grammatik-KV nutzen und diese ausfüllen lassen. Im Anschluss könnten Sie zur Verdeutlichung den Grammatik-Clip zeigen. Lassen Sie im PL das Verb *werden* konjugieren. Gehen Sie auch noch einmal auf die beiden Sätze in 5d ein und fragen, welche grammatische Funktion das Subjekt des Passiv-Satzes im Aktiv-Satz hat (es ist dort das Akkusativ-Objekt). **Lösung:** Das Passiv bildet man mit *werden* und Partizip II **Hinweis:** Auf der Stufe B1 reicht es, wenn ihre S wissen, dass man Passivsätze bilden kann, wenn im Aktiv-Satz ein Akkusativ-Objekt steht. Gehen Sie auf das unpersönliche Passiv (Passivsätze ohne Akkusativ-Objekt) hier nicht ein, wenn es nicht nötig ist. Bei ihnen braucht man im Passiv das Wort *es* oder sie sind subjektlos (z. B. *Es wird gelacht. Warum wird in der Pause gelacht?*), aber das ist ein Thema für ein höheres Niveau. – Da in KB 5h und ÜB 5c das Satzglied *von den Eltern* vorkommt, erklären Sie bereits hier ggf., dass die Ausführenden der passivischen Aktivität auch im Passivsatz genannt werden können: mit *von* + Dativ (Beispiel aus KB 5h: *Schulsachen bezahlen die Eltern. – Schulsachen werden von den Eltern bezahlt.*). Auf diesem Phänomen liegt aber hier nicht der Fokus.	GR-Kopiervorlage 🎬 G9
5f	Die S lesen die Partizipien und nennen im PL die Infinitive zu ihnen. Dann klären Sie die Wörter; wenn ein/-e S ein Wort schon weiß, lassen Sie diese/-n das Wort auf Deutsch definieren. Dann arbeiten die S in PA, ordnen die Wörter zu und formulieren zu den Bildern Sätze im Passiv. Anschließend Vergleich im PL. **Lösung:** A: Das Geld wird ausgezahlt, B: Die Kunden werden beraten, C: Die Automaten werden gefüllt, D: Die Formulare werden ausgedruckt. E: Die Bank wird überwacht.	

5g	Notieren Sie zwei oder drei der Sätze aus KB 5f an der Tafel. Die S sprechen in KG und vergleichen mit ihrer eigenen Muttersprache. Anschließend berichten sie über Gemeinsamkeiten und Unterschiede im PL. Fragen Sie auch danach, ob man das Passiv in ihren Sprachen oft benutzt oder eher selten.	
5h	Die S lesen die Vorgaben; evtl. können sie auch eigene Ideen an der Tafel sammeln, die sie verwenden können. Dann arbeiten die S in KG und formulieren mündlich Sätze. Nach 7 Minuten schreiben die S diese Sätze ins Heft und vergleichen mit einer anderen KG. Abschluss mit Beispielsätzen im PL. **Lösungsvorschlag:** Kleidung wird oft online gekauft. – Bücher werden in der Bibliothek ausgeliehen. – Filme werden heutzutage meistens gestreamt. – Hausaufgaben werden oft erst am Abend gemacht. – Musik wird heruntergeladen. – Das Geld wird auf das Konto eingezahlt. – Schulsachen werden von den Eltern bezahlt. **Erweiterung:** → **Vier gewinnt**, auch mit der Variante möglich, dass die S komplette Sätze formulieren müssen und nicht nur die Partizipien sagen.	
ÜB 5e+f	Ratespiel: Die S bearbeiten in PA die Rätsel. Dann Vergleich im PL. Anschließend schreiben die S in 5–7 Minuten mindestens ein weiteres Rätsel. Austausch zwischen zwei Paaren, die ihre Rätsel gegenseitig lösen.	
6	Als Vorentlastung sammeln Sie im PL Pro- und Kontra-Argumente zum Thema. Dann arbeiten die S in EA und schreiben einen Text mit Begründung. Das kann auch als HA bearbeitet werden. Freiwillige lesen ihre Texte vor und die anderen S können Stellung zu dem Text nehmen. → **Fehlerauktion, Korrekturlawine, Findet die Fehler** **Variante:** → **Kooperatives Schreiben**: Die S können synchron/asynchron z. B. bei Padlet oder Etherpad gemeinsam in PA oder KG den Text planen und Argumente sammeln; danach schreiben sie alleine synchron/asynchron und korrigieren, kommentieren etc. den Text in ihrer Gruppe. Erst wenn alle aus der Gruppe mit dem Text einverstanden sind, wird er beendet.	
	Das Geldquiz	
7a+b	Zeigen Sie das Quiz an der Tafel und lesen Sie die Fragen und die Antwortmöglichkeiten. Die S arbeiten in PA und notieren die Fragen. Erstellen Sie dann eine → **Kursstatistik** zu den Antworten, die aus der Klasse zur jeweiligen Option A, B oder C eingehen (*Wie viele haben A?* usw.). Bevor Sie auf die Grammatik eingehen, lassen Sie die S ihre Lösungen mit den Lösungen hinten im KB vergleichen. Fragen Sie anschließend: *In welcher Zeit sind die Aktivitäten in den Sätzen passiert? (Vergangenheit) Was ist anders als beim Passiv Präsens? (wurde)* Sehen Sie sich dann im PL mit den S den Grammatikkasten an oder die S ergänzen die Grammatik-KV. Weisen Sie darauf hin, dass es eine Perfektform für das Passiv gibt, dass diese aber wenig genutzt wird. Erinnern Sie die S auch daran, dass bei *wurde* die 1. und die 3. Person Singular gleich konjugiert werden. **Variante:** Erstellen Sie aus dem Quiz ein Kahoot oder machen sie es als Quiz mit zwei Gruppen, die je eine/-n Gruppensprecher/-in haben, der/die für die Antwort verantwortlich ist, und die Gruppe hat eine Minute Zeit, sich für eine Antwort zu entscheiden. Decken Sie hierbei die Fragen nacheinander auf, damit die Fragen nicht alle schon gelesen werden können. **Lösung:** 1B, 2C, 3A, 4B, 5C **Info:** 1. In Deutschland wurde die Fugger-Bank 1486 zum ersten Mal erwähnt. 2. Sie wurden in der Türkei Ende des 8. Jahrhunderts v. Chr. hergestellt.; 3. Dies geschah 618–906 n. Chr. 4.+5. In Österreich führte man 1945 nach dem Krieg den Schilling (wieder) ein und 2002 ebenfalls den Euro; die Schweiz gehört nicht zur Europäischen Währungsunion und hat daher weiterhin ihre alte eigene Währung, den Schweizer Franken, behalten; im Fürstentum Liechtenstein hat man 2002 vom Franken zum Euro gewechselt.	GR-Kopiervorlage
7c	In PA vorgehen wie beschrieben. **Lösung:** Lebensmittel wurden getauscht. – Steine wurden als Geld benutzt. – Münzen aus Gold und Silber wurden hergestellt. / Münzen wurden aus Gold und Silber hergestellt. – Waren wurden auf dem Marktplatz gehandelt. **Binnendifferenzierung:** Wenn Ihre S Schwierigkeiten mit den Partizipien haben, dann notieren Sie vor Bearbeitung der Aufgabe die notwendigen Partizipien an der Tafel. **Variante:** → **Kursspaziergang**. Dazu müssen Sie dann die Möglichkeiten an der Tafel stehen lassen und die S brauchen weitere eigene Ideen. Zur Wiederholung und Vertiefung von Passiv Präsens und Passiv Präteritum benutzen Sie den Lernfalter. Sagen Sie den S, dass die Nennung der Person mit der Struktur *von* + Dativ im Passiv-Satz optativ ist.	 Lernfalter
	Das blöde Ding!	
8a	Um den S die Wörter *Rechte* und *Pflichten* deutlich zu machen, steigen Sie mit der Frage ein *Was dürft ihr (nicht) an der Schule? Was sind eure Rechte? Was sind eure Pflichten?* (Rechte: z. B. Pause haben, etwas lernen; Pflichten: z. B. Hausaufgaben machen, anwesend sein.) Dann vorgehen wie beschrieben. Die Korrektur der falschen Sätze kann in PA geschehen.	

Lösung: 1. f (…, braucht man die Verpackung / den Originalkarton nicht), 2. r, 3. r, 4. f (…, kann man die Ware reklamieren, wenn man sie mit der Bankkarte bezahlt hat oder einen Zeugen hat)

Erweiterung: → **Chorsprechen, Synchron lesen**

8b	In PA besprechen die S Florians Problem und Paulas Rat. Dann lesen sie den Grammatikkasten. Als Wiederholung können sie die Grammatik-KV ergänzen. Klären Sie im PL die Bedeutung von *(an)statt* und die syntaktische Form: In der Infinitivkonstruktion mit *(an)statt* gibt es einen Infinitiv mit *zu*, der – wie bei den Infinitivsätzen – am Ende der Konstruktion steht und mit einem Komma abgetrennt wird. Dennoch handelt es sich um keinen Nebensatz, der Infinitiv darf also nicht konjugiert werden und es gibt „kein Subjekt", da es identisch mit dem Subjekt aus dem Hauptsatz ist und somit – wie bei den Infinitivsätzen – weggelassen wird. Sagen Sie den S, dass *anstatt* und *statt* Synonyme sind. Mit einer Infinitivkonstruktion mit *(an)statt* nennt man eine Alternative: *Anstatt den Kopfhörer wegzuwerfen, kann er ihn reklamieren.* = *Er wirft ihn nicht weg, sondern reklamiert ihn.* **Lösung:** … ihn im Geschäft reklamieren. – Statt bis morgen zu warten, sollte er sofort ins Geschäft zurückgehen. – Statt sein Geld zurückzuverlangen, sollte er den Kopfhörer lieber gegen einen neuen umtauschen.	GR-Kopiervorlagen
8c	Vorgehen wie beschrieben. **Variante:** Notieren Sie die Sätze an der Tafel. Die S hören die Sätze mit geschlossenen Büchern und markieren, welche Wörter betont werden. Dann Vergleich im PL. Die S öffnen die KB, hören noch einmal und sprechen nach.	(2.19)
8d	In PA vorgehen wie beschrieben. **Lösungsvorschlag:** 1. …, kann man sie reparieren. 2. …, kann man im Secondhand-Laden einkaufen. 3. …, sparen wir es. 4. Anstatt online zu shoppen, … 5. Anstatt ins Kino zu gehen, … **Erweiterung:** Nutzen Sie zur weiteren Übung das Spiel auf der KV.	Zettel Kopiervorlage, Würfel, Spielsteine
9a	Die S lesen zuerst die Sätze im Kasten und klären in KG den Wortschatz. Dann hören sie den Text und notieren die Buchstaben der Sätze, die sie hören. **Lösung:** Kunde: B, D, F, H – Verkäuferin: K, L, M, O, P, S, T, V **Binnendifferenzierung:** Teilen Sie die Klasse in zwei Gruppen. Nach dem Klären des Wortschatzes achtet eine Gruppe auf die Sätze des Kunden / der Kundin und die andere Gruppe auf die Sätze des Verkäufers / der Verkäuferin.	(2.20)
9b	In PA vorgehen wie beschrieben. Geben Sie den S Zeit, den Dialog wirklich zu üben, sodass sie ihn dann besser vorspielen können. **Variante:** → **Rollenspiel mit Souffleur**	
9c	Klassengespräch über Reklamationen. Als Hilfe, falls den S nichts einfällt, notieren Sie an der Tafel z. B. *Telefonvertrag, Fluggesellschaft bei verpasstem Anschluss, im Internet bestellte Möbel, Essen aus dem Supermarkt, das nicht mehr gut war* usw., um den S Ideen zu geben. **Variante:** Je nach Klasse ist diese Aufgabe auch in KG möglich.	
10	**Freie Wahl:** Hängen Sie Zettel mit A, B, C in die Ecken ihres Raumes; die S entscheiden sich für eine Aufgabe, indem sie sich zu einem der Zettel stellen. Geben Sie für alle Aufgaben 15 Minuten Zeit, wie in C angegeben. Für Aufgabe B mit der Recherche ist das zu wenig, sodass die Recherche ggf. vorab als HA gemacht werden muss. Wenn Sie Aufgabe B nicht als **Projektaufgabe** auslagern wollen, sagen Sie den S, dass sie Informationen zusammentragen, die sie wissen, ohne zu recherchieren. → **Präsentation von Ergebnissen**, Gruppen A und C geben Beispiele und Gruppe B präsentiert. **Erweiterung:** Wenn Sie Aufgabe B zu einem Projekt ausweiten möchten, nehmen Sie sie aus der freien Wahl raus. Die S arbeiten in KG und recherchieren Informationen zu den angegebenen Fragen. Damit es als Projekt variantenreicher wird, lassen Sie jede Gruppe zu einer anderen Währung recherchieren, die S wählen eine aus und sprechen sich in der Klasse ab, sodass keine doppelt ist. Geben Sie den S 30 Minuten Zeit, um zu recherchieren und ein analoges oder digitales Plakat zu erstellen. → **Präsentation der Ergebnisse**	evtl. Computerraum
ÜB 10	Die S arbeiten in PA, vorgehen wie beschrieben. Zeigen Sie ein Beispiel im PL. Notieren Sie sie einen Ort, z. B. *zu Hause*, an der Tafel. Die S notieren in zwei Minuten so viele Passiv-Sätze wie möglich. Dann Vergleich im PL. Ein Paar beginnt seine Sätze vorzulesen, die anderen Paare müssen aktiv zuhören, weil sie keinen Satz doppelt nennen dürfen.	
ÜB Perfekt	In jedem Kapitel gibt es eine Wiederholungsübung zum Perfekt. Die S ergänzen hier aus den Anagrammen das richtige Partizip. Lassen Sie im Anschluss noch einmal die Infinitive dieser Partizipien nennen. Auch als HA geeignet. → **Perfekt**	

Was kann ich nach Kapitel 9?

Die S bearbeiten die „Was kann ich"-Seite im KB und im ÜB wie in der Einleitung zum LHB beschrieben.

Karussell	Material

1a+b In **Klasse!** gibt es vier Plateaus, die der Anwendung des Gelernten und der Wiederholung von Wortschatz der vorausgegangenen Kapitel dienen. Die S werden in den Plateaus nicht mit neuen Inhalten konfrontiert, sondern haben hier Zeit, noch einmal das zu wiederholen und zu vertiefen, was sie schon gesehen und gelernt haben.

In PA vorgehen wie beschrieben. Regen Sie die S an, die Antworten mit passender und abwechslungsreicher Intonation zu lesen.
Lösung:

Was fandest du in Berlin besonders toll?	Hm, die East Side Gallery, wo man noch die Mauer sehen kann.
Der Biotest war total schwer, oder?	Ja! Ich werde wohl wieder eine Vier bekommen.
Wie lange hast du gestern Hausaufgaben gemacht?	Das ging schnell. Innerhalb einer Stunde war ich fertig.
Was feiern die Deutschen am 3. Oktober?	Ist doch klar, die Wiedervereinigung.
Ich will jetzt noch lernen.	Echt? Während der Pause sollte man chillen.
Ich bin jetzt im Schwimmteam meiner Schule.	Super. Du bist ja auch total sportlich.
Du brauchst kein Geld mitzubringen. Wir bezahlen.	Ehrlich? Das ist nett von euch.
Geh lieber ins Geschäft, statt alles online zu kaufen.	Wieso? Ich shoppe lieber im Internet.
Was macht Jasmin nach dem Abitur?	Sie hat gesagt, dass sie ein halbes Jahr reisen wird.
Komm, wir tauschen unsere Bücher.	Auf keinen Fall. Meins ist viel besser.
Die Tasche ist kaputt. Kann ich sie umtauschen?	Ja, natürlich. Hast du die Quittung noch?
Die Schuhe hätte ich gern, aber sie sind zu teuer.	Ja stimmt. Man muss nun mal nicht alles haben.
Macht dein Bruder eine Ausbildung oder ein Studium?	Er studiert jetzt an der Fachhochschule.
Wann wird unser Klassenzimmer gestrichen?	Nächste Woche. Aber das machen wir selbst.
Mangelhaft? Was werden meine Eltern sagen?	Eine Fünf? Ach, du Armer!
Wann wurde Deutschland das letzte Mal Fußball-weltmeister?	Weltmeister? Keine Ahnung. Wirklich nicht!
Gehst du heute auch zu Majas Party?	Nö, ich habe keine Lust zum Feiern.
Los, wir fragen Jannis, ob er auch mitkommt.	Meinetwegen. Er ist bestimmt in der Mensa.

Training	

2a Vorgehen wie beschrieben. Vergleich im PL
Lösung: 1B, 2A
🎧 2.21

2b In PA lesen die S zuerst die vorgegebenen Dialoge, dann ersetzen sie die markierten Wörter durch andere. Weisen Sie sie darauf hin, dass alles kongruent sein muss. An Ende stellen ein paar Paare ihre eigenen Dialoge vor.

3 Lesen Sie die Fragen im PL. Verteilen Sie die Blanko-Kärtchen, die S arbeiten in EA und schreiben Antworten. Dann vorgehen wie beschrieben. — Karten
Variante: Teilen Sie die Klasse in 2 Gruppen. Die S können nun Antworten in EA, PA oder in der KG schreiben. Sammeln Sie die Kärtchen von jeder Gruppe getrennt ein und geben Sie jeder Gruppe die Antworten der anderen Gruppe. Es wird gegeneinander gespielt: Wer bekommt mehr Punkte, indem die Gruppe die passenden Fragen nennt? Setzen Sie ein Zeitlimit, um die passende Frage zu nennen, damit die S nicht zu lange brauchen und die Aktivität nicht zu zäh wird.

4a Die S hören das Gespräch erst bei geschlossenem Buch. Fragen Sie: *Was ist das Problem?* Dann öffnen die S das Buch und hören das Gespräch noch einmal. Sie bestätigen oder korrigieren ihr genanntes Problem.
Lösung: Die Komposita sind falsch zusammengesetzt.
🎧 2.22

4b In PA bearbeiten die S die Aufgabe wie beschrieben. Dann hören sie zur Kontrolle. Auf dem Audiotrack ist zuerst noch einmal der Anfang des Dialogs mit den verschütteten Komposita aus KB 4a zu hören, der dann schließlich zum Schluss noch einen Satz mit den richtig sortierten Wörtern enthält.
Lösung: Im Klassenzimmer erklärte der Deutschlehrer die letzte Hausaufgabe vor der Projektwoche.
🎧 2.23

4c Vorgehen wie beschrieben. Sagen Sie den S, dass sie gerne übertreiben können, damit die Emotionen deutlich werden. Freiwillige tragen den Dialog vor der Klasse vor.

5a Die S arbeiten in PA und ergänzen die fehlenden Vergangenheitsformen im Gedicht. Weisen Sie schwächere S darauf hin, dass die Reime am Versende helfen können. Schnellere Paare können schon vor dem Hören miteinander vergleichen. Dann Hören zur Kontrolle.
Lösung: 1 fuhren, 2 machten, 3 lachten, 4 packten, 5 sah, 6 dachte, 7 gingen, 8 stand, 9 war, 10 gebracht, 11 gelacht, 12 Gab

5b Vorgehen wie beschrieben. Geben Sie den S mindestens 10 Minuten Zeit, damit sie das Gedicht üben können.
Variante: In KG nehmen sich die S eine Strophe, die sie pantomimisch oder als → **Standbild** darstellen. Jede Gruppe zeigt ihre Version und die anderen raten, um welche Strophe es sich handelt, und lesen diese vor.

6 Vorgehen wie beschrieben. Am Ende stellen die S ihren längsten Satz im PL vor und alle vergleichen, welches Team den längsten Satz formuliert hat.
Binnendifferenzierung: Als Hilfe sammeln Sie vorher Fragen an der Tafel, die man durch die Ergänzung von Satzgliedern beantworten kann, z. B. *Von wem? Wie lange? Wie? Wo? Wann? Bei wem? Mit wem? Für wen? Wofür?* etc.
Lösungsvorschlag: Heute Morgen um 10 Uhr wird die Pizza von den Jugendlichen für die Party in der Küche gebacken.

7 In KG vorgehen wie beschrieben. Immer die Person, die den Ort errät, darf den nächsten Ort beschreiben.
Variante: Die S notieren Orte auf Kärtchen: je einen Ort pro Karte. Jede/-r S schreibt 2–3 Karten. Die Karten werden gemischt und an die KG verteilt. Dann vorgehen wie oben beschrieben, nur dass ein/-e S eine Karte zieht und zu diesem Ort eine Beschreibung formuliert.
Karten

8 **Sprachmittlung:** Lesen Sie den Arbeitsauftrag im PL und bilden Sie Paare, wenn möglich mit den gleichen Muttersprachen oder Fremdsprachen, die sie können. In PA gehen die S vor wie beschrieben. Die Fragen zum Text können in der Muttersprache gestellt werden oder in der gemeinsamen Sprache.
Variante: Kopieren Sie die beiden Texte aus dem Kapitel und schneiden Sie sie auseinander. Bilden Sie 2 Gruppen, die jeweils Text 1 oder Text 2 bekommen. Die S lesen den Text und klären ihn in ihrer Gruppe. Danach suchen sie sich eine/-n Partner/-in aus der anderen Gruppe. Dann vorgehen wie oben beschrieben.

9 Wie auf jeder Plattform gehen die S in der „Kapitelmeister"-Aufgabe noch einmal in die Kapitel zurück, um die gesuchten Informationen zu finden. So beschäftigen sich noch einmal intensiv mit dem neu Gelernten.
Variante: siehe didaktische Hinweise zur „Kapitelmeister"-Aufgabe in Plattform 1.
Lösung: a: hatte, bekommen, b: verstehe kein Wort. Peinlich! c: Während der Vorbereitung, d: Anstatt den Kopfhörer wegzuwerfen, e: in jeder Stadt gibt es etwas, f: wird ausgezahlt, g: der Reichstag, h: wurde, eingeführt, i: Grundschule

Landeskunde

10a Projizieren Sie die Fotos an die Tafel/Wand oder arbeiten Sie mit dem interakiven Whiteboard. Fragen Sie, was die S sehen und ob sie wissen, was das ist. Hier geht es nicht darum, dass die S genau diese Feste erkennen, sondern dass sie das Thema erkennen. Entlasten Sie im PL den Wortschatz zum Thema *Feste*, indem die S alles, was sie auf den Fotos sehen, nennen und es an der Tafel notiert wird. Beispiel: *Kostüm, verkleiden, feiern, viele Leute, draußen.* Dann öffnen die S das Buch, sehen sich die Bilder und die Wörter an und beschreiben nun detailliert, was sie sehen. Fragen Sie dann, ob die S diese Traditionen kennen, und lassen Sie ggf. erzählen, wenn ein S sie kennt.
Variante: Suchen Sie zu allen Wörtern Fotos aus dem Internet. Schreiben Sie die Wörter auf Karten und kopieren Sie die Fotos. Jede KG bekommt einen Satz Wörter und einen Satz Fotos und die S sortieren intuitiv die Wörter zu den Fotos. Dann Kontrolle mit dem Buch.
Info: Wenn Sie Ihren S weitere Eindrücke vermitteln möchten, finden Sie im Internet Videos unter den Stichworten *Krampuslauf + Klagenfurt*, unter den Stichworten *Schierke + Walpurgis* oder *Wernigerode + Walpurgis* sowie unter den Stichworten *Morgestraich + Basel*.
Karten und Fotos

10b Vorgehen wie beschrieben. Zur Besprechung der Fragen arbeiten die S in PA und sie suchen auch gemeinsam die Orte auf der Karte. Zu Text B finden sie keinen Ort auf der Karte – sagen Sie den S, dass sie dieses Gebiet im Internet suchen sollen. Als Zusatzfrage können Sie stellen: *Was wird bei den Festen gemacht?*
Lösung: A3: Basler Fastnacht, in Basel, Basel liegt im Norden von der Schweiz
B2: Walpurgisnacht, im Harz auf dem Brocken, der Brocken liegt in Deutschland, südwestlich von Magdeburg und südöstlich von Hannover
C1: Krampuslauf, in Klagenfurt, Klagenfurt liegt im Süden von Österreich am Wörthersee
Variante: → **Kooperatives Lesen**
Internet

10c Die S arbeiten in KG und teilen sich in diesen KGs in Teams auf, die für einen Text zuständig sind und sich Fragen überlegen. Die Fragen werden innerhalb der eigenen Gruppe ausgetauscht und gelöst.

Erweiterung: Sie können die Fragen dann auch noch einmal mit anderen Gruppen tauschen. Gestalten Sie es als Wettbewerb. Jede Gruppe muss pro Text 2 Fragen schreiben, sodass jede Gruppe 6 Fragen hat. Die KG spielen gegeneinander und fragen sich. Die KGs haben alle eine/-n Sprecher/-in, nur er/sie darf die Antwort sagen (sonst wird es ein Chaos). Wer von den anderen Gruppen die Antwort weiß, gibt ein Zeichen, z. B. klingeln oder klatschen. Ist die Antwort richtig, gibt es einen Punkt, wenn nicht, haben die anderen Gruppen noch eine Chance. Schwieriger wird es, wenn die S nicht ins Buch sehen dürfen.

| Rezeptions-klingel |

10d In KG vorgehen wie beschrieben. → **Eckensprechen, Kursstatistik** am Ende möglich

Film

11a Die S lesen die Ausdrücke und klären sie erst in KG, offene Fragen kommen am Ende ins PL. Dann sehen sie den Filmclip und notieren die Ausdrücke, die passen. In KG erzählen sie, was sie gesehen haben.

3.1

Lösung: Ferien haben, im Camp sein, Zelte aufbauen, Tagesplan erklären, nicht begeistert sein (*Regeln lesen* passt nicht, weil die Regeln *besprochen* werden)

Binnendifferenzierung: Fragen Sie, welche Aktivitäten der Trainer zusätzlich noch nennt (*lange Fahrradtour machen, Mittagessen: Spaghetti mit Soße*)

Erweiterung: → **Koffer packen.** Notieren Sie folgenden Satzanfang an der Tafel: *Ich hätte (keine) Lust, das Sportcamp zu machen, weil ... (VERB).* Die S arbeiten in KG und beenden den Satz. Sie sollen mindestens zwei Runden spielen.

11b Zuerst lesen die S die Ausdrücke. Sagen Sie den S ggf., dass *Baggern und Pritschen* direkt im Film erklärt wird. Die S sehen den Filmclip. Sie bringen dann die Aktivitäten in die richtige Reihenfolge und ordnen die Ausdrücke zu. Beschreibung der Bilder im PL.

3.2

Erklären Sie den S, dass Verben, die mit dem Präfix *los-* beginnen, immer auf den plötzlichen Beginn einer Aktivität hinweisen (z. B. *losgehen, losfahren, loslachen, loslassen* usw.). Sollten Sie die zwei Techniken der Ballannahme beim Volleyball genauer erklären wollen, suchen Sie am besten Fotos oder Videos im Internet.

Variante: Schreiben Sie kurze Sätze mit den Ausdrücken auf Papierstreifen (z. B. *Sie joggen sofort los.*), klären Sie Wortfragen im PL. Die S sehen den Film und machen → **Liedtext pflücken.** Dann bringen sie die Sätze noch einmal in die richtige Reihenfolge. Sie können auch weitere Sätze ergänzen, z. B. *Der Trainer weckt sie. Der Trainer erklärt die Übung. Der Trainer motiviert die Jugendlichen.*

Binnendifferenzierung: Gute S achten auf die Erklärung der Gymnastik-Übung und führen sie im Anschluss mit der Klasse durch.

Lösung: C: sehr früh aufstehen, sofort losjoggen, D: Gymnastik machen, A: durch den Park laufen, B: Volleyballtraining haben, Baggern und Pritschen üben

11c In PA vorgehen wie beschrieben. Fragen Sie auch: *Was, glaubt ihr, passiert jetzt? Was würdet ihr als Jugendliche machen?*

3.3

Lösung: Sie finden das Sportprogramm zu anstrengend. Sie möchten den Tagesplan ändern, denn sie brauchen mehr Zeit zum Chillen / denn sie wünschen sich längere Pausen / sie wollen abends mehr Zeit zum Ausruhen. Der Trainer lacht und zeigt so, dass er das Problem lächerlich findet. Er gibt ihnen keine Antwort.

11d Vorgehen wie beschrieben. Die S stellen ihre Vermutungen im PL vor, bevor der letzte Filmclip gezeigt wird.

3.4

Lösung: Sie wollen demonstrieren. Sie malen Schilder. Auf den Schildern steht: „Chill mal!", „Willkommen im Horror-Camp!" „Wie wollen mehr Freizeit." „Sport ist Mord." Sie demonstrieren vor dem Zelt des Trainers. Der Trainer setzt sich mit den Jugendlichen zusammen und sie ändern den Plan.

Erweiterung: Fragen Sie weiterführend: *Was ändert der Trainer?* (Fangen am Morgen 1 Std. später an, kleine Laufrunde, ein wenig Gymnastik, dann ausgiebige, längere Frühstückspause). *Wie findet ihr die Idee aus dem Film? Hättet ihr das auch so gemacht?*

11e In KG erstellen die S einen Tagesplan und präsentieren ihn im PL. Dann werden die Tagespläne aufgehängt. Jede/-r S wählt einen Lieblingsplan und malt einen Punkt darauf; der eigene Plan darf nicht gewählt werden. Welcher Tagesplan ist der beliebteste?

Jede Menge Arbeit ...

Lerninhalte: einen Text über Vorteile von Praktika verstehen | Vorteile und Gründe nennen | Vermutungen äußern | Zweifel äußern | Anzeigen verstehen | eine Bewerbung schreiben
Wortschatz: Berufe | Eigenschaften für den Beruf | Praktikum | Bewerbung
Grammatik: Doppelkonnektoren: *sowohl – als auch, entweder – oder, weder – noch, nicht nur – sondern auch* | n-Deklination | Passiv mit Modalverb | Nebensatz mit *(seit)dem*
Aussprache: Vokale am Wort- oder Silbenanfang
Lernen lernen: Inhaltspunkte sortieren als Vorbereitung zum Schreiben

Erläuterungen zum Unterricht	Material
1a Die S sehen die Fotos an und versuchen immer zwei Personen nach ihren Vorkenntnissen zusammenzusetzen, indem sie in PA sprechen und überlegen: *Wo sind die Personen? Was machen sie? Was passt zusammen?* (Die Risskanten der Fotos sind keine Zuordnungshilfe.) Dann hören die S die Szenen A–E und vergleichen mit den eigenen Zusammensetzungen. Vergleich im PL, fragen Sie auch wie angegeben noch einmal explizit: *Wo sind die Personen?*, um die Orte zu den Personenpaaren zu notieren. Zur Vokabelsicherung lassen Sie am Ende die S ein paar der Personenbezeichnungen in einem Kontext definieren. **Lösung:** A der Richter / die Richterin + der Rechtsanwalt / die Rechtsanwältin (*Ort:* das Gericht), B: der Kranken-pfleger / die Krankenschwester + der Patient / die Patientin (*Ort:* das Krankenhaus), C: der Fluggast + der Flug-begleiter / die Flugbegleiterin (*Ort:* das Flugzeug), D: der Maler / die Malerin + der Kunde / die Kundin (*Ort:* das Haus / die Wohnung), E: der Fahrlehrer / die Fahrlehrerin + der Fahrschüler / die Fahrschülerin (*Ort:* das Auto) **Info:** Auf Deutsch werden als *Maler* sowohl der Künstler als auch der Anstreicher bezeichnet. In Zweifelsfällen muss nachgefragt werden.	(2.25)
1b Da fast alle hier vorgegebenen Adjektive neu sind, beginnen Sie mit Wortschatzarbeit. Teilen Sie die S in zwei Gruppen. Gruppe A klärt zuerst innerhalb ihrer Gruppe alle Adjektive von *geduldig* bis *schnell* und Gruppe B alle Adjektive von *organisiert* bis *ordentlich*. Dann gehen immer ein S von A+B zusammen und erklären sich auf Deutsch die Adjektive, die sie nicht wissen. Helfen Sie ihnen, indem Sie ihnen den Tipp geben, dass Definitionen am besten mit konkreten Beispielen funktionieren. In EA wählen die S dann zwei Berufe aus KB 1a und notieren Eigenschaften zu diesen. Dann in KG vorgehen wie beschrieben (mit Begründung!). **Erweiterung:** → **Wortschatzspiele, Zick-Zack** **Erweiterung:** Zum weiteren Üben des neuen Wortschatzes nutzen je 2 S die KV. **Binnendifferenzierung:** Schnellere Paare können einzeln in ihrem Team zu weiteren Eigenschaften aus dem Kursbuch Definitionen schreiben. Die S lesen sich diese dann gegenseitig vor und der/die Partner/-in sagt das Wort.	Kopier-vorlage
ÜB 1b Die S notieren die Wörter erst in EA und vergleichen dann in PA. **Erweiterung:** Die S notieren die Wörter in EA. Kopieren Sie die Fotos auf DIN-A4-Format, jedes auf ein Blatt Papier. Die S gehen 10 Minuten lang herum und notieren ihre Wörter auf die jeweiligen Blätter. Dann werden die Plakate aufgehängt, gelesen und ggf. erklärt.	Fotos
1c In PA vorgehen wie beschrieben. Wenn die Paare ihre Dialoge auswendig lernen, müssen sie nicht vom Zettel ablesen, sondern können sich auf die Intonation konzentrieren.	
Erstmal ein Praktikum ...	
2a Klären Sie den Begriff *Praktikum*, indem die S im PL sagen, was er für sie / in ihrem Land bedeutet. Dann sprechen die S in KG über die angegebenen Fragen. **Erweiterung:** In PA schreiben die S eine Definition zum Begriff *Praktikum*. Dann setzen sie sich mit einem anderen Paar zusammen und schreiben aus den beiden Definitionen eine gemeinsame usw., bis am Ende nur noch drei oder vier Definitionen vorhanden sind. Diese werden vorgelesen, aufgehängt und bepunktet: Welche ist aus Sicht der Klasse die beste? **Info:** Ein Schülerpraktikum ist in manchen Bundesländern Pflicht, damit die S lernen, sich einen Platz zu suchen, eine Bewerbung zu schreiben und praktisch zu arbeiten. Auch in einigen Studienfächern muss man Praktika als Teil der Ausbildung absolvieren.	Klebe-punkte
2b Vorgehen wie beschrieben: Lesen in EA, dann Fragen und Antworten in PA. Nur Antworten, bei denen sich das Paar nicht sicher ist, werden anschließend im PL geklärt. **Lösung:** 1. Die Dauer des Praktikums ist unterschiedlich: ein paar Wochen oder mehrere Monate (Z. 8–9). 2. Man braucht theoretische Kenntnisse und praktische Fähigkeiten (Z. 23–24). 3. Sie lernen die formelle Kommunikation mit Kunden und Kollegen mündlich und schriftlich kennen (und könnten sie manchmal auch ausprobieren) (Z. 33–36). 4. Mit jeder neuen Aufgabe hat der/die Praktikant/-in die Chance, sich zu entwickeln (Z. 40–42). 5. Positive und negative Erfahrungen sind wichtig, denn man kann sich so bewusst für oder gegen einen Beruf entscheiden (Z. 58–61). 6. Praktikumsbericht, Praktikumszeugnis (Z. 62–64, 65–67)	

10

Binnendifferenzierung: Schnellere S finden sich in PA zusammen, wenn sie mit dem Text fertig sind. Diese können nach dem Stellen der Fragen im Buch selbst einige weitere Fragen zum Text formulieren (und die Antworten mit Angabe der Zeile notieren). Diese werden im Anschluss im PL an alle gestellt. So haben alle Zeit, den Text eher in der eigenen Geschwindigkeit zu lesen und dann die im Buch angegebenen Fragen zu bearbeiten.

Variante: → **Kooperatives Lesen** zu dritt oder zu sechst (A–F), die Fragen werden als Quiz bearbeitet.

2c	Lesen Sie zuerst den Redemittelkasten und lassen Sie die S Beispiele mit den angegebenen Redemitteln formulieren. Dann bilden die S 3er-KG und gehen vor wie beschrieben. **Lösungsvorschlag:** A: erste Erfahrungen im beruflichen Alltag sammeln; Kennenlernen verschiedener Aufgaben, der Organisation von Arbeit, verschiedener Abteilungen, Hierarchien und Funktionen in einer Firma; Wissen um die Qualifikationen – B: praktische Erfahrungen sammeln (Besprechungen organisieren, alltägliche Arbeiten erledigen, Probleme mit dem Team besprechen); Kennenlernen, wie Theorie + Praxis miteinander funktionieren – C: Kontakte mit Kollegen und Kunden knüpfen; Kennenlernen, wie man formale Mails + Texte formuliert; Kundengespräche kennenlernen; Kommunikation ausprobieren – D: viele neue Aufgaben/Herausforderungen haben; Chance, sich zu entwickeln; Möglichkeit, Fragen zu stellen; sich in der Kommunikation verbessern; Kennenlernen von neuer Software oder Technik – E: positive + negative Erfahrungen machen; Erfahrungen für den Lebenslauf nutzen; Aufbau eines Netzwerkes; Nachteile kennenlernen + falsche Vorstellungen von einem Beruf korrigieren – F: Erinnern durch Aufschreiben; Zeugnis für Bewerbungen bekommen **Variante:** Jede/-r S aus der 3erKG formuliert zuerst die fünf Sätze mit den angegebenen Redemitteln. Wenn es weitere Gründe gibt, können sie Redemittel ihrer Wahl benutzen. **Variante:** Wenn Sie bei KB 2b mit dem kooperativen Lesen gearbeitet haben, dann können jetzt dieselben Gruppen aus KB 2b die Argumente aus den Texten notieren und sich dann nach dem Prinzip → **Wirbelguppe** neu mischen.	
2d	Eingehen auf die Lebenswirklichkeit der S: Die S sprechen in KG über die angegebenen Themen. Klären Sie dazu die Möglichkeiten, die in den Klammern angegeben sind, falls diese nicht bekannt sind, und ergänzen Sie ggf. wichtige/typische Möglichkeiten für das Land der S. **Variante:** Sie können die beiden angesprochenen Themen aufteilen. Thema 1 ist das Praktikum in ihrem Land, Gestalten Sie dies als → **Sprechmühle** und ergänzen Sie weitere Fragen, z. B. *Wann macht man normalerweise ein Praktikum in deinem Land? Wie lange gehen diese Praktika? Ist ein Praktikum obligatorisch?* etc. Anschließend können die S im → **Kugellager** über ihre eigenen Pläne nach der Schule sprechen. **Erweiterung:** Die S bearbeiten die Aufgabe anschließend noch mal schriftlich als HA.	
entweder – oder		
3a	Die S lesen den Grammatikkasten und ordnen die Bedeutung zu. Weisen Sie darauf hin, dass die durch die Doppelkonnektoren verbundenen Satzteile auch Verben sein können, z. B. *Das hat sie weder gesagt noch gemeint. Der Mensch muss sowohl essen als auch trinken.* Die Grammatik-KV eignet sich zur Wiederholung. **Lösung:** sowohl – als auch: A und B; nicht nur – sondern auch: A und B; weder – noch: nicht A und nicht B; entweder – oder: A oder B **Hinweis:** Bei allen Doppelkonnektoren ist es möglich, dass nicht nur Wortgruppen (wie im häufigsten Fall), sondern auch ganze Sätze verbunden werden. Sollten Ihre S dazu Fragen haben, weisen Sie darauf hin, sagen Sie ihnen aber auch, dass die Bildung auf dem Niveau B1 nicht erwartet wird, es aber gut ist, wenn die S es rezeptiv erkennen können. Beispiel: *Ich wiederhole nicht nur die 9. Klasse, sondern ich wechsle auch noch die Schule. Weder kaufe ich mir ein Skateboard, noch will ich Skateboardfahren lernen.* Bei sehr guten Gruppen können Sie dann auch kurz auf die Satzstruktur eingehen und noch einmal an alle Konnektoren mit Position 0 erinnern (Merkwort: *USADO – und, sondern, aber, denn, oder*).	GR-Kopiervorlage
ÜB 3b	Diese Übung bietet sich gut direkt im Anschluss an KB 3a in PA an. Lesen Sie dabei auch den **Tipp**.	
3b	Vorgehen wie beschrieben. Vergleich im PL. **Lösung:** 1D, 2F, 3E, 4A, 5C, 6B	
3c	In EA ergänzen die S die Sätze, dann sprechen sie zu zweit darüber und anschließend schreiben sie die Sätze ins Heft. Gehen Sie herum, helfen und korrigieren sie. **Lösungsvorschlag:** 1. Ich möchte nicht nur zusehen, sondern auch mitarbeiten. 2. Ich hoffe, dass das Praktikum weder uninteressant noch langweilig ist. 3. Ich wünsche mir, dass die Kollegen sowohl nett als auch hilfsbereit sind. 4. Ich glaube, dass ich entweder um 6 oder um 7 Uhr anfangen muss. 5. Ich denke, dass ich nicht nur viel lernen, sondern auch Spaß haben kann. Zur Wiederholung und Automatisierung benutzen Sie den Lernfalter.	Lernfalter
ÜB 3c	In PA vorgehen wie beschrieben. Am Ende der Übung nennen freiwillige S ein paar der Sätze im PL.	Zettel.

	Ich interessiere mich für ...	
4a	Der Fokus liegt zuerst auf den Bildern. Die S beschreiben diese in KG, d. h. sie nennen den Beruf und was die Person auf dem Bild gerade macht. Dann lesen sie die vorgegebenen Tätigkeiten und klären unbekannten Wortschatz. Anschließend sortieren sie die Tätigkeiten den Fotos zu und vergleichen in der Klasse. Die Formulierung in ganzen Sätzen erfolgt in 4b.	
	Lösungsvorschlag: *Kellner:* früh aufstehen, hart arbeiten, Speisen und Getränke servieren, in der Küche helfen, Kontakt zu Kunden haben, nachts arbeiten – *Kameramann/Fotograf:* früh aufstehen, Filme drehen, Stars treffen, Kontakt zu Kunden haben, nachts arbeiten – *Verkäufer:* Ware verkaufen, früh aufstehen, Kontakt zu Kunden haben, an der Kasse sitzen – *Bankangestellter:* einen Anzug tragen, früh aufstehen, Kontakt zu Kunden haben, viel über Wirtschaft wissen müssen – *Krankenpfleger:* früh aufstehen, hart arbeiten, Betten beziehen, bei Untersuchungen helfen, nachts arbeiten	
4b	Lesen Sie zuerst den Redemittelkasten und klären Sie die Kategorien und die Bedeutung der Redemittel. Dann sehen sie den Redemittelclip. Fragen Sie: *Was wollen die beiden werden? (Pilot, Schauspielerin) Wie ist die Reaktion auf die Berufswünsche? (beide äußern Zweifel).* Anschließend lesen die S die Arbeitsanweisung und arbeiten in PA. Zum Schluss können einige S ihre Ergebnisse in der Klasse vorstellen.	R10
	Variante: Kopieren Sie die Redemittel groß und schneiden Sie sie aus. Machen Sie ein Plakat mit den Titeln. Die S arbeiten in KG und jede KG bekommt ein Plakat und einen Satz Redemittelstreifen und sie sortieren die Redemittel zur passenden Kategorie. Zeigen Sie dann den Kasten im Buch und die S kontrollieren selbstständig.	Plakat, Redemittel-streifen Karten
	Erweiterung: Redemitteltraining wie in den didaktischen Erläuterungen zu **Klasse B1**, Kapitel 1, Aufgabe 6c (Variante und Erweiterung) beschrieben. Die S können die Redemittel zu den schon geschriebenen hinzufügen: *Vermutungen äußern* in derselben Farbe wie *Meinung äußern*, *zustimmen* zu der Farbe *zustimmen* und *Zweifel äußern* zu der Farbe *ablehnen*. Die in der Erweiterung zu KB 6c in Kapitel 1 enthaltene KV mit Themenkarten ist hier nicht nötig, da das Thema auf Berufe begrenzt ist. Die S arbeiten in 3er-KG: S1 äußert eine Vermutung zu einem Berufsfeld: *Ich glaube, dass Kellner ein stressiger Beruf ist.* S2 stimmt zu: *Du hast recht.* S3 äußert Zweifel: *Das ist doch Quatsch.* Dann äußert S2 eine Vermutung, S3 stimmt zu und S1 äußert Zweifel etc. – Um die Aufgabe zu vereinfachen, können Sie den S vorher 5 Minuten Zeit geben, damit sie verschiedene Vermutungen notieren können. Wenn das Training losgeht, geht es um flüssiges und automatisiertes Sprechen.	
5a	In EA vorgehen wie beschrieben, Vergleich im PL und Gespräch, warum die S den Titel gewählt haben. **Lösung:** 1B, 2A, 3C, 4D	
5b	Vorgehen wie beschrieben.	
	Variante: Die S arbeiten in PA und überlegen sich zu zweit Fragen zu den Anzeigen. Dann suchen sie sich eine/-n neuen Partner/-in und fragen und antworten.	
	Lösungsvorschlag: A: Wo findet die Arbeit auf dem Biobauernhof statt? (im Freien, an der frischen Luft) Welche Tiere gibt es auf dem Biobauernhof? (Pferde, Kühe und Hasen) – B: Was für Praktika kann man im Tierpark Hellabrunn machen? (Praktika in der Tierpflege oder Tiermedizin). An wen muss man die Bewerbung schicken? (an die Personalabteilung) – C: Wo ist der FerienClub? (an der Ostsee). Wie sollten Praktikant(inn)en im FerienClub sein? (sportlich, kreativ, verantwortungsvoll, kinderlieb) – D: Wann kann man im Eiscafé aushelfen? (werktags und an den Wochenenden) Wie ist die Telefonnummer vom Eiscafé? (3067893)	
5c	**Sprachmittlung:** Lesen Sie die Aufgabe in der Klasse und lassen Sie die S gleich eine Anzeige wählen und begründen, warum sie diese gewählt haben. Als HA übermitteln die S die wesentlichen Inhalte diese Anzeigen ihren Eltern in der Muttersprache.	
	Variante: Erstellen Sie zusätzlich in der Klasse einen Fragebogen, den die Eltern dann ausfüllen müssen, z. B. *Wo? Welche Aktivität? Interessantes?* Die S nehmen ihn mit und bringen den ausgefüllten Bogen zur nächsten Stunde wieder mit und berichten.	Fragebogen
5d	Die S sehen sich den Grammatikkasten an und gehen vor wie beschrieben. Sagen Sie ihnen, dass auch alle Pluralformen bei Nomen der n-Deklination auf -*(e)n* enden. Die S sollen auch überlegen, ob diese im Singular oder Plural stehen und bei Pluralformen, ob es sich um einen normalen Plural handelt oder ob er zur n-Deklination gehört (Beispiele für den „normalen" Plural: *die Tätigkeiten, die Lieferungen, die Bewerbungen, die Fragen, die Bewerbungsunterlagen* sind alles Wörter im Femininum; *mit Tieren, von Kindern* sind Dativ Plural von Neutrum-Wörtern; *die Wochenenden* ist Plural des Neutrums *das Wochenende* – also alles keine Maskulina, sodass sie von vornherein nicht der n-Deklination angehören können). Weisen Sie die S darauf hin, dass bei Nomen der n-Deklination im Nominativ Singular kein -*n* steht und nur ganz bestimmte Nomen im Maskulinum betroffen sind, die man als solche lernen muss. Vergleich im PL. Zur Wiederholung können Sie die Grammatik-KV nutzen.	GR-Kopier-vorlage
	Lösungsvorschläge: Bauern (Genitiv), Hasen (Akk.), Herrn (Akk.), Löwen/Bären/Affen (Dativ), Studenten (Akk.), Praktikanten (Akk.)	

ÜB 5a	Zur Systematisierung. Kontrollieren Sie im PL und klären Sie ggf. unbekannte Wörter. Lesen Sie dann den **Tipp** im PL.	
5e	In EA vorgehen wie beschrieben. Die Texte aus 5a helfen. Vergleich in PA, dann im PL. **Lösung:** 1. Kunden, 2. Bauern, 3. Studenten, 4. Löwen/Bären/Affen/Elefanten, 5. Praktikanten **Erweiterung:** Zum weiteren Üben können Sie die KV kopieren. Die S können sie in EA oder in PA bearbeiten. Sie lesen die Sätze, streichen das falsche Wort durch und finden so heraus, welche Zahlen sie verbinden müssen, um ein Bild zu erhalten. Wichtig: Die S verbinden die Zahlen in den Klammern hinter dem Wort in der Reihenfolge der Aufgaben (und nicht von 1–30). Kommt am Ende ein Käsestück heraus, haben sie alles richtig gemacht.	Kopiervorlage
6a	Notieren Sie das Wort *Bewerbung* an der Tafel und klären Sie es. Fragen Sie die Klasse: *Habt ihr schon einmal eine Bewerbung geschrieben? Wenn ja, wofür? Was gehört zu einer Bewerbung? (Anschreiben, Lebenslauf, Zeugnisse)*. Steigen Sie dann ins Buch ein: Die S lesen das Bewerbungsanschreiben und ordnen die Inhaltspunkte zu, indem sie zuerst diejenigen zuordnen, die sie bereits verstehen. Die übrigen ordnen sie intuitiv zu. Anschließend Vergleich und Klärung der einzelnen Inhaltspunkte im PL. Gehen Sie dabei auf die formale Anrede ein: Den S ist oft nicht klar, dass sie *Sehr geehrter* bei einem Mann und *Sehr geehrte* bei einer Frau schreiben müssen. Schreiben Sie auch *Sehr geehrte Damen und Herren* an die Tafel und erklären Sie, dass man das verwendet, falls man keinen direkten Ansprechpartner hat. **Lösung:** 1D, 2B, 3A, 4I, 5H, 6G, 7F, 8C, 9E, 10K, 11J **Variante:** Kopieren Sie das Anschreiben größer; die S schreiben direkt zu den Zahlen die Inhaltspunkte. **Info:** Das Schreiben von Bewerbungen wird in D-A-CH in der Schule gelehrt. Bei einer Bewerbung um ein Schülerpraktikum werden neben dem *Anschreiben* ein tabellarischer *Lebenslauf* und eine Kopie des letzten *Schulzeugnisses* erwartet, ein Foto ist dagegen oft kein Muss. Weiterhin können die S Kopien von *Zeugnissen* über besondere Fähigkeiten (z. B. Sprachzeugnisse, Gruppenleiterschein vom Sportverein, Bestätigung über Erste-Hilfe-Kurs usw.) hinzufügen.	Kopie
6b	Die S wählen eine Anzeige aus dem KB oder aus dem Internet. Dann lesen sie im PL den **Tipp.** Weisen Sie sie darauf hin, dass sie die Reihenfolge der Inhaltspunkte genauso machen können, wie Sinan es gemacht hat. Anschließend machen die S sich Notizen zu den einzelnen Inhaltspunkten. Sie besprechen sie in PA.	
6c	Lesen Sie die Redemittel in der Klasse und klären Sie sie ggf. oder lassen Sie die S die Redemittel zu Ende führen, z. B. *Hiermit bewerbe ich mich um das Praktikum zum Tierpfleger.* Die Texte werden in der Klasse in KG verglichen, dazu eignet sich sehr gut die → **Textlupe** oder auch → **Korrekturlawine**. Anschließend können Sie die Texte zur End-Korrektur mitnehmen und korrigieren. → **Fehlerauktion, Findet die Fehler**	
	Das muss erledigt werden!	
7a	In KG vorgehen wie beschrieben. Weitere Fragen, damit die S detailliert erzählen: *Wo ist Kim? Welche Aufgaben hat sie? Was passiert am Abend?* **Variante:** Kopieren Sie den Comic und schneiden Sie die Bilder aus, löschen Sie die Buchstaben. Jede/-r S bekommt ein Bild. Sagen Sie, dass die Geschichte aus 6 Bildern besteht. Die S gehen in der Klasse herum und beschreiben sich ihr Bild, ohne sich ihre Bilder gegenseitig zu zeigen. Immer wenn sie jemanden treffen, der ein anderes Bild hat, gehen sie gemeinsam weiter. Wenn sich sechs S mit unterschiedlichen Bildern gefunden haben, stellen sie sich in eine aus ihrer Sicht sinnvolle Reihenfolge und erzählen noch einmal, was auf ihrem Bild passiert. Zeigen Sie dann die Geschichte an der Tafel und die S kontrollieren, ob sie richtig stehen.	
7b	Vorgehen wie beschrieben. **Lösung:** Die Schule ist nicht so anstrengend wie das Praktikum, da kann sie wieder chillen.	🎧 2.26
7c	Die S hören noch einmal und schreiben die fehlenden Wörter in ihr Heft. Dann lesen sie in PA die Sätze abwechselnd vor. Sätze, bei denen sie nicht sicher sind, werden im PL besprochen. **Lösung:** 1. in den Schrank, 2. Die Briefe, 3. Die Kunden, 4. Die Dokumente, 5. ins Büro, 6. Das Programm, 7. Das Treffen / Der Termin	🎧 2.26
7d	Weisen Sie die S als Erstes auf den Grammatikkasten hin. Fragen Sie im PL zur Wiederholung: *Wann benutzt man das Passiv? (wenn die Aktivität wichtig ist und nicht, wer es macht)* und *Wie bildet man das Passiv? (werden +Partizip II).* Dann fragen Sie: *Was ist hier neu und anders? (Passiv + Modalverb)* Und zum Schluss stellen Sie die Frage aus dem KB: *Wie bildet man das Passiv mit Modalverb? (konjugiertes Modalverb auf Position 2, Partizip und* werden *am Ende).* Die S sehen sich dann die Sätze aus 7c nochmals an, gleichen sie mit dem Grammatik-Kasten ab und formulieren auch die Aktiv-Sätze zum Vergleich. **Binnendifferenzierung:** Stärkere Klassen können direkt mit der Grammatik-KV arbeiten.	GR-Kopiervorlage
7e	Die S formulieren mündlich Sätze in PA. Einzelne S sagen die Sätze am Ende im PL. Die anderen korrigieren.	

Lösung: A: Der Müll muss runtergebracht werden. B: Der Schreibtisch muss aufgeräumt werden. C: Es muss gestaubsaugt werden. / Der Boden muss gestaubsaugt werden. D: Das Geschirr muss abgewaschen werden. E: Die Wäsche muss aufgehängt werden.

Binnendifferenzierung: Erklären Sie, dass das Akkusativ-Objekt das Subjekt vom Passivsatz wird. Wenn Ihre S zuerst die Sätze mit *man* im Aktiv formulieren, können sie davon ausgehend den Passivsatz bilden.

Seit(dem) ich den Beruf besser kenne, ...

8a	Die S hören die Statements und ordnen die Satzteile zu. **Lösung:** 1B, 2A, 3D, 4E, 5C **Binnendifferenzierung:** Geben Sie den S in KG weitere Fragen zu einer Person aus dem Hörverstehen. Die S achten auf ihre Person und notieren Antworten. Anschließend erzählen sie in → **Wirbelgruppen** gegenseitig. Beispiele für Fragen: *Warum hat Johan ein Praktikum auf dem Bauernhof gemacht? / Wo arbeitet Flos Freund? / Warum hat Clara noch nie gearbeitet? / Warum passt der Job als Betreuer im Feriencamp zu Jeff? / Wann jobbt Melissa?*	2.27
8b	Die S lesen die Sätze aus KB 8a noch einmal: Was ist neu? So führen Sie sie zum temporalen Nebensatz mit *seit(dem)* hin. Danach sehen die S sich den Grammatik-Kasten oder die Grammatik-KV an und Sie klären die Struktur (Nebensatz: Verb am Ende; bei Nebensatz im Vorfeld: Smiley-Position). Gehen Sie dann darauf ein, was *seit(dem)* bedeutet: Der *seit(dem)*-Satz benennt den Anfangspunkt einer Aktion, normalerweise einer Aktion, die in der Vergangenheit begonnen hat und bis jetzt andauert. Die S arbeiten in PA und formulieren mündlich Sätze mit *seit(dem)*. Lassen Sie im PL nach 10 Minuten einige Sätze nennen und notieren Sie diese ggf. an der Tafel, damit alle S überlegen können, ob der Satz grammatisch und inhaltlich korrekt ist.	GR-Kopiervorlage
9a	Vorgehen wie beschrieben. Fragen Sie: *Was passiert hier besonders bei den Beispielen 6–8? (Man hört eine kleine Pause, man beginnt „neu")*. Sprechen Sie diese drei Wörter noch mal überdeutlich vor; die S sprechen sie nach. Es ist für eine gute Aussprache wichtig, dass die S vor der neuen Silbe bzw. dem neuen Wort mit Vokal eine kleine Pause machen und den Übergang nicht verschleifen.	2.28
9b	Vorgehen wie beschrieben. Machen Sie vor, was *flüstern* ist. Achten Sie darauf, dass die S wirklich flüstern. Erklären Sie, dass sie so die Wörter noch deutlicher aussprechen müssen.	2.29
9c	Vorgehen wie beschrieben. Vergleich im PL. Lesen Sie dann den **Tipp** im PL. Danach sprechen die S diese Beispiele in PA und achten auf die Trennung. **Lösung:** 1B, 2A, 3A, 4B	2.30
9d	Die S hören die Sätze. Dann gehen sie im Raum herum und hören sich jede/-n S an. Sagen Sie den S, dass sie die Sätze 1–5 wiederholen sollen, bis Sie jede/-n S einmal gehört haben.	2.31
ÜB 9a+b	Die S entscheiden sich für eine der beiden Varianten und bearbeiten so die Aufgabe. Dann arbeiten sie in ÜB 9b in PA: Zuerst übt jede/-r S für sich allein, dann lesen sie es sich gegenseitig vor und korrigieren sich.	
9e	In PA vorgehen wie beschrieben. **Binnendifferenzierung:** Teilen Sie die Klasse in fünf KG zu den Vokalen ein. Jede KG sammelt auf einem Plakat viele Wörter, die mit ihrem Vokal beginnen. Diese werden aufgehängt, dann weiter vorgehen wie beschrieben.	
10	**Freie Wahl:** Da die Aufgaben A, B und C mit sehr unterschiedlichem Zeitaufwand zu bearbeiten sind, empfiehlt es sich, die S abstimmen zu lassen, welche Aufgabe in der Klasse bearbeitet wird. Geben Sie eine Zeit vor, z. B. 15 Minuten für Aufgabe A, für Aufgabe B und C brauchen die S eine Unterrichtseinheit. Bei Aufgabe B oder C werden die Ergebnisse am Ende im PL vorgestellt. → **Präsentation von Ergebnissen** **Erweiterung:** Wahlaufgabe B und C können Sie jeweils auch zu einem Projekt ausweiten. Die S arbeiten in KG und recherchieren Informationen zu den angegebenen Fragen. Sie können eins der Projekte bearbeiten lassen oder die S in den KG wählen lassen. Geben Sie den S eine Unterrichtseinheit (zwischen 40 und 50 Minuten) Zeit, um die Aufgabe zu bearbeiten → **Präsentation der Ergebnisse**, am besten eignet sich hier die **Ausstellung**.	evtl. Computerraum
ÜB 10	Die S spielen in PA Berufe raten wie beschrieben. **Variante:** → **Wortpantomime**	
ÜB Perfekt	In jedem Kapitel gibt es eine Wiederholungsübung zum Perfekt. Die S ergänzen hier aus den Vorgaben die Partizipien. Lassen Sie im Anschluss noch einmal die Infinitive dieser Partizipien nennen. Auch als HA geeignet. → **Perfekt**	

Was kann ich nach Kapitel 10?

Die S bearbeiten die „Was kann ich"-Seite im KB und im ÜB wie in der Einleitung zum LHB beschrieben.

Lerninhalte: Informationen über Politik und das politische System in Deutschland verstehen | Ziele ausdrücken | ein Interview verstehen | Folgen ausdrücken | eine Meinung oder Überzeugung ausdrücken | einen Beitrag für die Schülerzeitung schreiben
Wortschatz: Politik | Eigenschaften und Aufgaben von Klassensprechern | Engagement | Jugendparlament
Grammatik: Nebensatz mit *damit* und *um – zu* | Fragewörter mit Präposition *worauf/worüber/…?* | Pronomen mit Präposition *darauf/darüber/…* | Nebensatz mit *sodass / so – dass*
Aussprache: mehrere Konsonanten hintereinander
Lernen lernen: mit W-Fragen wichtige Informationen in einem Text verstehen

	Erläuterungen zum Unterricht	Material
1a	Vorgehen in PA wie beschrieben. Die Puzzleteile helfen. Die S lesen die ergänzten Definitionen im PL vor. **Lösung:** 1D, 2A, 3E, 4G, 5B, 6C, 7F	
1b	**Projekt:** Die S beschäftigen sich mit ihrer eigenen Lebenswelt. Die S recherchieren zum politischen System im eigenen Land und stellen dann die Ergebnisse ihrer Recherche vor. **Erweiterung:** Vor allem, wenn Sie mit einer länder-homogenen Gruppe arbeiten, bietet es sich an, den Rechercheradius zu erweitern: Teilen Sie Gruppen ein, die zu weiteren Themen recherchieren: z. B. *Welches sind die wichtigsten deutschen/österreichischen/Schweizer Parteien? Wer regiert gerade in Deutschland/ Österreich / der Schweiz (Parteien, Kanzler)? Was sind die Aufgaben der EU? Wer regiert dort?* Die S bringen ihre Informationen mit in die Klasse und alle, die zu demselben Thema recherchiert haben, setzen sich zusammen und bereiten ihre → **Präsentation von Ergebnissen** vor. **Info:** Im Gegensatz zu Sprachen, in denen das Wort *chef* einen Koch oder eine Köchin bezeichnet, ist im Deutschen ein/-e Leiter/-in einer Firma oder Gruppe damit gemeint.	
1c	In KG sammeln S alle Wörter, die sie kennen, die es ähnlich auch in ihrer Muttersprache gibt. Am Ende stellen die S reihum die Wörter vor.	
	Ich engagiere mich, damit …	
2a	Einstieg: In KG sammeln die S, wo man sich engagieren kann. Dann vorgehen wie beschrieben. Vergleich mit Begründung im PL. **Lösung:** 1B, 2E, 3F, 4C, 5D, 6A **Variante:** Zeigen Sie Bild A und die denkende Kim an der Tafel. Verteilen Sie die Bilder B, C, D und E an vier Gruppen. → **Kursspaziergang** und die S erzählen sich gegenseitig, welche Ideen Kim hat. Dann überlegen sie im PL: *Was macht Kim wohl?* → **Klassenstatistik.** Anschließend lösen sie die beschriebene Aufgabe.	Bilder
2b	Die S geben in PA den Comic mit eigenen Worten wieder und beschreiben, was Kim am Ende macht. **Variante:** → **Eckensprechen** pro Bild, bei der 4. Ecke sprechen die S auch über Bild F. **Lösung:** … sich für die Umwelt, für die Klasse und für Radfahrer engagieren. Sie will Müll sammeln, Klassensprecherin werden, an den Bürgermeister schreiben und auf eine Demonstration gehen. Am Ende bleibt sie aber lieber sitzen und chillt.	
2c	Die S lesen den Grammatikkasten, schreiben ihn in ihr Heft und ergänzen die Titel – oder sie nutzen direkt die Grammatik-KV. Lesen Sie Satz Nr. 2 aus KB 2a vor; die S formulieren ihn in einen *damit*-Satz um. Besprechen Sie mit den S die Satzstruktur (*damit* = Konnektor, konjugiertes Verb am Ende). Fragen Sie: *Was ist das Ziel?* **Lösung:** *linke Spalte:* Aktion – *rechte Spalte:* Ziel	GR-Kopier-vorlage
2d	Zuerst notieren die S ihre Zuordnung ins Heft, ggf. vergleichen sie dabei schon. Dann formen sie in PA die Sätze mündlich um. Sie schreiben sie ins Heft. Unklares vergleichen sie im PL. **Lösung:** 1B …, damit er sich mehr für Radwege engagiert. 2E …, damit sie sich für ihre Klasse einsetzen kann. 3D …, damit sie mehr Energie für ihre Pläne hat. 4A …, damit sie sich mehr für die Umwelt engagieren kann. 5C …, damit alle mit dem Rad kommen und mitfahren.	
	Florian wollte Klassensprecher werden, um …	
3a	Fragen Sie im PL: Was denkt ihr, ist ein/-e *Klassensprecher/-in*? Falls Ihren S das Konzept unbekannt ist, klären Sie es, bevor die S die Aufgabe wie beschrieben bearbeiten. **Variante:** Erstellen Sie vorher 2 Plakate und teilen Sie die Klasse in 2 KG – jede KG ist für einen Wortigel zuständig. Anschließend gegenseitig Präsentation oder auch → **Kugellager** **Info:** Ein/-e *Klassensprecher/-in* wird zu Beginn des Schuljahres demokratisch von der gesamten Klasse aus deren Mitte gewählt. Er/Sie ist Ansprechpartner/-in für Organisatorisches (z. B. bei Ausflügen) sowie bei Konflikten	Plakate

innerhalb der Klasse oder mit Lehrkräften und vertritt die Interessen und Anliegen der Klasse gegenüber den Lehrern. Als Mitglied der Schülervertretung der Schule vertritt er/sie zusammen mit den anderen Klassensprecher/-innen die Belange der Schüler auch gegenüber der gesamten Schule und der Schulleitung.

3b Vorgehen wie beschrieben.

Variante: Die S einigen sich in PA auf je drei wichtigste Eigenschaften, dann setzen sie sich mit einem anderen Paar zusammen und müssen sich wieder auf drei einigen. Wiederholen Sie das zwei bis dreimal. Welche Eigenschaften sind am Ende herausgekommen? Wiederholen Sie dazu ggf. auch noch einmal die Redemittel zur Meinungsäußerung und Diskussion, die die S u. a. in Kapitel 1, 3 und 10 gelernt haben.

3c Die S lesen die vorgegebenen Ziele im Buch und evtl. bestehende Unklarheiten werden besprochen. Dann hören sie und notieren, was genannt wird. Zusatzfrage: *Wer ist Klassensprecher geworden? (Florian)*
Lösung: A, C, D, F, G

2.32

3d Sehen Sie den Grammatik-Clip mit den S an und besprechen Sie anschließend den Grammatikkasten oder die Grammatik-KV: Auch hier wird ein Ziel ausgedrückt. Die S bilden mündlich in KG Sätze zu den Zielen von Florian aus KB 3c und verwenden *um – zu*. Dann schreiben sie die Sätze ins Heft. Vergleich im PL.
Lösung: A … um Mitschülern bei Problemen mit den Lehrern zu helfen. C … um mit den Lehrern und dem Direktor über das Thema Lieblingsschüler zu sprechen. D … um sich für gerechtere Noten einzusetzen. F … um für besseres Essen in der Mensa zu kämpfen. G … um für mehr Parkplätze fürs Mofas und Motorroller zu kämpfen.
Binnendifferenzierung: Schnelle S formulieren diese Sätze noch mal mit *damit*.

G11
GR-Kopiervorlage

3e Bevor die S in PA üben, lesen Sie den **Tipp** im PL. Gehen Sie kurz noch einmal in den Grammatikkasten und markieren Sie an der Tafel *Florian* und *er*. Sagen Sie den S, dass *damit* und *um – zu* dasselbe bedeuten, aber grammatisch unterschiedlich verwendet werden. Fragen Sie die S, ob sie sich erinnern, was beim letzten Satz im Grammatikclip anders war (zwei unterschiedliche Subjekte). Notieren Sie den Satz aus dem Grammatikclip an der Tafel: *Ich will Schulsprecherin werden, damit die Schule mehr Computer kauft.* Erklären Sie den S, dass *um – zu* nur verwendet werden kann, wenn die Subjekte identisch sind. Dann arbeiten die S in PA. Gehen Sie herum und helfen Sie und klären Sie am Ende Zweifelsfälle im PL.

Hinweis: Wie man im Beispiel der Sprechblase sieht, wird in Finalsätzen häufig zusätzlich ein Modalverb verwendet, um den Zweck auszudrücken, z. B. würde man sagen *Florian wollte Klassensprecher werden, um den Mitschülern bei Problemen mit den Lehrern zu helfen.* – aber *…, damit er den Mitschülern bei Problemen mit den Lehrern helfen <u>kann</u>.* (nicht: *… hilft*).

Erweiterung: Lassen Sie auch hier Ihre S einen **Sprachvergleich** machen, wenn sich Parallelen zu den Strukturen in den Mutter- oder Fremdsprachen Ihrer S ergeben könnten: *Gibt es Sprachen, in denen man Ziele so ähnlich ausdrückt?* Dies ist zum Beispiel im Spanischen der Fall: *Hago mis deberes, para tener una buena nota.* (Ich mache meine Hausaufgaben, um eine gute Note zu bekommen) – *Hago mis deberes, para que mi profe esté contenta.* (Ich mache meine Hausaufgaben, damit die Lehrerin zufrieden ist.)

Erweiterung: Notieren Sie auf mind. 10 Karten Aktivitäten, z. B. *ein Auslandsjahr machen, viel für die Schule lernen, auf die Freitagsdemos gehen* etc. Notieren Sie an der Tafel die Würfelzahlen: *1, 3, 5: um … zu (1 Subjekt)* und *2, 4, 6: damit (2 Subjekte)*. Die S arbeiten in KG, sie ziehen eine Karte und würfeln und müssen je nach Augenzahl einen Finalsatz oder einen Infinitivsatz bilden. Achten Sie beim *damit*-Satz darauf, dass es wirklich zwei Subjekte gibt. Oft tendieren die S dazu, alle Sätze mit *ich* zu formulieren.

Karten, Würfel

Zur weiteren Übung und zur Vertiefung benutzen Sie den Lernfalter.

Lernfalter

Wofür interessierst du dich?

4a Lesen Sie den **Tipp** und sammeln Sie weitere W-Fragen an der Tafel, z. B. *Wo? Wozu? Wie? Woher? Wann?* Dann vorgehen wie beschrieben in Dreier-KG.

4b In denselben KG wie in 4a vorgehen wie beschrieben.

4c Nun lesen die S in EA alle Texte, alles Weitere bearbeiten sie wieder in KG.
Lösung: 1. über die Zukunft (und was mit unserer Natur passiert) 2. für Musik und Tanz (vor allem Hip-Hop) 3. Sie kümmert sich um eine 5. Klasse (die neu an der Schule ist) 4. über Schüler, denen die Umwelt egal ist 5. mit dem Betreuer des Projektes (einem Sozialarbeiter) 6. an ihre Anfangszeit in der Schule 7. über die positiven Rückmeldungen(, die sie bekommen) 8. von einer eigenen Tanzschule 9. auf den Ausflug

Variante zu KB 4: Bearbeiten Sie KB 4a+b als → **Kooperatives Lesen** und nutzen Sie KB 4c als Quiz am Ende, wenn die S wieder in ihren Ausgangsgruppen zurück sind.

Variante: Teilen Sie die Klasse wie beim Kooperativen Lesen in drei Gruppen. Statt sich den Text zu erzählen, bekommt nun jede/-r S die Sätze von der KV. Sie lesen sich die Sätze durch und notieren zuerst zu den Sätzen,

Kopiervorlage

	die sich auf „ihre" Person beziehen, deren Namen. Dann gehen sie in der Klasse herum (→ **Kursspaziergang**) und versuchen, durch das Vorlesen der übrigen Aussagen innerhalb von 10 Minuten so viele Sätze Personen zuzuordnen wie möglich. Anschließend können sie in ihren Ausgangsgruppen KB 4c bearbeiten. **Lösung** für die KV: Emma: 2, 5, 7, 10, 15 – Tarik: 1, 3, 9, 11, 14 – Greta: 4, 6, 8, 12, 13	
4d	Vorgehen wie beschrieben. Die S können zusätzlich zu KB 4a auch eigene Ideen einbringen.	
5a	Zeigen Sie noch einmal die Fragen aus KB 4c an der Tafel und fokussieren auf die Fragewörter, indem Sie fragen: *Warum steht hier* <u>Worüber</u> *denkt Emma nach?, aber* <u>Wofür</u> *interessiert sich Tarik? (*nachdenken über, sich interessieren für*: Kombination von Präposition und Fragewort)* So führen Sie Ihre S auf die Verben mit Präpositionen zurück. Danach öffnen die S die Bücher und sehen sich den Grammatikkasten an und lesen den **Tipp**. Notieren Sie zusätzlich an der Tafel die Deklination von *wer* – sie ist den S oft nicht (mehr) geläufig. Dann lesen die S die angegebenen Verben. Klären Sie im PL ggf. die Bedeutung. Lassen Sie die S nennen, ob nach der Präposition Dativ oder Akkusativ kommt. Sagen Sie ihnen, dass sie für ihre Interview-Fragen so kreative Fragen nehmen können, wie sie wollen – Nutzen Sie zur Wiederholung die Grammatik-KV. **Binnendifferenzierung:** Fragen Sie bei stärkeren S, bevor diese das Buch öffnen, wie diese Wörter (*worüber, wofür*) gebildet werden. **Erweiterung:** → **Zick-Zack** oder → **Vier gewinnt** **Variante:** Zur weiteren Übung oder als Alternative zum Interview (um Zeit zu sparen) verwenden Sie die KV. Kopieren Sie die KV einmal pro Paar und zerschneiden sie die Antwortkarten S1 zieht eine Antwort und S2 muss die richtige Frage formulieren. Dann ist S2 dran und zieht die nächste Karte. Weisen Sie die S darauf hin, dass es hinten im ÜB eine Liste von Verben mit Präpositionen gibt. – Die S können auch in KG spielen, dann zieht reihum ein S eine Antwort: Wer sagt zuerst die richtige Frage? Diese Person bekommt die Karte.	GR-Kopiervorlage Kopien Kopiervorlage
ÜB 5b	Denken Sie daran, ab und zu den **Tipp** aus dem ÜB zu wiederholen.	
5b	Vorgehen in EA wie beschrieben, Vergleich im PL. Zeichnen Sie mit einem Pfeil jeweils die Referenz vom Präpositionalpronomen zu dem Nomen. **Lösung:** *Ella:* Klimawandel, *Zoe:* Schule und gute Noten, *Ilias:* Schulkonferenzen	
5c	Gehen Sie hier auf den Inhalt ein, bevor Sie die Grammatik thematisieren. Die S arbeiten in KG und diskutieren wie im Buch beschrieben. Denken Sie auch hier an die nötigen Redemittel für Meinungsäußerung und Diskussionen (siehe bei 3b) und zeigen sie sie an der Tafel.	
5d	Nun sehen sich die S den Grammatikkasten an oder arbeiten direkt mit der Grammatik-KV. Analog zu den Fragewörtern oben werden diese Pronomen auch mit der entsprechenden Präposition gebildet und ersetzen ein Nomen. Vorgehen wie beschrieben. → **Kursspaziergang**. Die S sollen mit dem Pronomen antworten. **Variante:** Hier können Sie auch noch einmal auf die KV zu KB 5a zurückgreifen. Die S arbeiten wieder in PA oder KG. Dieses Mal zieht wieder ein/-e S eine Karte und liest den Satz. Falls die S in PA arbeiten, reagiert S2 positiv oder negativ mit einem Pronomen mit Präposition, z. B. liest S1 *Ich träume von Ferien in Portugal*. S2 reagiert: *Ja, davon träume ich auch. / Nein, davon träume ich nicht*. Falls die S in KG arbeiten, reagieren alle S der Gruppe.	GR-Kopiervorlage Karten Kopiervorlage
ÜB 5d	In PA vorgehen wie beschrieben. Schreiben Sie die Lösung für eine autonome Korrektur der S an die Tafel oder Vergleichen im PL. Die S lesen die Dialoge in PA. → **Tipps zum Vorlesen**	
5e	Vorgehen in EA wie beschrieben. KB 5e kann auch als HA bearbeitet werden oder in PA (→ **Textlupe**, → **Stiller Dialog**); bei Texten in EA: **Korrekturlawine, Findet die Fehler, Fehlerauktion** **Erweiterung:** Sie können diese Aufgabe auch noch mündlich als Sprechanlass für ein → **Aquarium** nehmen. Bilden sie dazu vorher 2 Gruppen, die jeweils Argumente für pro/contra Politik/Engagement sammeln.	

Aktiv im Jugendparlament

6a	Im PL vorgehen wie beschrieben. Erklären Sie den Slogan auf dem Plakat und sammeln Sie an der Tafel gemeinsam erste Ideen, was man in Ihrer Stadt noch besser gestalten könnte. Dies dient nur als Einstieg, denn im Projekt in KB 6d beschäftigen sich die S damit noch genauer.	
6b	Die S lesen die Fragen, dann hören sie. Vergleich in KG, nach evtl. nochmaligem Hören Vergleich im PL. **Lösung:** 1. in vielen Städten (und auch kleineren Orten), nicht in allen; 2. 15; 3. Kandidaten (zwischen 8 und 21 Jahren) werden gewählt, die Wahl geht 1 Woche und dann kommen die Kandidat/-innen mit den meisten Stimmen ins Jugendparlament; 4. Politik für Jugendliche: Man trifft sich 1–2 x im Monat, bespricht Aktionen und Projekte, um die Stadt für Jugendliche zu verbessern, das Jugendparlament berät die Stadt bei Entscheidungen, die auch Jugendliche betreffen; 5. macht Spaß, interessiert sich für Politik, findet es wichtig, dass man sich engagiert, lernt auch viel über Politik; 6. Renovierung der Sportanalage im Park, möchten eine Anlage für Skater und Basketballplatz bekommen; mehr Radwege	(2.33)

Wir bewegen etwas!

	Binnendifferenzierung: Damit Ihre S zweimal hören können und alle weiterhin etwas zum Arbeiten haben, können Sie folgende Zusatzfragen stellen: *Wie alt sind die Mitglieder in Adelinas Jugendparlament? (zwischen 12–21) Ab wann kann man in ein Jugendparlament gewählt werden? (ab 8 Jahren) Wie oft wird das Parlament gewählt? (alle 2 Jahre) Wer kann wählen? (alle zwischen 8 und 21) Wo kann man wählen (in der Schule oder im Rathaus)*	
6c → 🧍 →	**Sprachmittlung:** In PA nennen die S jeweils zwei wichtige Punkte in ihrer Muttersprache. Lassen Sie dann die Paare noch einmal wechseln. Fragen Sie am Ende, welche Informationen genannt wurden. **Variante:** → **Kugellager, Reißverschluss;** bei jedem neuen Partner nennen die S 2 andere Informationen.	
6d	**Projekt:** Hier können die S auch auf Ideen aus KB 6a zurückgreifen. In KG überlegen die S, was sie in ihrer Stadt verbessern würden. Sie erstellen dazu ein visuell ansprechendes Plakat z. B. mit Fotos, das sie im PL präsentieren. Sie können auch analog oder digital eine Fotocollage machen. → **Präsentation von Ergebnissen**	Computer-raum, Plakate
7a	In PA vorgehen wie beschrieben. Vergleich im PL. Dann sehen sich die S den Grammatikkasten an oder bearbeiten die Grammatik-KV. Lassen Sie sich den Grammatikkasten von den S in eigenen Worten erklären, indem die S Bezug auf die Satzstruktur, die Bedeutung und die Trennung von *so … dass* nehmen. **Lösung:** 1D, 2F, 3A, 4E, 5C, 6B	GR-Kopier-vorlage
7b	In PA vorgehen wie beschrieben. **Lösungsvorschlag:** 1. … er viele Löcher hat. 2. … wir nicht gern hier essen. 3. … der Müll auf dem Boden liegt. 4. … wir die Lehrerin nicht verstehen. 5. … viele Eltern sie sich nicht leisten können.	
ÜB 7	Für eine weitere Kettenübung geeignet. Lesen Sie den **Tipp** im PL, sodass die S sich noch einmal klar machen, wann *so* vor dem Komma und wann es hinter dem Komma steht.	
8a	Vier S lesen je einen Beitrag vor. Direkt im Anschluss wird ggf. Wortschatz geklärt. Dann werden die Aufgabe und die Redemittel gelesen. Lassen Sie die S weitere Redemittel zu dem Thema nennen, z. B. *Ich bin der Meinung, Meiner Meinung nach …* Die S schreiben dann in EA/PA einen Beitrag. Nach 20 Minuten stoppen Sie die Paare. Geben Sie ihnen jetzt noch einmal 5 Minuten Zeit, damit sie den Text noch einmal auf bestimmte grammatische Fehlerschwerpunkte hin lesen: Verbposition, Konjugation und Groß- und Kleinschreibung. Danach → **Korrekturlawine,** bevor Sie die Texte mit nach Hause nehmen und weiter korrigieren. **Binnendifferenzierung:** Es fällt den S oft schwer, Aussagen anderer in eigenen Worten wiederzugeben. Spielen Sie die Redemittel im Kasten einmal mit *Ich …* und einmal mit den vier Namen der Jugendlichen durch, um den S zu zeigen, dass diese Möglichkeiten sich nicht nur für den Ausdruck der eigenen Meinung eignen, sondern auch dazu, die berichtete Meinung/Rede von anderen einzuleiten, z. B. *Nora ist überzeugt, dass sich auch junge Leute für Politik interessieren müssen. Sie steht auf dem Standpunkt, dass …* usw.	
ÜB 8	Zum Training von Präsentationen vergleichen Sie ÜB 8a im PL, dann bereiten die S eine Präsentation vor – dazu lesen sie im PL ÜB 8b und vor allem auch den **Tipp.** Geben Sie Ihren S eine Woche Zeit, die Präsentation vorzubereiten, und dann halten sie sie. → **Präsentation von Ergebnissen,** hier eignet sich → **Marktstand.** Die anderen müssen mindestens eine Frage stellen und dann geben sie Feedback. Teilen Sie vorher auf, wer auf was zu achten hat (z. B. Verbposition, Redemittel, Satzanfänge, Blickkontakt)	
9a	Die S lesen die Wörter zuerst leise für sich. Dann hören sie sie und sprechen sie nach. Ein paar Freiwillige lesen sie im PL vor.	🎧 2.34
9b+c	In PA vorgehen wie beschrieben. Pro Karte notieren die S ein Wort. Das KB kann ihnen helfen, Wörter zu finden. Dann mischen sie die Karten und üben die Wörter. Bei 9c so oft wechseln, wie es für die Phonetik nötig ist. **Lösungsvorschlag:** Arbeitsplatz, Entlassung, Gaststätte, Verkehrszeichen, Mittagspause	Karten
ÜB 9	Zum weiteren Üben von Wörtern mit Konsonantenhäufung.	
10	**Freie Wahl:** Hängen Sie Zettel mit A, B, C in die Ecken ihres Raumes und die S entscheiden sich für eine Aufgabe. Sie arbeiten in KG und lösen die Aufgabe. Geben Sie den S insgesamt 10 Minuten Zeit.	Ball Tafel
ÜB 10	Vorgehen wie beschrieben. Sagen Sie den S, dass sie im Übungsbuch die Liste mit den Verben mit Präpositionen finden, sodass sie eigenständig korrigieren können.	
ÜB Per-fekt	In jedem Kapitel gibt es eine Wiederholungsübung zum Perfekt. Die S markieren die Partizipien und ergänzen sie. Auch als HA geeignet. → **Perfekt**	
	Was kann ich nach Kapitel 11?	
	Die S bearbeiten die „Was kann ich"-Seite im KB und im ÜB wie in der Einleitung zum LHB beschrieben.	

Lerninhalte: über Kunst sprechen | über Bilder sprechen | über einen literarischen Text sprechen | einen literarischen Text verstehen | eine Schulumfrage verstehen
Wortschatz: Kunstformen | Bildbeschreibung | Lesen und Literatur | Kunstprojekte | im Schultheater
Grammatik: irreale Vergleichssätze | mit *als ob* + Konjunktiv II | Doppelkonnektoren: Vergleiche mit *je – desto/umso* | Einschränkungen mit *zwar – aber* | *lassen* + Infinitiv |
Aussprache: Satzmelodie bei *zwar – aber, je – desto/umso*
Lernen lernen: sich neuen Wortschatz durch Bilder und das Wörterbuch erschließen | sich einen literarischen Text mit W-Fragen erschließen

	Erläuterungen zum Unterricht	Material
1a	Die S sprechen als Einstieg in KG über die Frage *Was ist Kunst für euch?* Kurzes Gespräch im PL. Dann öffnen sie das Buch und sehen sich die Fotos an. Gespräch im PL mit Begründung der einzelnen S, was für sie Kunst ist und was nicht.	
	Variante: Die S schreiben als Einstieg in PA eine Definition zum Wort *Kunst*. Dann setzen sie sich mit einem anderen Paar zusammen und einigen sich ausgehend von den zwei Definitionen auf eine. Diese werden aufgehängt und von allen gelesen. Jede Person hat einen Punkt für die genaueste Definition (außer der eigenen). Welche Definition gewinnt?	
1b	Vorgehen wie beschrieben. Es sind Statements der Jugendlichen aus KB 1a zu hören und die Hörtexte sind nicht in der Reihenfolge der Fotos. Die S müssen also gut zuhören, welche Person gerade spricht.	🎧 (2.35)
	Lösung: *Jannik* (Foto A) findet, dass Skaten keine Kunst ist, aber er mag es gerne und kann es auch gut. Die Tricks findet er cool. – *Mia* (Foto C) macht ihre Fotos und Videos spontan. Sie sagt, es ist nur Kunst, wenn sie es vorher plant, wenn sie mit dem Bild etwas Bestimmtes zeigen will. Kunst ist ihrer Meinung nach nicht, einfach nur ein schönes Motiv aufzunehmen. – Für *Sophie* (Foto E) ist Ballett und Tanzen im Tanzstudio Sport und sie denkt, nur für die Zuschauer ist es bei einer Aufführung Kunst. – *Paula* (Foto B) kann gut zeichnen, gerade macht sie einen Kurs im Porträtzeichnen und findet, dass es auf jeden Fall Kunst ist: Es ist schwer und dauert ewig und wird nicht immer gut. – *Sinan* (Foto D) findet Graffiti sprayen ist Kunst. Die Bilder machen die Stadt bunter und schöner. – *Florian* (Foto F) sagt, Musik ist Kunst, egal, wer sie macht. Er spielt schon lange Gitarre und ist in einer Band. Sie spielen Songs von anderen, aber sie schreiben auch selbst Songtexte und singen sie. Songtexte schreiben ist für ihn wie Gedichte schreiben, also auch Kunst.	
1c	In KG sammeln die S weitere Kunstformen (z. B. könnten neben den klassischen Künsten wie *Malen, Dichten/ Schreiben, Bildhauerei, Theater spielen* usw. auch genannt werden *Mode designen und schneidern, Töpfern, Musikvideos drehen, Akrobatik, Zaubern, Schmuck machen / Gold-/Silberschmiedekunst, Architektur* usw.) und sprechen auch über ihre eigenen Aktivitäten und ihren eigenen Geschmack.	
1d	In PA wählen die S eine Kunstform aus 1c und schreiben dieses Wort wie auf dem Zettel skizziert untereinander. Dann notieren sie zu jedem Buchstaben ein Wort und formulieren dazu Sätze, die sie dann in der Klasse vorsprechen. Weisen Sie die S darauf hin, dass es verboten ist, immer mit dem Subjekt zu beginnen.	
	Binnendifferenzierung: Leichter ist es, wenn der Buchstabe nicht der erste Buchstabe des Wortes sein muss, sondern irgendwo im Wort stehen kann.	
	Variante: Lassen Sie die S ein Elfchen zu der gewählten Kunstform schreiben: siehe Plateau 1, Aufgabe 9a	
	Sieh mal …	
2a	Die S haben die Bücher geschlossen. Zeigen Sie das Bild. Die S überlegen sich in PA einen Titel. Sie nennen ihre Titel im PL. Fragen Sie auch nach einer Begründung.	CLIL-Kopiervorlage, Bilder von Paul Klee
🔄	**Hinweis:** Für den fächerübergreifenden Unterricht mit dem Fach Kunst können Sie die CLIL-Kopiervorlage nutzen. Ziel: Die S lernen Wortschatz für eine detaillierte *Bildbeschreibung* mit künstlerischen Gestaltungsmitteln und tauchen beispielhaft anhand des Malers Paul Klee in die *Kunst(geschichte)* ein. Weiterführendes Material finden Sie auch unter https://www.dw.com/de/kunst-im-daf-unterricht-eine-unterrichtsreihe/a-19277234 Einstieg: Aufgabe 1: Zeigen Sie ein Kunstwerk von Paul Klee, das nicht nachher noch im Unterrichtsplan vorgesehen ist, an der Tafel/Wand oder über das interaktive Whiteboard. Stellen Sie daneben das Alphabet. In PA assoziieren die S zu dem Bild Wörter, die jeweils mit dem Buchstaben beginnen müssen. Lassen Sie schwierige Buchstaben wie C, X, Y weg. (Diese Aufgabe können Sie als Einstieg natürlich zu allen Kunstwerken einsetzen, die Sie besprechen wollen.) – In Aufgabe 2 sortieren die S in EA Redemittel und Fachbegriffe zu den Oberbegriffen. Vergleich in PA. Geben Sie den S ausreichend Zeit, unbekannte Wörter zu klären und ggf. auch weitere bekannte Wörter zu den Oberbegriffen zu notieren. Sagen Sie ihnen, jedes Paar darf am Ende im PL nach 2 Wörtern fragen. – Ab Aufgabe 3 geht es konkret um Werke von Paul Klee. Zuerst wird der Blick der S geschult, dazu bearbeiten sie die Aufgabe 3a. Gut geeignet für diese Aufgabe sind folgende Bilder von Paul Klee: „Rote und weiße Kuppeln" (1914), „Der Seefahrer" (1923), „Katze und Vogel" (1928), „Park bei Lu" (1938).	

Die S beschreiben die Bilder 3a anhand der sortierten Wörter. In 3b sortieren sie die Bilder in PA in eine chronologische Reihenfolge und begründen diese im PL. Lösung im PL. In 3c machen die S eine Recherche in KG wie beschrieben (→ **Präsentation von Ergebnissen**). – In Aufgabe 4 befassen sich die S mit dem Leben von Paul Klee sowie mit für das Kunstverständnis wichtigen Begriffen, die mit seinem Leben zu tun haben. Bevor die S in die Recherche gehen, fragen Sie: *Kennt ihr Paul Klee?* Evtl. haben einige S Vorwissen, das Sie hier einbinden können. Teilen Sie die S in KG auf, sie recherchieren im Unterricht oder zu Hause und bringen ihre Ergebnisse mit. Im Unterricht erstellen sie eine interaktive Aufgabe zu ihren Recherchen, z. B. schreiben sie einen kleinen Infotext zum Leben von Paul Klee und machen dazu ein Quiz, oder sie erklären einen Begriff wie „Entartete Kunst" und zeigen verschiedene Bilder, zu denen sie fragen: Was wurde als „Entartete Kunst" bezeichnet und was nicht? Warum? etc. → **Präsentation von Ergebnissen**

Erweiterung: Vergleich der Bilder „Circus" (1913) von Ernst Ludwig Kirchner und „Circus" (1891) von Georges Pierre Seurat. Fragen Sie: *Was seht ihr? Was denkt ihr? Was ist gleich/anders? Was drückt das Bild aus?* Zusätzlich können die S einen Perspektivwechsel vornehmen: Die S schreiben einen Text aus der Sicht eines Gegenstands, Tieres oder Akrobaten. Welche Geräusche sind im Bild? Die S machen diese vor.

2b	Zeigen Sie nun das Bild und die Redemittel zur Bildbeschreibung an der Tafel und die S beschreiben in PA das Bild. Dann öffnen sie das Buch, lesen die Sätze und notieren richtig und falsch. Die falschen Sätze korrigieren sie. Vergleich im PL. **Lösung:** 1. r, 2. f: Sie trägt zwei Taschen. 3. f: Sie tragen Sommerkleidung. 4. r, 5. f: Man sieht viele Menschen. 6. f: Links stehen ein Junge und ein Mädchen. 7. r, 8. r	
2c	Hier systematisieren die S noch einmal die Mittel zur Bildbeschreibung, indem sie die Sätze zuordnen. Die S sollen kontrollieren: Haben sie das auch alles in KB 2b gesagt? Oder fehlten ihnen Details? Vergleich im PL. **Lösung:** 1B+K, 2C+F+G, 3D, 4E, 5J, 6B, 7F+I, 8C, 9D+H, 10A, 11F	
ÜB 2a–d	Vor KB 2d bietet es sich an, die Übungen im ÜB zu bearbeiten. Bei ÜB 2a entscheiden sich die S, welche der beiden Optionen sie bearbeiten möchten. Dann arbeiten sie in ÜB 2b in PA wie beschrieben und in KB 2c hören sie noch einmal eine Bildbeschreibung. In 2d ergänzen sie weiteren Wortschatz.	
ÜB 2e	Geben Sie den S als HA, dass sie ein Bild oder Foto mitbringen sollen; dann vorgehen wie beschrieben. **Hinweis:** Halten auch Sie ein paar Bilder oder Fotos bereit, falls es S gibt, die keine mitgebracht haben.	Bilder/Fotos
2d	Die S arbeiten in PA und machen sich zu einem Ausschnitt Notizen. Dann können sie den Text in EA oder in PA schreiben. Das Textschreiben kann auch als HA geschehen. Die S lesen ihre Texte vor und die anderen sagen, über welches Person sie geschrieben haben. → **Findet die Fehler, Korrekturlawine, Fehlerauktion**. **Variante:** Wenn die S üben sollen, längere Texte zu schreiben, sammeln Sie weitere W-Fragen an der Tafel. Lassen Sie die S Notizen im Unterricht machen und den Text als HA schreiben. **Erweiterung:** Sammeln Sie W-Fragen an der Tafel. Geben Sie den S neben den drei Ausschnitten aus dem Buch weitere Optionen für das Schreiben eines Textes: Beispiele: Die S schreiben aus der Sicht eines Gegenstandes (z. B. des Fahrrades, der Laterne, der Tasche) oder ein Elfchen (siehe Plateau 1, 9a), → **Stiller Dialog**; oder die S schreiben einen Brief an eine Person. – Oder sie schreiben aus der Perspektive, dass eine der Personen das Bild in 10 Jahren noch einmal ansieht und sich erinnert. Nach der Fehlerkorrektur können Sie ein kleines Klassenlesebuch binden.	

Es sieht so aus, als ob ...

3a	Zeigen Sie die Sätze ohne den Grammatikkasten an der Tafel, die Bücher sind geschlossen. Die S überlegen sich anhand ihrer Entscheidung für A oder B, wann man *als ob* verwendet. Vergleich im PL, dann Öffnen der Bücher. Die S sehen sich den Grammatikkasten an oder sie ergänzen, noch während die Bücher geschlossen sind, die Grammatik-KV. Lassen Sie die S dann das Konzept noch einmal in eigenen Worten zusammenfassen: Was ist das Wichtigste bei *als ob*? **Binnendifferenzierung:** Wiederholen Sie noch einmal die Formen des Konjunktiv II auch für die Modalverben. **Lösung:** Beide Male ist B richtig: Das Bild ist kein Foto; Man steht nicht auf der Straße.	GR-Kopiervorlage
3b	In PA vorgehen wie beschrieben. **Lösungsvorschlag:** A ..., als ob er ein Künstler wäre. B ..., als ob er ein Schwein wäre. C ..., als ob er fliegt / fliegen könnte. D ..., als ob sie auf einer Modenschau wäre.	

Lust auf Lesen?

4a	Vorgehen wie beschrieben. **Variante:** → **Sprechmühle, Kugellager, 90-60-30**	

ÜB4a	ÜB 4a ist vor allem dann wichtig, wenn Ihre S die DSD-Prüfung machen wollen. Lesen Sie den **Tipp** im PL, geben Sie dann den S mindestens einmal 75 Minuten Zeit, um ihren Text in der Unterrichtsstunde zu schreiben und so ein Gefühl für die zur Verfügung stehende Zeit zu bekommen.	
4b	Vorgehen wie beschrieben. **Lösung:** 1B, 2A, 3D, 4C	
4c	Die S sehen sich den Grammatikkasten an. Weisen Sie auf die Stellung des Verbs im *je*-Satz und im *desto*-Satz hin. Dann sprechen die S die Sätze und am Ende schreiben sie ihre Sätze ins Heft. Lassen Sie im PL Sätze vorlesen, bei denen die S unsicher sind. Schnelle Paare bilden eigene Sätze zum Thema Lesen. **Lösungsvorschlag:** 1. …, desto spannender kann es sein. 2. …, desto langweiliger finde ich das Lesen. 3. …, desto interessanter ist das Buch. 4. …, desto schneller lese ich. 5. …, desto müder werde ich. 6. …, desto lieber lese ich das Buch. **Binnendifferenzierung:** Beginnen Sie nach KB 4b direkt mit der Grammatik-KV, ohne dass die S ins Buch sehen.	GR-Kopier-vorlage
ÜB4b	ÜB 4b verdeutlicht sehr gut die Struktur des *je/desto*-Satzes.	
ÜB4d	Vorgehen wie beschrieben → **Kettenübung**	
	Erweiterung: Üben Sie diese Struktur mit dem Umklappspiel. Die S arbeiten in KG und schreiben einen Teilsatz mit *Je* auf ein Blatt und knicken es nach hinten. Dann geben sie das Blatt weiter. Der/Die *nächste* S schreibt einen Satz mit *desto/umzu* und knickt das Blatt Papier wieder um. Dann folgt wieder ein *Je-Satz* und so wird 4–6 x rotiert. Dann werden die Papiere aufgefaltet und die Sätze in der Gruppe vorgelesen. Die Grammatik wird korrigiert. Am Ende werden besonders lustige oder absurde Sätze im PL vorgelesen.	Papier
	Erweiterung: Kopieren Sie die KV öfter in verschiedenen Farben. Jede KG braucht einen Satz *je*-Karten in einer Farbe und *desto*-Karten in einer anderen Farbe. Die KG legen die Karten verdeckt einzeln nebeneinander auf den Tisch und ziehen je eine. Sie sollen damit einen Satz mit *je – desto* formulieren, wenn es möglich ist. Wenn nicht, legen sie die Karte wieder genau an die Stelle, wo sie sie aufgenommen haben, sodass die anderen sich merken können, wo welche Satzanfänge bzw. -enden liegen, um einen sinnvollen Satz zu bilden.	Kopier-vorlage
5a	Zeigen Sie das Buchcover an der Tafel und lassen Sie die S vermuten, worum es in dem Buch geht. Dann öffnen die S das KB und lesen die Buchbeschreibung. Bevor die S über die Informationen sprechen, lesen und klären Sie die Redemittel. **Lösungsvorschlag:** Der Titel des Buches ist „Morgen ist woanders". Die Autorin heißt Elisabeth von Etz. In dem Buch geht es um den 17-jährigen Jakob, der nicht mehr bei seiner Mutter und ihrem neuen Partner wohnen will und von zu Hause wegläuft. Sein Vater will nichts von ihm wissen, trotzdem tut Jakob so, als ob er jetzt bei ihm wohnt. Er geht weiter normal zur Schule, sucht aber jeden Abend über eine Online-Community für „Couchsurfing" einen neuen Schlafplatz. Zuerst geht alles gut. Im Internet nennt er sich Jeremy, er erlebt viele Abenteuer und eine andere Schülerin findet ihn deswegen interessant. Aber dann findet er oft keinen Platz zum Schlafen mehr, er hat wenig Geld und immer mehr Probleme.	
5b	In PA vorgehen wie beschrieben. **Variante:** →**Reißverschluss**, **Kugellager** – lassen Sie 2–3 Mal rotieren. Vor dem Bearbeiten von 5c bietet es sich an, den Lernfalter zur Automatisierung der Redemittel zu bearbeiten. Schwächere S nehmen das KB mit den Redemitteln zu Hilfe.	Lernfalter
5c → ♟ ←	**Sprachmittlung:** Hier geht es generell um das letzte Buch, das die S gelesen haben, es kann auch ein Comic sein. Es geht nicht darum, dass es auf Deutsch gelesen werden musste. Die S machen sich Notizen zu den angegebenen Punkten. Zeigen Sie die Redemittel an der Tafel, während sich die S ihre Bücher gegenseitig auf Deutsch vorstellen. Das ist Sprachmittlung von ihrer Muttersprache in die Fremdsprache. Sie können die Aufgabe auch zu einem **Projekt** (5c+5d) ausweiten, indem Sie eine → **Ausstellung** machen. Die S überlegen sich, welches Buch sie vorstellen wollen (z. B. das zuletzt gelesene Buch oder ein Lieblingsbuch), sie machen sich Notizen, suchen als HA ein Bild zum Buch und schreiben eine Zusammenfassung. Im Kurs erstellen sie ein → **Plakat**. Sie notieren dort auch, warum sie dieses Buch gewählt haben, und schreiben einen kurzen Auszug oder Lieblingssatz auf das Plakat. Dann gehen alle S herum, lesen die Zusammenfassungen und notieren mind. 2 Fragen, die sie zwei anderen zum Abschluss im PL stellen.	
5d	Vorgehen wie beschrieben, das kann auch als HA geschehen. **Erweiterung:** → **Schreibkonferenz**, **Textlupe**, **Findet die Fehler**, **Korrekturlawine**	
6a	Vorgehen wie beschrieben. **Lösung:** 1. in der Aula, 2. macht Couchsurfing; wohnt gerade bei Andi, den er über die Online-Plattform *It's Your Home* kennengelernt hat, 3. genial und cool, 4. dass er (bis jetzt) nicht cool und nichts Besonderes war.	

	Hinweis: Erklären Sie ggf., dass in den Schulen in D-A-CH Beginn und Ende der Schulstunden durch ein Klingeln oder *Läuten* (Z. 7) angezeigt werden. Gehen Sie ggf. auch auf die Verwendung des neuen Wortes *halt* (Z. 21) ein und sagen Sie, dass es ein Synonym für das in Kapitel 10 neu gelernte Wort *eben* ist.	
6b	Vorgehen wie beschrieben. **Lösung:** Er hat keinen Schlafplatz und es ist Winter und kalt und schon spät in der Nacht. **Variante:** Textpuzzle: Kopieren Sie den Text und schneiden Sie ihn in 3–4 Textstellen. Die S arbeiten in KG. Jede/-r S hat eine Textstelle und liest diese. Dann erzählen sie sich gegenseitig den Inhalt und ordnen den Text. Am Ende lesen sie komplett und vergleichen mit dem Buch. **Binnendifferenzierung:** Die S lesen gleich alle Abschnitte des Textpuzzles und ordnen sie. **Erweiterung** für 6a und/oder 6b: Die s arbeiten in KG und fassen den Text noch einmal kurz in eigenen Worten zusammen. Jede KG nennt dazu einen Satz, ohne sich zu doppeln. **Erweiterung:** → **Synchron lesen, Aussprache: Dirigieren** oder zum Üben des aktiven Zuhörens: Kopieren Sie den Text und schneiden Sie ihn so auseinander, dass die Sätze mitten im Satz getrennt sind. Markieren Sie den ersten Textabschnitt; wer ihn hat, liest zuerst vor. Danach liest der-/diejenige weiter, deren/dessen Textstelle passt usw. Bei großen Gruppen teilen Sie die Klasse; am besten funktionieren KG mit 6–8 Personen.	Textpuzzle Text
6c	In PA vorgehen wie beschrieben. Die S können sich die beiden Personen auch unter sich aufteilen und jeder notiert alles zu einer Person, dann Vergleich in PA. **Lösung:** *Jakob:* …, er will sich nicht verkühlen, will nur in ein warmes Bett, ist müde, ist sauer auf Lukas, muss am Morgen in der Schule sitzen, lächelt über Jeremys Idee – *Jeremy:* freut sich über den Schnee, genießt und nutzt den schönen Moment in der fremden Stadt, ist neugierig auf Wien	
6d	In KG vorgehen wie beschrieben. Die S können ihr Ende schriftlich festhalten und vorlesen oder es anders darstellen, z. B. erzählen, eine Collage, eine Pantomime oder ein Rollenspiel machen. Das ist der KG überlassen. Gespräch im PL: Welches Ende gefällt ihnen und warum? **Erweiterung:** Fragen Sie zusätzlich: *Habt ihr Lust, das Buch zu lesen? Ja/Nein – warum?*	
	Die Kunstwoche	
ÜB 7a	Als Einstieg in das Thema lesen die S den Text und erzählen dann im PL, was eine *Kunstwoche* ist.	
7a	Fragen Sie im PL: *Was ist eine Kunstwoche?* Die S stellen Vermutungen an. (Wenn Sie als Einstieg ÜB 7a gemacht haben, können die S auf dieses Wissen zurückgreifen.) Erklären Sie dann, dass die *Kunstwoche* wie eine *Projektwoche* ist, in der die S keinen normalen Unterricht in der Schule haben, sondern sich aus angebotenen Projekten eins aussuchen können. Im Gegensatz zu einer Projektwoche werden hier alle Projekte zum Thema Kunst angeboten. (Was eine Projektwoche ist, kennen die S evtl. noch aus dem Film in Plateau 2 in **Klasse! A2**.) Anschließend in PA vorgehen wie beschrieben. Sagen Sie den S, dass es nicht nur darum geht, was sie sehen, sondern auch was sonst zu den Aktivitäten passt. Vergleich im PL. **Lösungsvorschlag:** A: die Maschine, der Beat, das Studio, die Aufnahme, die Probe, der Rap – B: die Figur, die Bühne, die Rolle, das Kostüm, die Probe, das Theaterstück – C: die Akrobatik, die Figur, die Bühne, das Kostüm, die Probe, der Zirkus – D: die Maschine, die Figur, das Werkzeug, der Stein, die Skulptur **Hinweis:** Das Wort *die Figur* hat in den Fotos B und C eine unterschiedliche Bedeutung: in B ist damit eine Person in einem Stück gemeint, in C eine akrobatische Aufstellung/Formation. **Erweiterung:** Kopieren Sie die Fotos groß je auf ein Plakat. Die S gehen am nächsten Unterrichtstag in PA herum und notieren Wörter zu den Fotos. So reaktivieren sie noch einmal das Vokabular und ergänzen weitere Wörter.	
7b	Vorgehen wie beschrieben. Sagen Sie den S vorher, dass Johann (aus dem Beispiel im KB) als Letzter interviewt wird. Vergleichen Sie die Notizen hier noch nicht; dies geschieht in 7c. **Lösung:** *Johann:* Was?: ein Theaterstück aufführen / Wie gefallen? super / Warum?: tolles Theaterstück, mochte seine Rolle, konnte viele Dinge mitentscheiden (Textpräsentation, Bewegungen), Kostüme + Szenen sind Teamarbeit – *Jessy:* Was?: eine Skulptur aus Stein / Wie gefallen?: hat superviel Spaß gemacht / Warum?: hat das meiste allein gemacht, konnte Werkzeug und Maschinen ausprobieren – *Deniz:* Was? Musik: einen Text geschrieben, Beats überlegt; einen Rap(song) aufgenommen / Wie gefallen?: war klasse / Warum?: Musiklehrer hat bei den Aufnahmen im Studio geholfen, der Rap ist cool geworden – *Natalie:* Was? Zirkus-Projekt, Akrobatik lernen / Wie gefallen?: nicht so gut / Warum?: Figuren sind schwer, sie ist nicht so sportlich, konnte nur die einfachen Figuren mitmachen, einfache Figuren sind langweilig und sehen blöd aus	2.37
7c	Die S vergleichen und ergänzen in PA. Lassen Sie die S das Interview dann evtl. noch einmal hören. Anschließend Gespräch über die angegebenen Fragen. **Variante** zum Gespräch: → **Kugellager, Reißverschluss**	

8a	Die S lesen die Sätze und auch mithilfe ihrer Notizen aus KB 7c ordnen sie die Sätze den Personen zu. Anschließend sehen sie sich den Grammatik-Kasten an oder bearbeiten direkt die Grammatik-KV. Gehen Sie auf die Position der Verben in den beiden Sätzen ein und erläutern Sie ggf. die Konzepte *Feststellung* und *Einschränkung*. **Lösung:** 1. Natalie, 2. Johann, 3. Jessy, 4. Deniz	GR-Kopier-vorlage
8b	In PA vorgehen wie beschrieben. **Lösung:** 1. Natalie ist zwar körperlich nicht so fit, aber sie konnte einfache Übungen mitmachen. 2. Deniz und seine Freunde haben zwar ihren Rap selbst aufgenommen, aber ihr Musiklehrer hat ihnen im Studio geholfen. 3. Die Theatergruppe hat zwar früh angefangen, aber am Ende hatte sie doch Stress. 4. Die Arbeit mit Maschine war für Jessy zwar neu, aber sie hat es schnell gelernt.	
9a+b	In KB9a hören und lesen die S mit und zeigen die Melodie mit der Hand. Machen Sie es einmal vor. Anschließend arbeiten die S in KB 9b erst in EA und lesen die Sätze leise und laut, jede/-r im eigenen Tempo. Dann arbeiten sie zu zweit und korrigieren sich gegenseitig. Achten Sie darauf, dass immer die Handbewegung zur Unterstützung gebraucht wird.	2.38 🔊💬
10a	Die Bücher sind geschlossen und Sie zeigen die Bilder 1A und 1B an der Tafel. Die S lesen die Sätze, sprechen in KG über die Unterschiede und erklären diesen dann im PL. Danach öffnen sie das Buch und sehen sich den Grammatik-Kasten an oder sie halten die Bücher noch geschlossen und ergänzen die Grammatik-KV. Anschließend ergänzen sie die Sätze 2B und 3B im PL. Zur Verdeutlichung zeigen Sie den Grammatik-Clip. Weisen Sie die S danach auf die zwei Erweiterungen hin, die im Clip noch zusätzlich vorkamen: Ein Satz im Perfekt (*Ich habe mir die Haare färben lassen.*) und ein Satz mit Modalverb (*Ich will meine Haare nicht färben lassen.*) Lassen Sie Ihre S ggf. benennen, wo in diesen Fällen die drei Verbteile stehen. **Lösung:** 2B Die Regisseurin lässt die Bühne bauen. 3B Die Schauspielerin lässt ihr Kostüm nähen. **Erweiterung:** Die S machen einen **Sprachvergleich**: Fragen Sie, wie in den Muttersprachen der S ausgedrückt wird, wenn man etwas nicht selbst macht, sondern als Auftrag vergibt. Gibt es ein Verb dafür? Gebraucht man ein anderes Wort oder einen speziellen Ausdruck?	GR-Kopier-vorlage G12
10b	In PA vorgehen wie beschrieben. Sagen Sie den S, dass sie die Personalpronomen verändern und die Sätze nicht immer mit *ich* bilden sollen. Geben Sie den S 10 Minuten Zeit, so viele Sätze wie möglich zu bilden. Nach den Beispielen aus dem KB machen sie eigene. **Lösungsvorschlag:** Ich lasse meine Haare schneiden. Lässt du das Fahrrad reparieren? Sie lässt sich zum Sport fahren. Wir lassen den Test unterschreiben. Ihr lasst Fotos für den Pass machen. **Erweiterung:** Die S malen in PA Bilder dazu und schreiben die Sätze auf die Rückseite → **Satzstreifen**.	Bilder Papier
11	**Freie Wahl:** Hängen Sie Zettel mit A, B, C in die Ecken ihres Raumes und die S entscheiden sich für eine Aufgabe, indem sie sich zu einem der Zettel stellen. Sie suchen sich dort ihre Partner/-innen und lösen die Aufgabe. Geben Sie den S insgesamt 20 Minuten Zeit. Bei Aufgabe C mischen Sie die KG, wenn möglich, noch einmal neu. Helfen Sie den S bei Aufgabe A, indem sie sie darauf hinweisen, dass sie auch für diese Aufgabe die Redemittel aus KB 5a benutzen können. Aufgabe B wird im Raum aufgehängt und von den S präsentiert. **Variante:** Nehmen Sie die Aufgabe B aus der Freien-Wahl-Aufgabe heraus und bearbeiten Sie sie als **Projekt** für die ganze Klasse. Dann können die S Fotos/Bilder zu Hause suchen/machen, diese ausdrucken und mitbringen. Außerdem haben sie dann mehr Zeit, um Hintergrundinformationen zu dem Bild zu suchen und zu überlegen, was sie wie präsentieren wollen. → **Präsentation von Ergebnissen** Als Abschluss der Präsentationen fragen Sie die S: *Kanntet ihr alle Bilder/Fotos schon vorher? Was habt ihr Neues gelernt?* **Erweiterung:** Zur **Wortschatz- und Grammatikwiederholung des gesamten Buches** kopieren Sie die KV und schneiden Sie die Karten für jede KG einmal aus. Am besten sind 6er- oder 8er-KGs, die wiederum aus drei 2er-Teams bestehen. Die S spielen wie auf der KV vorgegeben.	Computer-raum Kopier-vorlage, Sand- oder Stoppuhren
ÜB 11	Lesen Sie die Arbeitsanweisung im PL. Die S arbeiten in KG. Vorgehen wie beschrieben. Alle lesen ihre Texte erst in den KG und entscheiden dann, welchen Text sie im PL vorlesen.	
ÜB Per-fekt	In jedem Kapitel gibt es eine Wiederholungsübung zum Perfekt. Die S markieren die Partizipien und ergänzen sie, fragen Sie auch hier nach den Infinitiven. Auch als HA geeignet. → **Perfekt**	
	Was kann ich nach Kapitel 12?	
	Die S bearbeiten die „Was kann ich"-Seite im KB und im ÜB wie in der Einleitung zum LHB beschrieben. **Binnendifferenzierung:** In schwächeren Gruppen können Sie die linke Spalte erst im PL lesen und besprechen. Anschließend folgt die PA, bei der die linke Spalte zugedeckt wird. Die „Was kann ich?"-Seiten im ÜB können die S individuell als Hausaufgabe machen. Erwähnen Sie diese Seiten jedoch regelmäßig im Kurs, um die S auf dem Weg der Selbstevaluation zu stärken.	

Karussell	Material

1a+b In **Klasse!** gibt es vier Plateaus, die der Anwendung des Gelernten und der Wiederholung von Wortschatz der vorausgegangenen Kapitel dienen. Die S werden in den Plateaus nicht mit neuen Inhalten konfrontiert, sondern haben hier Zeit, noch einmal das zu wiederholen und zu vertiefen, was sie schon gesehen und gelernt haben.

In PA vorgehen wie beschrieben. Regen Sie die S an, die Antworten mit passender Intonation zu lesen.

Lösung:

Ich mache den Akrobatikkurs. Das ist sicher cool.	Ich weiß nicht. Akrobatik sieht zwar toll aus, aber es ist so schwer.
Soll ich meine Haare selbst schneiden?	Bloß nicht, […]. Lass sie lieber beim Friseur schneiden.
Welche Eigenschaften […] als Krankenschwester?	Man muss hilfsbereit und mitfühlend sein.
Woran denkst du gerade?	Ich? An Ferien und Urlaub. Und du?
Wo willst du dein Praktikum machen?	Entweder bei einer Bank oder im Zoo.
Das ist ein Foto, oder?	Nein. Es sieht nur so aus, als ob es fotografiert wurde.
Was soll ich denn tun?	Siehst du doch, das Geschirr muss abgewaschen werden.
Ist Ärztin dein Traumberuf?	Ja, das will ich werden, seit ich zwölf bin.
Hast du schon mal eine Bewerbung geschrieben?	Ja, für meinen Ferienjob letzten Sommer.
Wie nennt man Personen, die ein politisches Amt haben?	Die heißen Politiker oder Politikerinnen.
Warum wollte Joe Klassensprecher werden?	Damit er sich für seine Klasse engagieren kann.
Du sparst? Warum denn?	Um genug Geld für einen neuen Computer zu haben.
Ich finde, wir bekommen viel zu viele Hausaufgaben.	Stimmt. Wir […], dass keine Zeit zum Chillen bleibt.
Auch Jugendliche sollten sich für Politik interessieren.	Ja, sonst […], wenn man 18 ist und wählen darf.
Ist Skaten Kunst?	Für mich nicht. Das ist doch nur Sport.
Vermutlich muss man […] nur Regale aufräumen.	Nee, man darf sicher auch an der Kasse arbeiten.
Je länger […], desto langweiliger finde ich es.	Das geht mir genauso. Das ist echt nicht spannend.
Was hast du zuletzt gelesen?	Weiß ich nicht mehr. […]. Ich sehe lieber Filme.

Training	

2 In KG vorgehen wie beschrieben. | Karten

Variante: Jede/-r S schreibt auf 2 Karten 2 Eigenschaften. → **Kursspaziergang** mit Kartentausch.

3a+b Zuerst ordnen die S in KB 3a die Sätze zu und gehen dann in PA vor wie beschrieben. Dabei können sie immer schneller werden. In KB 3b ebenfalls vorgehen wie beschrieben. (2.39)

Lösung: Ich bewerbe mich nicht nur im Supermarkt, sondern auch auf dem Bauernhof. Tom ist weder gut in Chemie noch in Physik. Ich esse sowohl Pizza als auch Hamburger. Entweder machen wir Mathehausaufgaben oder wir lernen Spanisch. Ich lese weder Bücher noch Zeitungen. Ich mag sowohl Hip-Hop als auch Rap. Je bekannter die Musiker sind, desto teurer sind Konzerttickets. Je länger ich übe, desto besser werde ich. Entweder komme ich zu dir oder du kommst du mir. Ich habe zwar Zeit zum Aufräumen, aber keine Lust. Ich mache nicht nur Sport, sondern auch Musik. Der Winter ist zwar schön, aber auch sehr kalt.

3c Wie beschrieben. Sagen Sie den S, dass sie hier übertreiben sollen, damit die Betonung deutlich wird.

4 Zeigen Sie das Bild groß an der Tafel oder an der Wand. Die S notieren erst in PA eine To-do-Liste für das Zimmer auf dem Bild. Dann formulieren sie Passivsätze mit *müssen*.

Lösungsvorschlag: Die Jacke muss in den Schrank gehängt werden. Das dreckige Geschirr muss in die Küche gebracht werden. Das Papier muss weggeworfen werden. Die Schuhe müssen in den Flur gestellt werden. Die schmutzige Kleidung muss in die Waschmaschine getan werden. Es muss gestaubsaugt werden.

Binnendifferenzierung: Sammeln Sie die Punkte der To-do-Liste an der Tafel. Erfragen Sie die Partizipien.

5a Die S arbeiten in PA und beschreiben alle drei Bilder und ihre Unterschiede.

Lösungsvorschlag: In Bild B stehen die Bäume hinten rechts und in C hinten links. Bei Bild A gibt es einen Baum in der Mitte. Im Vordergrund rechts stehen die Personen. A und C zeigen rechts zwei Jungen, bei B ist es ein Mädchen und ein Junge. Auf Bild A sprechen die Jungen miteinander. Bei Bild C trägt der Junge rechts eine Tasche, bei Bild C der Junge links.

5b Die S hören das Gespräch und achten darauf, welches Bild beschrieben wird. Vergleich im PL. (2.40)

Lösung: C

5c In Dreier-KG: Die S beschreiben und malen gemeinsam jeweils ein Bild nach denselben Vorgaben. S1 beginnt und sagt einen Satz dazu, was auf dem Bild sein soll, dann ergänzt S2 einen weiteren Satz und S3 den nächsten. Lassen Sie sie mindestens 2 Runden beschreiben, bevor die S ihre Bilder vergleichen.

6	In PA vorgehen wie beschrieben. Die S können auch mit eigenen Ideen Sätze bilden. **Lösungsvorschlag:** Ich treffe Freunde, um schlau zu werden. Ich gehe zu einer Demonstration, um schulfrei zu haben. Ich werde Klassensprecher, um andere zu nerven. usw.	
	Variante: Notieren Sie die Aktivitäten aus der Liste links je auf eine Karte. Verteilen Sie diese Karten an die S. Zeigen Sie den *um – zu*-Kreisel an der Tafel. → **Kursspaziergang** oder → **Reißverschluss**, auch mit Kartentausch.	Karten
7	Vorgehen wie beschrieben. Schwierige Sätze können die S auch aufschreiben, um sie später im PL klären zu können. Raten Sie den S, nach der Präposition immer ein Nomen zu benutzen.	
	Binnendifferenzierung: Stärkere S können auch Pronomen mit Präposition + Infinitivsatz benutzen, z. B. *Ich träume davon, nach Island zu fahren.* Wenn Sie den S diese Möglichkeit geben möchten, dann wiederholen sie die Systematik kurz vor dem Üben noch einmal.	
8 🔑→	**Sprachmittlung:** S mit derselben Muttersprache setzen sich zusammen. Sollten alle Ihre S dieselbe Muttersprache haben, bilden Sie 4er-KG: Jede/-r S ist für eine Überschrift zuständig und bekommt 3–5 Minuten Zeit, um Wörter zu klären – auch das mithilfe der KG. Dann erzählen die S sich gegenseitig in der Muttersprache, worauf ihre Überschriften hinweisen.	
9	Die S lesen die Spielregel unter dem Spiel und gehen in 4er KG vor wie beschrieben. Jede KG arbeitet autonom: Die S können sich die 28 Felder aufteilen oder gemeinsam die Kapitel zur Hilfe nehmen. Das Ziel ist, in 15 Minuten die meisten Felder bearbeitet zu bekommen. Am Ende Auflösung im PL. Halten Sie einen kleinen Preis für die KG, die gewonnen hat, bereit. **Lösung:** 1: mich, mir; 2. Damit, Um … zu; 3. überrascht, ängstlich; 4 . Vorspeise, Hauptspeise, Dessert/Nachspeise; 5. ich begann, ich verließ, ich gab; 6. wäre, hätte, würde; 7. ausgedruckt, unterschrieben; 8. es dir; 9. wo / in der, was; 10. weil, obwohl; 11. ich werde jobben, ich werde reisen, ich werde eine Ausbildung machen; 12. freundliche, freundlichen; 13. innerhalb, während; 14. denen, denen; 15. der, des, des; 16. über, um, an; 17. hatte, war; 18. Mit wem, Worüber; 19. zu, zu; 20. sondern auch, weder; 21. als; 22. zeichnen/malen, schreiben, spielen; 23. der, die; 24. dieselbe, denselben, dieselben; 25: länger, müder; 26: Seit (Da/Weil); 27: Tomaten, Zwiebeln, Paprika; 28: besseren, neueres	Preis
	Variante: Die S erhalten ein Lösungsblatt und haben 15 Minuten Zeit, dann vergleichen sie autonom.	

Landeskunde

10a	Vorgehen wie beschrieben. Sagen Sie den S, dass es sich nicht nur um deutschsprachige Jugendbuchautoren handeln muss, so haben die S wahrscheinlich mehr Ideen.	
	Variante: → **Sprechmühle** oder die S arbeiten in KG und tragen die Ergebnisse zusammen.	
10b	Lassen Sie die S den Text in EA bearbeiten. Vergleich im PL. **Lösung** (chronologisch geordnet): *Name:* Elisabeth Etz – *Geburtsdatum:* 9.4.1979 – *Geburtsort:* Wien – *Kindheit:* gern viel gelesen und Interesse am Schreiben, *Ausbildung:* Studium der Germanistik und Deutsch als Fremdsprache, *Arbeit:* seit 2004 schreibt sie Bilder- und Kinderbücher – *Bücher und Preise:* „Alles nach Plan" (2015), „Nach vorn" (2015), „Morgen ist woanders" (2019; schon das Manuskript Auszeichnung mit dem Kinder- und Jugendbuchpreis des Landes Steiermark) – *Leben heute:* lebt und arbeitet in Wien, macht Lesungen in Schulen, macht Workshops mit Jugendlichen zum Thema Literatur und Interkulturalität, unterrichtet Deutsch als Fremdsprache für geflüchtete Menschen	
	Binnendifferenzierung: Fragen Sie weiter: *Wo hat Elisabeth Etz schon gewohnt? Wo liegt die Steiermark genau? Was ist das Besondere an ihren Workshops mit Jugendlichen?*	
10c	Die S arbeiten in PA und jede/-r S recherchiert zu einem der beiden genannten Bücher. Sie präsentieren sich gegenseitig den Inhalt und sprechen darüber, welches Buch ihnen am besten gefallen würde und begründen dies. Am Ende können Sie eine → **Kursstatistik** abfragen.	
	Binnendifferenzierung: Sie bilden 2 Gruppen, jede recherchiert zu einem Buch. Die S tragen in der Gruppe ihre Ergebnisse zusammen und klären ggf. Verständnisfragen. Dann bilden die S der einen Gruppe mit je eine/-r S der anderen Gruppe Paare. Weiter wie beschrieben.	
10d	Vorgehen wie beschrieben. Fragen Sie: *Kennt ihr eines von den Büchern (auch in eurer Sprache)?* Wenn ja, lassen Sie die S erzählen und nehmen Sie das Buch aus der folgenden Recherche heraus. Die S entscheiden sich in KG für ein Buch und vermuten erst anhand des Titels, worum es gehen könnte, welches Genre es wohl sein könnte. So entlasten Sie die Recherche vor und die S bauen eine Erwartungshaltung auf. Wiederholen Sie noch einmal die Redemittel aus Kapitel 12 zur Buchbeschreibung und/oder den Lernfalter von Kapitel 12. Nach der Recherche, die die S auch zu Hause machen können, arbeiten die S in → **Wirbelgruppen** und berichten sich gegenseitig. Abschlussfrage: *Welches Buch klingt so interessant, dass ihr euch vorstellen könntet, es zu lesen?* **Lösung:** 1D, 2C, 3F, 4A, 5B, 6E	evtl. Computerraum

Hinweis: Eine Fundgrube mit Hinweisen auf aktuelle Jugendbücher ist die Seite https://www.janetts-meinung.de des Vereins zur Leseförderung und Literaturberatung.

Info: 1D: In dem Roman „Erebos" geht es um ein Computerspiel, das immer mehr Jugendliche an der Schule in seinen Sog zieht und so auch in die Realität eingreift. – 2C: In der Erzählung „Unterm Rad" (1906) wird das Schicksal eines begabten Jugendlichen erzählt, der an einer ihn einseitig fordernden Pädagogik, aber auch an sich selbst scheitert. – 3F: In dem Fantasyroman „Tintenherz" geht es um die 12- Jährige Meggie, die genau wie ihr Vater die Gabe hat, Personen in oder aus Büchern herauszulesen. Damit beginnt der Kampf gegen Gut und Böse. – 4A: Der 14-jährige Maik, in der Schule ein Außenseiter, bekommt einen neuen Mitschüler namens Tschick. Tschick stammt aus Russland, will zu seinem Großvater in die Walachei und sie fahren mit einem gestohlenen Auto einfach los. – 5B: Momo, die Heldin des gleichnamigen Romans, muss erleben, dass alle ihre Freunde plötzlich keine Zeit mehr haben, denn diese legen ihre Zeit auf ein Konto bei den ‚grauen Herren'. Was sie nicht wissen: Diese stehlen diese Zeit. Momo macht sich daran, sie ‚grauen Herren' zu besiegen. – 6E. In „Isola" befinden sich zwölf Jugendliche drei Wochen allein auf einer einsamen Insel vor Rio de Janeiro. Sie sind Darsteller in einem Film, dessen Handlung sie allein bestimmen. Bald schon wird das Idyll für jeden von ihnen zu einer persönlichen Hölle.

	Film	
11a	Schreiben Sie als Einstieg *die Bewerbung* an die Tafel. Die S kennen das Wort aus Kapitel 10. Die S nennen im PL alle Dinge, die ihnen dazu einfallen. Anschließend lesen sie die Fragen, sehen das Video und sprechen im PL.	

Erweiterung: In Ländern, in denen es üblich ist, ein Schulpraktikum zu machen, sprechen Sie vorab über die Erfahrungen der S in Bezug auf Bewerbungen und das Praktikum.

Binnendifferenzierung: Fragen Sie, was die S von den Tätigkeiten im Malerbetrieb verstanden haben (*Wände streichen, aufs Gerüst klettern*)

Lösung: 1. Er geht in die 9. Klasse und ist 15 Jahre alt. 2. Er möchte gern Erfahrungen in einem Malerbetrieb sammeln. 3. Sein Opa war Malermeister, er hat oft bei der Arbeit zugesehen, er hat selbst schon versucht, sein Zimmer zu streichen. 4. Er ist zuverlässig, pünktlich, kann Verantwortung übernehmen.

11b	Vorgehen wie beschrieben. Die S stellen ihre Ideen im PL vor.	
	Variante: Kopieren Sie die 3 Bilder auf je ein DIN-A3-Blatt. Die S arbeiten in 3 KGs. Sie notieren Ideen, Tätigkeiten und Eigenschaften auf ihr Plakat. Nach 5 Minuten rotieren sie zum nächsten und dann nach weiterer 5 Minuten zum übernächsten Plakat und ergänzen auch dort Ideen, Tätigkeiten und Eigenschaften. Das letzte Plakat präsentieren sie im PL.	DIN-A3-Plakat
	Lösung: A: Praktikum am Flughafen, B: Praktikum beim Film, C: Praktikum im Zoo	

11c	In KG vorgehen wie beschrieben.	
	Lösung: *Emil:* am Flughafen, will Pilot werden (und sich in ein Cockpit setzen) – *Luzie:* beim Film, will mit berühmten Schauspielern sprechen und etwas von ihnen lernen – *Ricki:* im Zoo, will Tierärztin werden (und die Löwen füttern)	

11d	Die S sollen – ähnlich wie Jonas in KB 11a – ihre eigene aktuelle Situation, ihre Erfahrungen und Eigenschaften bei der Bewerbung um einen Praktikumsplatz ihrer Wahl nennen. Sie sammeln diese Informationen und stellen sie sich zunächst gegenseitig in PA vor, korrigieren sich gegenseitig und drehen dann gemeinsam ihre Bewerbungsvideos. Achten Sie wegen der Wahrung der Persönlichkeitsrechte darauf, dass die S sich jeweils mit ihrem eigenen Handy filmen lassen, damit die Videos nicht auf einem anderen Handy gespeichert sind. Wer möchte, zeigt (wenn das technische Equipment im Klassenraum vorhanden ist) sein Video im PL.	Handys

11e	In PA vorgehen wie beschrieben. Stoppen Sie das Video nach dem Bericht von Emil. Gehen Sie ggf. auf die noch unbekannten Wörter *schleppen* und *Schnupperpraktikum* ein (*schnuppern* = eigentlich: vorsichtig an etwas riechen, z. B. *Der Hase schnuppert an der Karotte.*). Sie können bei Bedarf zusätzlich auch das Verb (*Fenster) abkleben* einführen. Der Ausdruck *aufs Gerüst klettern* kam bereits im Text von Filmclip 4.1 vor, wo Lena fragt: *Meinst du, du darfst da wirklich Wände streichen und auf Gerüste klettern?* Fragen Sie als Überleitung zu 11f: *Wie finden die Jugendlichen ihr Praktikum?*	
	Lösung: *Jonas* muss aufs Gerüst klettern und schwere Eimer mit Farbe tragen/schleppen (und Fenster abkleben) – *Ricki* muss Akten im Büro sortieren – Luzie muss Kaffee kochen und Brötchen holen	
	Info: Die S hören hier die in Süddeutschland üblichen Begrüßungen *Grüß Gott!* und *Grüß dich.*	

11f	Vorgehen wie beschrieben.	
	Lösung: *Jonas* fand sein Praktikum zwar interessant, aber auch echt anstrengend. – *Emil* sagt, sein Praktikum war wirklich spannend. Er hat viele Bereiche kennengelernt. Im Cockpit war er nicht. – *Luzie* kann nach dem Praktikum sagen, dass Film nicht ihr Traumjob ist. – *Ricki* findet es gut, dass am Montag wieder Schule ist. Denn Schule ist doch nicht so schlecht.	

Wie sind die Personen? Nenne drei Adjektive. *Beispiellösungen:* sportlich, intelligent, stark, fit, fleißig, froh, hilfsbereit, lustig …

Beschreibe deinen besten Freund/deine beste Freundin. *Beispiellösung:* Meine beste Freundin ist toll. Sie ist intelligent und lustig. Sie ist 16 Jahre alt und 1,70 groß. Ihre Augen sind grau und ihre Haare sind braun. Sie trägt gern Jeans und Hoodies. Sie klettert gerne und liest viele Bücher.

Was hat Kim gestern gemacht? Um halb elf ist Kim mit Marie ins Café gegangen / hat sie Marie im Café getroffen, dann hat sie um zwei Uhr mit Lukas einen Film gesehen und um halb sieben hat sie bei ihrer Oma Pizza gegessen.

Nenne in 10 Sekunden so viele Sportarten wie möglich. *Beispiellösung:* Eishockey, Fußball, Basketball, Volleyball, Ballett, Skateboard fahren, Schwimmen, Tennis, Ski laufen/fahren, Tanzen, Weitsprung, Joggen, Reiten, Karate, Bikepolo, Slacklining, Rudern

Was haben die Personen gemacht? Sie haben ein Turnier gewonnen. Sie haben an einem Spiel teilgenommen. Sie haben bei einem Fußballspiel zugesehen.

Nenne und beschreibe eine Sportart: Was? Wo? Wie? *Beispiellösung:* Eishockey spielt man in einer Gruppe, also in einem Team. Man spielt es in einer Halle. Es gibt viele Regeln. Man spielt mit 6 Personen und muss Tore machen. Die Spielzeit sind 60 Minuten. Man braucht einen Schläger und einen Puk. Und man spielt auf Eis.

Wähle einen Tag: Welches Datum ist heute/morgen? *Beispiellösung:* Heute ist der neunzehnte Dezember. Morgen ist der zwanzigste Dezember.

Welche Medien benutzt du oft/selten oder nie? *Beispiellösung:* Ich benutze oft mein Handy und mein Tablet, selten den Computer und nie die Zeitung.

Was kann die Person rechts neben dir gut? *Beispiellösung:* Lena ist gut in Mathe. Sie kann gut rechnen und im Kopf die schwierigsten Aufgaben lösen.

Warum …? Wähle eine Karte und begründe mit *weil*. *Beispiellösung:* Ich bin zu spät, weil ich den Bus verpasst habe. – Ich habe die Hausaufgaben nicht gemacht, weil ich keine Zeit hatte. – Ich will zu Hause nicht helfen, weil ich Hausaufgaben machen muss.

Was durftet/musstet/konntet/wolltet ihr auf der letzten Klassenfahrt tun? *Beispiellösung:* Wir mussten abends um zehn Uhr ins Bett gehen, aber wir wollten später ins Bett gehen. Wir konnten mit den anderen ein Zimmer teilen. Wir mussten sauber machen und die Betten beziehen. Wir durften allein in die Stadt gehen.

Vergleiche zwei Stars aus Musik, Film oder Sport mit einem Adjektiv aus der Liste. *Beispiellösung:* Selena Gomez ist cooler als Emily Watson. – schöner als – reicher als – jünger als – größer als – berühmter als – toller als // so cool wie – so schön wie – so reich wie – so jung wie – so groß wie – so berühmt wie – so toll wie

Wähle ein Adjektiv aus der Liste und bilde den Komparativ und den Superlativ.
cool – cooler – am coolsten, schön – schöner – am schönsten, reich – reicher – am reichsten, jung – jünger – am jüngsten, groß – größer – am größten, berühmt – berühmter – am berühmtesten, toll – toller – am tollsten

Bei welcher Musik hast du gute Laune? Warum? *Beispiellösung:* Ich höre gern Queen. Die Musik ist schon alt, aber super. Sie hat viel Power und Freddie Mercury hatte eine tolle Stimme.

Nenne in 10 Sekunden so viele Lebensmittel wie möglich. *Beispiellösung:* der Apfel – die Birne – der Salat – die Salami – der Käse – das Fleisch – die Eier – die Nudeln – der Zucker – das Brot – die Cola – die Milch – der Kuchen – der Pilz – das Popcorn – der Hamburger – die Pommes – das Mineralwasser – der Orangensaft – die Pizza – das Schnitzel – die Süßigkeit – der Kaffee – der Tee – die Tomate – die Wurst – das Hähnchen – die Bohne – die Gurke – das Wasser – …

Was kannst du für die Umwelt tun? *Beispiellösung:* Ich könnte weniger Plastiktüten benutzen. Ich könnte weniger Fleisch essen. Ich könnte weniger shoppen. Ich könnte immer das Licht ausmachen, wenn ich nicht im Zimmer bin. Ich könnte Wasser sparen. …

Was gefällt dir, was magst du (nicht)? *Beispiellösung:* Ich mag den weißen Schrank (nicht). /Mir gefällt der weiße Schrank (nicht). Mir gefällt der blaue Stuhl (nicht)./ Ich mag den blauen Stuhl (nicht)./ Das rote Bett mag ich (nicht)./ Das rote Bett gefällt mir (nicht).

Warum gibt es bei dir zu Hause Streit? *Beispiellösung:* Mein Bruder und ich streiten, wenn er im Fernsehen nur Fußball sehen will.

Beschreib einen Gegenstand aus dem Klassenzimmer. *Beispiellösung:* Der Gegenstand ist aus Holz. Er ist braun und hat vier Beine. Er ist eckig. Man kann an ihm schreiben und auf ihm sitzen. (der Tisch)

Was findest du schöner? *Beispiellösung:* Dieses Sofa finde ich schöner als das blaue Sofa. / Der graue Hoodie ist schöner als der andere./ Die grünen Schuhe finde ich schöner als die Sportschuhe.

Bestellst du deine Klamotten online oder gehst du lieber shoppen? Warum? *Beispiellösung:* Ich gehe lieber shoppen, weil ich dann die Klamotten sofort anprobieren kann. Am liebsten gehe ich mit einer Freundin, dann kann sie sagen, ob es gut aussieht oder nicht.

Wie viel Taschengeld ist gut? Was denkst du? *Beispiellösung:* Ich finde/denke, dass 15 Euro pro Woche gut ist. Dann kann man auch mal ins Kino gehen und sich etwas kaufen.

Stadt oder Land? Wo möchtest du später leben? Warum? *Beispiellösung:* Ich möchte später in der Stadt leben, weil es da viele Aktivitäten gibt. Ich kann ins Kino oder ins Theater gehen. Ich treffe mich mit meinen Freunden auf der Skaterbahn oder im Einkaufszentrum.

Was ist wo im Klassenzimmer? Wähle einen Gegenstand und beschreibe. *Beispiellösung:* Das Plakat hängt an der Wand neben der Tür. Das Wörterbuch liegt auf dem Tisch. Die Tafel hängt an der Wand. Die Stühle stehen unter den Tischen.

Was legst/stellst/hängst du in deinem Zimmer wohin? *Beispiellösung:* Die (blaue) Tasche hänge ich an den Schrank. Den Laptop lege ich ins Regal. Den Mülleimer stelle ich neben den Tisch. Ich lege den Taschenrechner auf meinen Schreibtisch.

Nenne in 10 Sekunden so viele Wörter zum Thema Schule wie möglich. *Beispiellösung:* der Stundenplan – der Füller – der Stift – der Bleistift – der Radiergummi – der Kuli – das Lineal – das Heft – das Buch – die Schere – das Fach – Mathematik – Biologie – Sport – Englisch – Chemie – Kunst – Geschichte – Deutsch – Physik – der/die Lehrer/-in – der/die Direktor/-in – das Gebäude – die Klasse – der Unterricht – das Gymnasium – Schüler – das Internet – der Aufsatz – das Diktat – das Experiment – der Hausmeister – die Leistung – der Schreibblock – der Taschenrechner – der Stress – faul – fleißig – laut – leise – interessant – langweilig – schriftlich – …

Wähle ein Verb aus der Liste und bilde einen Satz im Präsens, im Perfekt und im Präteritum. *Beispiellösung:* Ich wohne in Hamburg. Ich habe in Hamburg gewohnt. Ich wohnte in Hamburg. – Ich besuche meine Oma. Ich habe meine Oma besucht. Ich besuchte meine Oma. – Ich schlafe bis 8 Uhr. Ich habe bis 8 Uhr geschlafen. Ich schlief bis 8 Uhr – Ich komme mit dem Fahrrad zur Schule. Ich bin mit dem Fahrrad zur Schule gekommen. Ich kam mit dem Fahrrad zur Schule. – Ich finde meine Schlüssel nicht. Ich habe meine Schlüssel nicht gefunden. Ich fand meine Schlüssel nicht.

Wie geht es dir heute? Warum? *Beispiellösung:* Heute bin ich echt gut drauf, weil Freitag ist. Am Wochenende habe ich tolle Pläne und ich freue mich. Und heute haben wir nur fünf Stunden Schule.

Wähle eine Situation und frag die Person neben dir höflich. *Beispiellösung:* Kannst du mir sagen, wie spät es ist? – Entschuldigung, können Sie mir sagen, wo ich die Hose anprobieren kann?

Welche Sehenswürdigkeiten gibt es in München? *Beispiellösung:* das Deutsche Museum – das Schloss Nymphenburg – die Frauenkirche – die Allianz-Arena – der Englische Garten – der Olympiapark – der Marienplatz – der Tierpark/Zoo Hellabrunn – die Eisbachwelle – …

Welche Berufe sind das? die Ärztin – der/die Chemiker/-in – der Mechatroniker

Was könnte die Person neben dir werden? Warum? *Beispiellösung:* Tim ist gut in Physik. Er könnte Ingenieur werden.

Was macht die Person? Der Junge steigt aus. – Der Junge steigt ein. – Der Junge steigt um.

Reflexive Verben mit Akkusativ oder Dativ

Bevor ihr den Lernfalter macht, schreibt in 3 Minuten zu zweit eine Liste mit allen reflexiven Verben. An welche erinnert ihr euch?

– *sich waschen*

– …

Arbeitet zu zweit. Person B bildet die Sätze und Person A kontrolliert.
Macht den Lernfalter dann noch einmal und tauscht die Rollen.

	A		B	
1	Ich putze mir die Zähne.	1	Ich putze … die Zähne.	
2	Er wäscht sich.	2	Er wäscht …	
3	Wir müssen uns umziehen.	3	Wir müssen … umziehen.	
4	Ihr müsst euch mal wieder den Bart rasieren.	4	Ihr müsst … mal wieder den Bart rasieren.	
5	Sie kämmt sich die Haare.	5	Sie kämmt … die Haare.	
6	Sie schminkt sich das Gesicht.	6	sie (*Sg.*): sich schminken + Gesicht	
7	Du schneidest dir die Haare.	7	du: sich die Haare schneiden	
8	Ich schminke mich.	8	ich: sich schminken	
9	Er freut sich auf den Geburtstag.	9	er: sich freuen + auf + Geburtstag	
10	Wir färben uns die Wimpern.	10	wir: sich färben + die Wimpern	
11	Du ärgerst dich über deinen Bruder.	11	du: sich ärgern + über + Bruder	
12	Ich wünsche mir ein Radio.	12	ich: sich wünschen + Radio	
13	Sie interessieren sich für Mode.	13	sie (*Pl.*): sich interessieren + für + Mode	
14	Du leihst dir einen Kuli.	14	du: sich leihen + Kuli	
15	Ihr trefft euch mit Freunden.	15	ihr: sich treffen + mit + Freunden	
16	Wir bereiten uns auf die Prüfung vor.	16	wir: sich vorbereiten + auf + Prüfung	

perfektes Aussehen	Schönheit	Sport
Diät	Klamotten	Selfies
Stil	vergleichen mit anderen	Fotos posten
Eitelkeit	Charakter wichtiger als Aussehen	Supermodels
Beauty-Tipps	Schuluniform	Fitness-Studio
Schönheits-Blogs	Muskeln	Bart
sich schminken	sich die Haare färben	Markenkleidung
Mode	perfekte Fotos posten	intelligent oder schön
TV-Shows zur Schönheit	Medien	rasieren
grüne Haare	Jungs und lange Haare	Mädchen und kurze Haare

Nebensätze: „Vier gewinnt!"

Spielt zu zweit das Spiel: Person A wählt ein Feld und muss einen richtigen Satz dazu formulieren. Entweder muss man den Satz beenden oder ihn richtig ordnen und richtig konjugieren. Wenn der Satz grammatisch und inhaltlich richtig ist, macht Person A in dem gewählten Feld in der Tabelle ein „x". Person B kontrolliert!

Dann ist Person B an der Reihe und wählt ein Feld. Wenn der Satz richtig ist (Person A kontrolliert!), macht sie in dem Feld in der Tabelle ein „o".

Wer hat zuerst vier horizontale oder vertikale oder diagonale Felder richtig?

Passt gut auf: Welche Felder wählt euer Partner / eure Partnerin?

Weil ich so viele Fotos poste, …	Ich schminke mich, wenn …	Ich bin der Meinung, dass … (+ THEMA AUSSEHEN)	Ich kaufe ausgefallene Klamotten, (+ machen – Sprüche – obwohl – oft – andere Leute in der Schule)
Ich frage meine Freundin (+ gefallen – ihr – ob – meine Skater-Klamotten)	Obwohl die Klamotten unbequem sind, …	Eric treibt viel Sport, weil …	Wenn es Sonderangebote gibt, …
Ich bin überzeugt, dass … (+ THEMA TATTOO)	Da Linus gut aussehen will, …	sein – wollen – haben – wenn – älter – Hannah – ein Tattoo – sie	Ich trage oft die Klamotten von meiner Schwester, obwohl …
Anna kauft oft im Secondhand-Laden ein, da …	machen – abnehmen – wollen – weil – meine Freundinnen – eine Diät – sie	Obwohl ich viele Selfies mache, …	wissen – sein – du – wie teuer – ein Piercing

Lösungsvorschläge: Weil ich so viele Fotos poste, folgen mir viele Leute. – Ich schminke mich, wenn ich ausgehe. – Ich bin der Meinung, dass das Aussehen wichtig ist. – Ich kaufe ausgefallene Klamotten, obwohl andere Leute in der Schule oft Sprüche machen. – Ich frage meine Freundin, ob ihr meine Skater-Klamotten gefallen. – Obwohl die Klamotten unbequem sind, trage ich sie. – Eric treibt viel Sport, weil er gerne Sport treibt. – Wenn es Sonderangebote gibt, kaufe ich viel. – Ich bin überzeugt, dass bald alle Tattoo haben. – Da Linus gut aussehen will, trainiert er viel. – Wenn Hannah älter ist, will sie ein Tattoo haben. – Ich trage oft die Klamotten von meiner Schwester, obwohl sie mir billiger ist. – Anna kauft oft im Secondhand-Laden ein, da die Klamotten dort viel billiger sind. – Meine Freundinnen machen eine Diät, weil sie abnehmen wollen. – Obwohl ich viele Selfies mache, poste ich sie nie. – Weißt du, wie teuer ein Piercing ist?

Medien sind ein wichtiger Teil in unserem Leben. Online sein bedeutet, Kontakte zu haben, schnell und bequem zu _____ und Informationen zu finden.

Eine deutsche Jugendstudie aus den letzten Jahren zeigte, dass fast alle Jugendlichen mit ihren Smartphones das Internet _____, also 99 Prozent.

Einige Jugendliche _____ auch gerne Sprachnachrichten, die sie aufnehmen und senden.

Viele Jugendliche, nämlich über 60 Prozent, _____ sich aber auch gerne Online-Videos, z. B. bei Youtube, _____.

Serien sehen viele junge Zuschauer zum Beispiel lieber online.

Schon über 60 Prozent, also wirklich viele junge Menschen, _____ ihre Musik online.

Fast die Hälfte _____ immer noch Bücher.

Nur einige Studienteilnehmer, nämlich 35 Prozent, haben gesagt, dass sie täglich digitale Spiele _____.

Und früher hat es wegen der Spiele ja auch oft Streit _____.

Na ja, Streit gibt es heute natürlich auch noch. Aber meistens wegen der sozialen Medien.

Auf jeden Fall _____ sich die Diskussionen zwischen Eltern und Kindern zum Thema „Regeln für die Mediennutzung".

Viele, also 68 Prozent, finden es blöd, wenn die Eltern ihre Handys oder Laptops benutzen, wenn sie zusammen sind.

64 Prozent der Kinder bis 14 Jahren haben zum Beispiel gesagt, dass ihre Eltern mehr Zeit mit Medien _____ als sie.

Was für die Kinder oder die Familie nicht gut ist, ist auch für die Eltern schlecht.

kommunizieren	nutzen
verwenden	sehen … an
hören	liest
spielen	gegeben
ändern	verbringen

Aus: **Klasse! B1** Lehrerhandbuch

Flüster-Laufdiktat

Arbeitet im Team: Person A beginnt, läuft zu Zettel A, merkt sich den Satz(teil), läuft zurück und diktiert; Person B schreibt.
Bei Satz 5 wechselt ihr: Jetzt läuft Person B zu Zettel B und diktiert.

Person A: Lauf zu dem Zettel mit dem A, lies einen Satz oder einen Teil vom Satz und entscheide, welches Adjektiv passt. Manchmal gibt es mehrere Möglichkeiten. Merke dir den Satz(teil).
Lauf dann zurück und diktiere den Satz (oder den Teil vom Satz) deinem Partner/deiner Partnerin.
Lauf danach wieder zu Zettel A und lies den nächsten (Teil vom) Satz.
Person B: Du schreibst alles auf, was Person A dir sagt.
Nach Satz 5 wechselt ihr.

A

alter ✦ alten ✦ coole ✦ coolen ✦ großen ✦ grünes ✦ grüne ✦
interessante ✦ kleine ✦ lustigen

1. Das sind ja   Sachen!
2. Das ist ein   Kassettenrekorder.
3. Die   Kassette gehört in den Rekorder.
4. Ihr hattet mal so ein   Telefon?
5. Das   Telefon …

B

alter ✦ alten ✦ coole ✦ coolen ✦ großen ✦ grünes ✦ grüne ✦
interessante ✦ kleine ✦ lustigen

6. … gehört meiner   Oma.
7. Das dauert ja lange mit so einem   Telefon.
8. Kann man mit dem   Plattenspieler Musik abspielen, Kim?
9. Hier ist eine   Schallplatte.
10. Mein Vater hat den   Smartspeaker gekauft.

Lösung: 1. Das sind ja coole/interessante Sachen. – 2. Das ist ein alter Kassettenrekorder. – 3. Die kleine/coole/interessante/grüne Kassette gehört in den Rekorder. – 4. Ihr hattet mal so ein grünes Telefon? – 5. Das grüne/coole/kleine/interessante Telefon gehört meiner lustigen/alten Oma. – 6. Das dauert ja lange mit so einem lustigen Telefon. – 7. Kann man mit dem großen/alten/lustigen Plattenspieler Musik abspielen, Kim? – 8. Hier ist eine interessante/coole/kleine Schallplatte. – 9. Mein Vater hat den coolen/lustigen/alten/großen Smartspeaker gekauft.

Netter Schüler sucht einfachen Job

Arbeitet zu zweit. B dekliniert das Adjektiv und liest den Satz. A kann helfen.

	A		B
1	Sportliches Mädchen bietet Einzeltraining an.	**1**	_____ *(sportlich)* Mädchen bietet Einzeltraining an.
2	Praktische Handytasche zu verkaufen.	**2**	_____ *(praktisch)* Handytasche zu verkaufen.
3	Tolle Karten von der Fußball-WM zu verschenken.	**3**	_____ *(toll)* Karten von der Fußball-WM zu verschenken.
4	Großer Tisch zu verkaufen.	**4**	_____ *(groß)* Tisch zu verkaufen.
5	Suche Harry Potter-Kostüm in gutem Zustand.	**5**	Suche Harry Potter-Kostüm in _____ *(gut)* Zustand.
6	Wer verkauft preiswerte Mario Kart-Spiele?	**6**	Wer verkauft _____ *(preiswert)* Mario Kart-Spiele?
7	Suche motivierte „League of Legions"-Gruppe.	**7**	Suche _____ *(motiviert)* „League of Legions"-Gruppe.
8	Verkaufe rotes Fahrrad mit neuem Sattel.	**8**	Verkaufe _____ *(rot)* Fahrrad mit _____ *(neu)* Sattel.
9	Ich esse gerne grüne Äpfel.	**9**	Ich esse gerne _____ *(grün)* Äpfel.
10	Tattoo-Studio sucht Aushilfe mit modernem Aussehen.	**10**	Tattoo-Studio sucht Aushilfe mit _____ *(modern)* Aussehen.
11	Grünes Gemüse mag ich nicht.	**11**	_____ *(grün)* Gemüse mag ich nicht.
12	Gestern haben wir mit guten Freunden eine lustige Party gemacht.	**12**	Gestern haben wir mit _____ *(gut)* Freunden eine _____ *(lustig)* Party gemacht
13	Bei wichtigen Tests bin ich immer cool.	**13**	Bei _____ *(wichtig)* Tests bin ich immer _____ *(cool)*.
14	Gekochte Kartoffeln muss man in dünne Scheiben schneiden.	**14**	_____ *(gekocht)* Kartoffeln muss man in _____ *(dünn)* Scheiben schneiden.
15	Lieber Hund sucht nette Person zum langen Spazierengehen.	**15**	_____ *(lieb)* Hund sucht _____ *(nett)* Person zum _____ *(lang)* Spazierengehen.

Ihr seid schon fertig? Macht den Lernfalter noch einmal und tauscht die Rollen.

Was passt zusammen? Wir funktioniert es?

Der Junge war schon oft in der Türkei.	der schon oft in der Türkei war.	Das Mädchen kommt aus Armenien.	das aus Armenien kommt.	Die Lehrerin hilft bei der Organisation.	die bei der Organisation hilft.	Die Jugendlichen haben das Fest organisiert.	die das Fest organisiert haben.
Nick ist ein Junge.	Nick ist ein Junge,	Naira ist ein Mädchen.	Naira ist das Mädchen,	Frau Schmidke ist eine Lehrerin.	Frau Schmidke ist die Lehrerin,	Mila und Valentin sind Jugendliche.	Mila und Valentin sind die Jugendlichen,

Aus zwei Sätzen einen machen

Arbeitet zu zweit. Person A stellt eine Frage, Person B formuliert aus den zwei Sätzen einen Satz mit Relativpronomen. Person A kontrolliert. Dann fragt Person B usw.

A	B
1 Wer ist Frau Müller? *Frau Müller ist eine Lehrerin, die nett zu allen ist.*	**1** Frau Müller ist eine Lehrerin. Die Lehrerin ist nett zu allen.
2 Das Fest der Kulturen ist ein Schulfest. Das Fest zeigt die Vielfalt der Schule.	**2** Was ist das Fest der Kulturen? *Das Fest der Kulturen ist ein Schulfest, das die Vielfalt der Schule zeigt.*
3 Wer ist Isabel? *Isabel ist die Schülerin, die Paella aus Spanien mitbringt.*	**3** Isabel ist eine Schülerin. Sie bringt Paella aus Spanien mit.
4 Erik ist ein Junge. Ich habe ihn beim Schulfest nicht gesehen.	**4** Wer ist Erik? *Erik ist ein Junge, den ich beim Schulfest nicht gesehen habe.*
5 Was hast du gegessen? *Ich habe ein syrisches Gericht gegessen, das ich vorher noch nicht kannte.*	**5** Ich habe ein syrisches Gericht gegessen. Ich kannte das Gericht vorher noch nicht.
6 Die Musik war toll. Die Musik hat die Band gespielt.	**6** Wie war die Musik? *Die Musik, die die Band gespielt hat, war toll.*
7 Was hast du dir auf dem Schulbasar gekauft? *Ich habe mir auf dem Schulbasar eine Tasche gekauft, die ich schon lange schön fand.*	**7** Ich habe mir auf dem Schulbasar eine Tasche gekauft. Die Tasche fand ich schon lange schön.
8 Pia findet die Klamotten nicht mehr. Sie wollte sie auf dem Schulbasar verkaufen.	**8** Was findet Pia nicht mehr? *Pia findet die Klamotten nicht mehr, die sie auf dem Schulbasar verkaufen wollte.*
9 Wer ist Pawel? *Pawel ist der Junge, der so schön gesungen hat.*	**9** Pawel ist der Junge. Er hat so schön gesungen.
10 Der Computer war kaputt. Wir brauchten ihn für das Fest.	**10** Wo war der Computer? *Der Computer, den wir für das Fest brauchten, war kaputt.*
11 Wo sind die Schlüssel? *Herr Meier hat die Schlüssel, die wir gesucht haben.*	**11** Herr Meier hat die Schlüssel. Wir haben sie gesucht.
12 Lukas hat beim Schulfest seine Sonnenbrille verloren. Er hat sie gerade neu gekauft.	**12** Was hat Lukas verloren? *Lukas hat beim Schulfest seine Sonnenbrille verloren, die er gerade neu gekauft hat.*
13 Wie war das Schulfest? *Das Schulfest, das auch in der Zeitung stand, war ein voller Erfolg.*	**13** Das Schulfest war ein voller Erfolg. Das Schulfest stand auch in der Zeitung.
14 Die Schule musste danach aufgeräumt werden. Sie war super dekoriert.	**14** Was war mit der Schule? *Die Schule, die super dekoriert war, musste danach aufgeräumt werden.*

Ihr seid schon fertig? Macht den Lernfalter noch einmal und wechselt die Rollen A und B.

Was ist dein Problem?

Ich kann nicht kochen.	Ich esse sehr gerne Fleisch, möchte aber Vegetarier werden.
Ich esse zu viel.	Meine Mutter kocht immer Gemüse und ich mag kein Gemüse.
Meine Freunde wollen immer zu einer Fast-Food-Kette, aber ich will nicht.	Morgen hat mein Freund Geburtstag und ich will einen Kuchen für ihn backen. Aber ich habe kein Rezept.
Meine Freundin hat einen Kuchen für mich gebacken – aber mit Mehl. Ich habe eine Allergie gegen Mehl.	Ich muss bei unserem *Fest der Kulturen* eine Präsentation halten und ich bin total nervös.
Ich habe Hunger, aber ich habe mein Essen zu Hause vergessen und kein Geld.	Meine Eltern kommen nicht zum *Fest der Kulturen*. Ich habe die Einladung in mein Heft gelegt und dann vergessen.
Meine Freunde wollen containern gehen. Aber ich finde das nicht gut, weil ich die Sachen nicht essen will.	Niemand will mit mir containern gehen.
Ich liebe große Feste und freue mich auf das Schulfest. Aber an dem Tag wird meine Oma 80 Jahre alt. Ich möchte lieber zum Schulfest gehen.	Ich habe mein Lieblings-T-Shirt auf dem Fest vergessen und finde es nicht mehr.

Laufdiktat

Lies den Text und merke ihn dir. Welches Wort passt in die Lücke? Wähle ein Wort aus dem Kasten. Lauf dann zu deinem/-r Partner/-in und diktiere den Text. Wenn du etwas vergessen hast, dann lauf noch einmal. Bei „Person B" tauscht ihr die Rollen.

Ausbildung ✦ Geheimnisse ✦ gestritten ✦ gewonnen ✦ glücklich ✦ gute Laune ✦
Nachricht ✦ neue Zeit ✦ quer ✦ Roller ✦ seit einem Jahr ✦ Streit ✦ Unglaublich ✦
unglücklich ✦ wiedergetroffen ✦ wünsche

S T E V E	**Person A** Gute Frage … im Moment habe ich nur selten richtig _____. Zu Hause nerven mich oft meine Geschwister oder ich soll mehr im Haushalt helfen oder so. Es ist immer derselbe Ärger. Trotzdem! Gestern war ich richtig _____. **Person B** Ich habe einen Musik-Wettbewerb _____. Ich spiele Klavier und ich habe vor dem Wettbewerb jeden Tag immer wieder dasselbe Stück geübt. Ich war sehr nervös, aber alles hat prima geklappt. 1. Platz! _____. Und meine Familie war auch total happy.

K A L L E	**Person A** Ich habe einen besten Freund, Linus. Er ist immer für mich da. Wir haben uns noch nie richtig _____, weil wir über alles miteinander sprechen können. Wir finden dieselben Sachen gut und wir haben keine _____. Wir können … **Person B** … uns immer aufeinander verlassen. Das ist für mich Glück. Jetzt fängt eine _____ an. Früher sind wir in dieselbe Schule gegangen und haben uns jeden Tag gesehen. Jetzt beginnt Linus aber eine _____. Hoffentlich sehen wir uns trotzdem oft. Mal sehen.

A N N E	**Person A** Ich bin im Moment gerade total happy. Ich _____ mir schon so lange einen Motorroller. Ich habe ewig gespart und heute haben ihn meine Eltern endlich gekauft. Meine Freundin fährt schon _____ mit ihrem Roller zur Schule. **Person B** Und ich wollte unbedingt denselben _____ haben. Gleiches Modell, gleiche Farbe. Jetzt fahren wir mit denselben Rollern _____ durch die Stadt. Ich freue mich total.

C A R I N A	**Person A** Jetzt bin ich glücklich, weil ich nicht mehr _____ bin. Ich hatte richtig Ärger mit meiner Freundin Jana. Leider waren wir in denselben Jungen verliebt. Deshalb gab es immer wieder _____. Jana und ich haben länger nichts voneinander gehört. **Person B** Keine _____, kein Anruf … Das war schlimm. Aber wir haben oft aneinander gedacht. Nach ein paar Wochen war aber klar, dass der Junge ein Idiot ist. Und gestern habe ich Jana _____ und wir haben lange geredet. Was für ein Glück!

Quiz: Wer sagt das? Steve, Kalle, Anne oder Carina? Notiert.

_____ erzählt seinem Freund alles.

_____ hat lange nicht mit Jana telefoniert.

_____ hat mit seinem Instrument gewonnen.

_____ bleibt auf der Schule, aber sein Freund macht eine Ausbildung.

_____ fährt zusammen mit ihrer Freundin überall hin.

Zurzeit ist _____ oft schlecht drauf.

_____ und ihre Freundin verstehen sich wieder gut.

_____ hat lange kein Geld ausgegeben.

96

Fehlerkorrektur

A: Lest die Mail und findet die 15 Fehler. Unterstreicht die Stellen und korrigiert die Fehler.

✉

Lieber Frau Dr. Ratke,
ich habe oft Streit mit meinen Eltern, weil ich spiele viel am Computer. Trotzdem ich habe gute Noten in der Schule. Aber meine Eltern fragen mich immer, wenn ich nicht etwas anderes machen kann. Sie wollen, dass ich mich mit Freunde treffe und mehr draußen bin. Sie verstehen nicht dass ich mit meinen Freunden spielen und wir uns da unterhalten. Immer stört sie mich, wenn wir gerade erledigen miteinander ein Aufgabe. Und jetzt wollen sie meine Zeit an Computer begrenzen! Das ist so unfair! Habe ich gemacht alle Hausaufgaben und ich habe geholfen im Haushalt. Was kann ich mach? Was sagen sie?
Viele Grüße
Tim

_____
_____
_____
_____
_____
_____
_____
_____
_____
_____

✂ ---

B: Lest die Mail. Darin sind 15 Fehler markiert. Könnt ihr sie korrigieren?

✉

Lieber Frau Dr. Ratke,
ich habe oft Streit mit meinen Eltern, weil ich spiele viel am Computer. Trotzdem ich habe gute Noten in der Schule. Aber meine Eltern fragen mich immer, wenn ich nicht etwas anderes machen kann. Sie wollen, dass ich mich mit Freunde treffe und mehr draußen bin. Sie verstehen nicht dass ich mit meinen Freunden spielen und wir uns da unterhalten. Immer stört sie mich, wenn wir gerade erledigen miteinander ein Aufgabe. Und jetzt wollen sie meine Zeit an Computer begrenzen! Das ist so unfair! Habe ich gemacht alle Hausaufgaben und ich habe geholfen im Haushalt. Was kann ich mach? Was sagen sie?
Viele Grüße
Tim

_____
_____
_____
_____
_____
_____
_____
_____
_____
_____

Lösung: Liebe Frau Dr. Ratke, ich habe oft Streit mit meinen Eltern, weil ich viel am Computer. Trotzdem **habe ich** gute Noten in der Schule. Aber meine Eltern fragen mich immer, **warum** ich nicht etwas anderes machen kann. Sie wollen, dass ich mich mit **Freunden** treffe und mehr draußen bin. Sie verstehen nicht, dass ich mit meinen Freunden **spiele** und wir uns da unterhalten. Immer **stören** sie mich, wenn wir gerade miteinander **eine Aufgabe erledigen.** Und jetzt wollen sie meine Zeit am Computer begrenzen. Das ist so unfair! Ich **habe** alle Hausaufgaben **gemacht** und ich **habe** im Haushalt **geholfen.** Was kann ich **machen?** Was sagen **Sie?** Viele Grüße Tim

Was passt: *als* oder *wenn*?

Arbeitet zu zweit. Person B ergänzt die Sätze mit *als* oder *wenn* und Person A kontrolliert.
Ab Nummer 9 formuliert B dann eigene freie Sätze mit *als/wenn*. Person A hört genau zu und
kontrolliert.

	A		B
1	*Als ich ein Kind war, habe ich gern Bonbons gegessen.*	1	… ich ein Kind war, habe ich gern Bonbons gegessen.
2	*Als ich in die Schule kam, habe ich Lesen gelernt.*	2	… ich in die Schule kam, habe ich Lesen gelernt.
3	*Immer wenn ich zu meiner Oma gefahren bin, waren Sommerferien.*	3	Immer … ich zu meiner Oma gefahren bin, waren Sommerferien.
4	*Als ich 16 war, war ich verliebt.*	4	… ich 16 war, war ich verliebt.
5	*Ich habe mich mit meiner Schwester viel gestritten, als wir noch klein waren.*	5	Ich habe mich mit meiner Schwester viel gestritten, … wir noch klein waren.
6	*Wir haben viele DVDs gesehen, als es noch kein Netflix gab.*	6	Wir haben viele DVDs gesehen, … es noch kein Netflix gab.
7	*Wenn ich Streit mit meiner Schwester hatte, bin ich immer zu meinem Bruder gegangen.*	7	… ich Streit mit meiner Schwester hatte, bin ich immer zu meinem Bruder gegangen.
8	*Wenn ich 18 bin, will ich Auto fahren.*	8	… ich 18 bin, will ich Auto fahren.
9	*Wenn … [eigene Idee + VERB am Ende], nahm ich den Zug.*	9	Wenn …, nahm ich den Zug.
10	*Als … [eigene Idee + VERB am Ende], war ich noch sehr klein.*	10	Als …, war ich noch sehr klein.
11	*Wenn … [eigene Idee + VERB am Ende], hat meine Mutter mir geholfen.*	11	Wenn …, hat meine Mutter mir geholfen.
12	*Als … [eigene Idee + VERB am Ende], bin ich in die Schule gekommen.*	12	…, bin ich in die Schule gekommen.
13	*Als … [eigene Idee + VERB am Ende], hatte ich auch Physik und Chemie in der Schule.*	13	…, hatte ich auch Physik und Chemie in der Schule.
14	*Als ich 12 war, [VERB] …*	14	… 12 …

Ihr seid schon fertig? Macht den Lernfalter noch einmal und wechselt die Rollen A und B

© Ernst Klett Sprachen GmbH 2020. Vervielfältigung zu Unterrichtszwecken gestattet. Aus: **Klasse! B1** Lehrerhandbuch

Vier gewinnt!

Spielt zu viert: Jeweils 2 Personen sind ein Team. Ihr entscheidet, welches Team ein „x" als Symbol bekommt und welches ein „o". Team A würfelt und wählt eines der vier Felder aus, die hier unter der Würfelanzahl stehen:

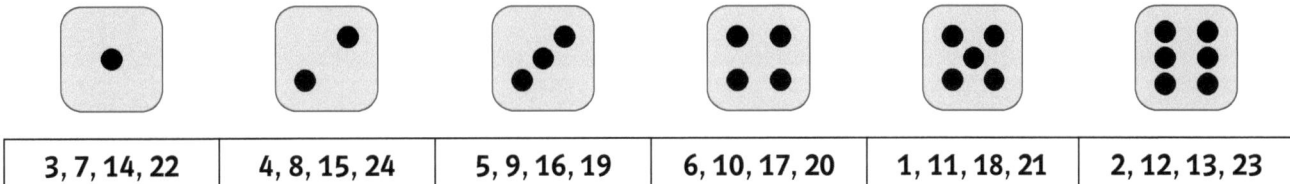

3, 7, 14, 22	4, 8, 15, 24	5, 9, 16, 19	6, 10, 17, 20	1, 11, 18, 21	2, 12, 13, 23

Auf dem gewählten Feld steht eine Antwort. Das Team formuliert eine Frage, die zu den Texten in Aufgabe 6b und 6c im Kursbuch passt und die man mit dieser Antwort beantworten kann. Wenn Team B einverstanden ist, dass diese Frage zur Antwort passt, macht ihr auf dem Feld ein „x" oder „o". Nun ist Team B an der Reihe usw.
Euer Ziel ist es, dass ihr horizontal, vertikal oder diagonal in eine Reihe von vier Feldern euer Symbol schreiben konntet. Dann habt ihr gewonnen!
Wenn auf allen Feldern unter eurer Würfelzahl schon ein Symbol steht, ist das Pech für euch: Dann ist direkt die andere Gruppe dran!

1 18 Jahre	**2** mit einem Abfalleimer	**3** pro Kilometer	**4** eine besondere Herausforderung	**5** Frankreich	**6** Preise
7 München	**8** für einen guten Zweck	**9** Spenden	**10** die BreakOut-App	**11** EinDollarBrille	**12** 830 €
13 extra Geld	**14** 36 Stunden	**15** 23.5.	**16** per Anhalter	**17** alle wichtigen Informationen	**18** Zug
19 Webseite	**20** Wanda und Fabio	**21** 1 oder 2 €	**22** 15. Juni	**23** letztes Jahr	**24** zu Fuß

Ich finde es einfach, einen Infinitivsatz zu bilden.

Arbeitet zu zweit. Person B bildet die Sätze mit Infinitiv + *zu* und formuliert ab Nummer 13 dann eigene freie Sätze. Achtet auf die Position von *zu*. Die andere Person kontrolliert.

	A		B
1	*Ich habe Lust, schwimmen zu gehen.*	**1**	Ich habe Lust, … *(schwimmen gehen)*
2	*Es ist bestimmt toll, mit Freunden zu campen.*	**2**	Es ist bestimmt toll, … *(mit Freunden campen)*
3	*Sie hat bei BreakOut versucht, 300 km zu Fuß zu gehen.*	**3**	Sie hat bei BreakOut versucht, … *(300 km zu Fuß gehen)*
4	*Wir haben es geschafft, die Deutschprüfung zu bestehen.*	**4**	Wir haben es geschafft, … *(die Deutschprüfung bestehen)*
5	*Es ist verboten, hier auf der Autobahn zu überholen.*	**5**	Es ist verboten, … *(hier auf der Autobahn überholen)*
6	*Es ist keine gute Idee, an einer anderen Haltestelle auszusteigen.*	**6**	Es ist keine gute Idee, … *(an einer anderen Haltestelle aussteigen)*
7	*Ich freue mich, in Berlin Urlaub machen zu können.*	**7**	ich – mich freuen – Berlin Urlaub machen können
8	*Es ist toll, dich kennenzulernen.*	**8**	toll sein – dich kennenlernen
9	*Ich habe Angst, draußen zu übernachten.*	**9**	ich – Angst haben – draußen übernachten
10	*Er findet es schwierig, ohne Geld zu verreisen.*	**10**	er – schwierig finden – ohne Geld verreisen
11	*Oma hat auch keine Lust, mit meinen Eltern spazieren zu gehen.*	**11**	Oma – auch keine Lust haben – mit meinen Eltern spazieren gehen
12	*Es ist anstrengend, Reisen mit einem guten Zweck zu verbinden.*	**12**	anstrengend sein – Reisen mit einem gutem Zweck verbinden
13	*Ich versuche, … [+ freie Lösung, z. B. … Mathe zu verstehen.]*	**13**	Ich versuche, …
14	*Ich schlage vor, … [+ freie Lösung, z. B. … ins Kino zu gehen.]*	**14**	Ich schlage vor, …
15	*Ich habe beschlossen, … [+ freie Lösung, z. B. … mit Sport anzufangen.]*	**15**	Ich habe beschlossen, …
16	*Es ist möglich, … [+ freie Lösung, z. B. … einen Platz zum Schlafen zu finden.]*	**16**	Es ist möglich, …

Ihr seid schon fertig? Macht den Lernfalter noch einmal und tauscht die Rollen A und B.

Schwere Entscheidungen

A Lest die Situation in der Gruppe. Fasst sie kurz zusammen, damit sie alle in der Gruppe verstehen.
Sprecht dann in der Gruppe darüber: Was würdet ihr machen? Wie würdet ihr euch verhalten?
Einigt euch in der Gruppe auf eine Möglichkeit.
Fasst am Ende die Situation für die ganze Klasse noch mal zusammen und berichtet, was ihr machen
würdet und warum.

*Du findest auf der Straße ein Handy und stellst fest, dass es das Handy von einem Jungen / Mädchen
aus deiner Klasse ist, in den/die du ein bisschen verliebt bist. Du weißt, du solltest ihm/ihr das Handy
zurückgeben. Aber vielleicht gibt es ja interessante Dinge in seinen/ihren Nachrichten oder bei den
Fotos. Du bist sehr neugierig.*

✂ ───

B Lest die Situation in der Gruppe. Fasst sie kurz zusammen, damit sie alle in der Gruppe verstehen.
Sprecht dann in der Gruppe darüber: Was würdet ihr machen? Wie würdet ihr euch verhalten?
Einigt euch in der Gruppe auf eine Möglichkeit
Fasst am Ende die Situation für die ganze Klasse noch mal zusammen und berichtet, was ihr machen
würdet und warum.

*Du bist auf einem Schüleraustausch und wohnst bei einer fremden Familie. Sie wissen, dass du
Vegetarier/-in bist. Am Wochenende machen sie ein Fest und grillen. Sie haben vergessen, dass du
kein Fleisch isst und es gibt nur Fleisch. Als ihr alle am Tisch sitzt und esst, fragt dich dein Sitznachbar
laut, warum du nichts isst.*

✂ ───

C Lest die Situation in der Gruppe. Fasst sie kurz zusammen, damit sie alle in der Gruppe verstehen.
Sprecht dann in der Gruppe darüber: Was würdet ihr machen? Wie würdet ihr euch verhalten?
Einigt euch in der Gruppe auf eine Möglichkeit
Fasst am Ende die Situation für die ganze Klasse noch mal zusammen und berichtet, was ihr machen
würdet und warum.

*Du musst etwas aus dem Lehrerzimmer holen. Dir macht ein Lehrer auf, aber der muss dringend
in den Unterricht. Er lässt dich also allein im Lehrerzimmer. Auf dem Tisch siehst du die Sachen von
eurem Mathelehrer. Ganz oben liegt in einer Mappe die Klassenarbeit, die ihr am nächsten Tag in
eurer Klasse schreibt. Mathe ist ein Fach, in dem dein bester Freund/deine beste Freundin nicht gut
ist. Er/Sie braucht unbedingt eine gute Note.*

✂ ───

D Lest die Situation in der Gruppe. Fasst sie kurz zusammen, damit sie alle in der Gruppe verstehen.
Sprecht dann in der Gruppe darüber: Was würdet ihr machen? Wie würdet ihr euch verhalten?
Einigt euch in der Gruppe auf eine Möglichkeit
Fasst am Ende die Situation für die ganze Klasse noch mal zusammen und berichtet, was ihr machen
würdet und warum.

*Eine Gruppe von beliebten Mitschülerinnen und Mitschülern aus deiner Klasse machen immer nur
Mist. Jetzt haben sie die Idee, dass alle den Chemie-Unterricht schwänzen* sollen. Du magst Chemie.*

*schwänzen = nicht hingehen

Sätze verkürzen

Arbeitet zu zweit. Person A liest einen Satz vor. Person B verkürzt ihn wie angegeben.

	A		B
1	Der Vater erzählt seinem Sohn eine Geschichte. → Akk.-Pronomen: *Der Vater erzählt sie seinem Sohn.*	1	→ Akk.-Pronomen: *Der Vater erzählt … seinem Sohn.*
2	Der Vater erzählt seinem Sohn eine Geschichte. → Dativ-Pronomen *Der Vater erzählt ihm eine Geschichte.*	2	→ Dativ-Pronomen: *Der Vater erzählt …*
3	Der Vater erzählt seinem Sohn eine Geschichte. → Dativ-+Akk.-Pronomen: *Der Vater erzählt sie ihm.*	3	→ Dativ+ Akk.-Pronomen: *Der Vater erzählt …*
4	Ich schenke meiner Oma einen Computer. → Akk.-Pronomen: *Ich schenke ihn meiner Oma.*	4	→ Akk.-Pronomen: *Ich schenke …*
5	Ich schenke meiner Oma einen Computer. → Dativ-Pronomen: *Ich schenke ihr einen Computer.*	5	→ Dativ-Pronomen: *Ich schenke …*
6	Ich schenke meiner Oma einen Computer. → Dativ- +Akk.-Pronomen: *Ich schenke ihn ihr.*	6	→ Dativ + Akk.-Pronomen: *Ich schenke …*
7	Die Lehrerin zeigt den Schülern ein Bild. → Akk.-Pronomen: *Die Lehrerin zeigt es den Schülern.*	7	→Akk.-Pronomen: *Die Lehrerin zeigt …*
8	Die Lehrerin zeigt den Schülern ein Bild. → Dativ-Pronomen: *Die Lehrerin zeigt ihnen ein Bild.*	8	→ Dativ-Pronomen: *Die Lehrerin zeigt …*
9	Die Lehrerin zeigt den Schülern ein Bild. → Dativ- + Akk.-Pronomen: *Die Lehrerin zeigt es ihnen.*	9	→ Dativ- + Akk.-Pronomen: *Die Lehrerin zeigt …*
10	Der Lehrer verbietet Eva ihr Handy. → Dativ-Pronomen: *Der Lehrer verbietet ihr ihr Handy.*	10	→ Dativ-Pronomen: *Der Lehrer verbietet …*
11	Du wünschst dir einen Hund zum Geburtstag. → Akk.-Pronomen: *Du wünschst ihn dir zum Geburtstag.*	11	→ Akk.-Pronomen: *Du wünscht …*
12	Lukas gibt Kim den Roller. → Dativ- +Akk.-Pronomen *Lukas gibt ihn ihr.*	12	→ Dativ- +Akk.-Pronomen: *Lukas gibt …*
13	Kim sendet Henri ein Foto von dem Roller. → Dativ- +Akk.-Pronomen: *Kim sendet es ihm.*	13	→ Dativ- + Akk.-Pronomen: *Kim sendet …*
14	Ich muss Lena die Sonnenbrille zurückbringen. → Dativ- + Akk.-Pronomen: *Ich muss sie ihr zurückbringen.*	14	→ Dativ- + Akk.-Pronomen: *Ich muss … zurückbringen.*
15	Herr Sauer erklärt dem Kind das Wetter. → Dativ- + Akk.-Pronomen: *Herr Sauer erklärt es ihm.*	15	→ Dativ- + Akk.-Pronomen: *Herr Sauer erklärt …*
16	Die Mutter kauft den Kindern einen Hund. → Dativ- + Akk.-Pronomen: *Die Mutter kauft ihn ihnen.*	16	→ Dativ- + Akk.-Pronomen: *Die Mutter kauft …*

Ihr seid schon fertig? Macht den Lernfalter noch einmal und tauscht die Rollen A und B und überlegt euch danach eigene Sätze.

Domino-Spiel

die ich sehr spannend finde. Was für ein Roboter!	Der 40-jährige Peter,
dem der Roboter geholfen hat, ist mein Onkel.	Die Natur,
in der wir die Pflanzen und Tiere sehen können, ist in Gefahr.	Das ist der Fußballer Max,
mit dem ich in der gleichen Mannschaft spiele.	Anna und Thomas sind meine kleinen Geschwister,
um die ich mich immer kümmern muss.	Meine Freundinnen,
mit denen ich gerne shoppe, wohnen bei mir in der Straße.	Ich hätte gern einen Stift,
der so gut schreibt, dass ich alle Tests bestehe.	Der Sommer,
an den ich mich noch gut erinnere, war sehr heiß, immer über 30 Grad!	Meine Nachbarin Louise,
der ich Nachhilfe in Mathe gegeben habe, hat jetzt eine gute Note geschrieben.	Die Stadt,
in der ich lebe, ist sehr klein. Sie hat nur 100 000 Einwohner.	Gestern habe ich im Fernsehen eine Zirkusvorstellung gesehen und da war dieser Clown,
über den ich viel gelacht habe. Das war das Beste an der Vorstellung.	Der elektrische Roller,
mit dem Henri losfährt, hat noch keine Bremse.	*Jugend forscht* ist ein Wettbewerb,
bei dem man seine Erfindungen zeigen kann.	Ich würde ein Produkt bei *Jugend forscht* entwickeln,
das allen Menschen helfen kann, dass sie gesund bleiben.	Der Roboter erzählt eine Geschichte,

Was sagt man in einer Präsentation?

Mein Thema ist ...
Zuerst spreche ich über ...
Dann ... Danach ... und am Schluss ...
Ich persönlich ...
Ich habe die Erfahrung gemacht, dass ...
Bei uns ...
In Spanien/Italien/ ...
Hier ...
Ein Vorteil/Nachteil ist ...
Ich finde es positiv/negativ, dass ...
Meiner Meinung nach ...
Ich denke/finde/glaube, dass ...
Meine Präsentation ist jetzt zu Ende.
Ich hoffe, es war interessant für euch.
Vielen Dank fürs Zuhören / für eure Aufmerksamkeit.

Während des Übens lerne ich viel.

Arbeitet zu zweit. Person B beginnt und ergänzt die Sätze 1–4 mit *während, innerhalb* oder *außerhalb + Genitiv*. In Nummer 5–8 ordnet Person B die Wörter und formuliert korrekte Sätze. Person A kontrolliert.

Ab Nummer 9 tauscht ihr: Person A ergänzt und formuliert Sätze und Person B Kontrolliert

	A		B
1	*Während meiner Hausaufgaben sollte ich keine Musik hören.*	**1**	… meiner Hausaufgaben sollte ich keine Musik hören.
2	*Die Aufgaben müssen innerhalb einer Stunde gelöst werden, mehr Zeit habt ihr nicht.*	**2**	Die Aufgaben müssen … einer Stunde gelöst werden, mehr Zeit habt ihr nicht.
3	*Während der Busfahrt höre ich immer Musik.*	**3**	… der Busfahrt höre ich immer Musik.
4	*Außerhalb der Stadt darf man schneller fahren.*	**4**	… der Stadt darf man schneller fahren als in der Stadt.
5	*Martin hat etwas im Internet bestellt. Es wird nur innerhalb Deutschland**s** geliefert.*	**5**	Martin hat etwas im Internet bestellt. wird / geliefert / es / innerhalb + Deutschland / nur
6	*Auch außerhalb **des** Spanischunterricht**s** spricht Annalena viel Spanisch.*	**6**	spricht / Annalena / viel Spanisch / auch außerhalb + (der) Spanischunterricht
7	*Während **des** Lernen**s** muss ich mich sehr konzentrieren.*	**7**	muss / konzentrieren / ich / mich / während + (das) Lernen / sehr
8	*Außerhalb **der** Schule habe ich viel Zeit für meine Hobbys.*	**8**	habe / ich / viel Zeit / meine Hobbys / außerhalb + (die) Schule
9	… des Essens erzähle ich meinen Eltern von der Schule.	**9**	*Während des Essens erzähle ich meinen Eltern von der Schule.*
10	Von 8 bis 13 Uhr müssen die Schüler … des Schulgeländes bleiben.	**10**	*Von 8 bis 13 Uhr müssen die Schüler innerhalb des Schulgeländes bleiben.*
11	… des Referats atme ich tief und ruhig.	**11**	*Während des Referats atme ich tief und ruhig.*
12	Eis darf man nur … des Busses essen.	**12**	*Eis darf man nur außerhalb des Busses essen.*
13	Ich trainiere viel, / will / sein / weil / ich / innerhalb + (das) Jahr / gut genug / für unser Basketballteam	**13**	*Ich trainiere viel, weil ich innerhalb eines Jahres gut genug für unser Basketball- team sein will.*
14	liegt / die Schule / außerhalb + (die) Stadt	**14**	*Die Schule liegt außerhalb **der** Stadt.*
15	darf / benutzen / man / keine Handys / während + (der) Test	**15**	*Während **des** Test**s** darf man keine Handys benutzen.*
16	haben / getanzt / wir / viel / während + (das) Schulfest	**16**	*Während **des** Schulfest**s** haben wir viel getanzt.*

© Ernst Klett Sprachen GmbH 2020. Vervielfältigung zu Unterrichtszwecken gestattet. Aus: **Klasse! B1** Lehrerhandbuch

Die Welt von morgen

Wir können Menschen auf der ganzen Welt verstehen, weil moderne Telefone alle Sprachen automatisch übersetzen.	Roboter werden sich um Alte und Kranke kümmern.
Wir werden nur noch arbeiten, wenn es uns Spaß macht.	Ich werde eine gute Arbeit und eine Familie mit 2 Kindern haben.
Die meisten Menschen werden über 100 Jahre alt werden.	In 10 Jahren wird … *[Name einsetzen]* viel reisen und fast die ganze Welt kennen.
Wir werden alle auf Booten leben, weil die ganze Welt ein großes Meer ist.	Wir werden wieder bewusster leben und unsere Kleidung selber machen.
Es wird nur noch Online-Unterricht geben und wir werden nicht mehr in die Schule müssen.	Wir werden keine Sprachen mehr lernen müssen, weil es für jede Sprache eine Tablette gibt, die man nehmen kann.

Was wisst ihr noch aus Kapitel 7?

Spielt zu dritt oder zu viert. Würfelt. Geht so viele Felder wie die Zahl auf dem Würfel. Auf einem leeren Feld nehmt ihr eine Karte und löst die Aufgabe darauf. Legt die Karten dann wieder unter den Stapel. Dieses Feld 🎲 heißt: Würfle noch einmal! Dieses Feld 🚫 heißt: Du musst einmal aussetzen. Kommt ihr auf ein Feld mit einem Pfeil ⇨, müsst ihr dem Pfeil folgen und dort weitermachen.

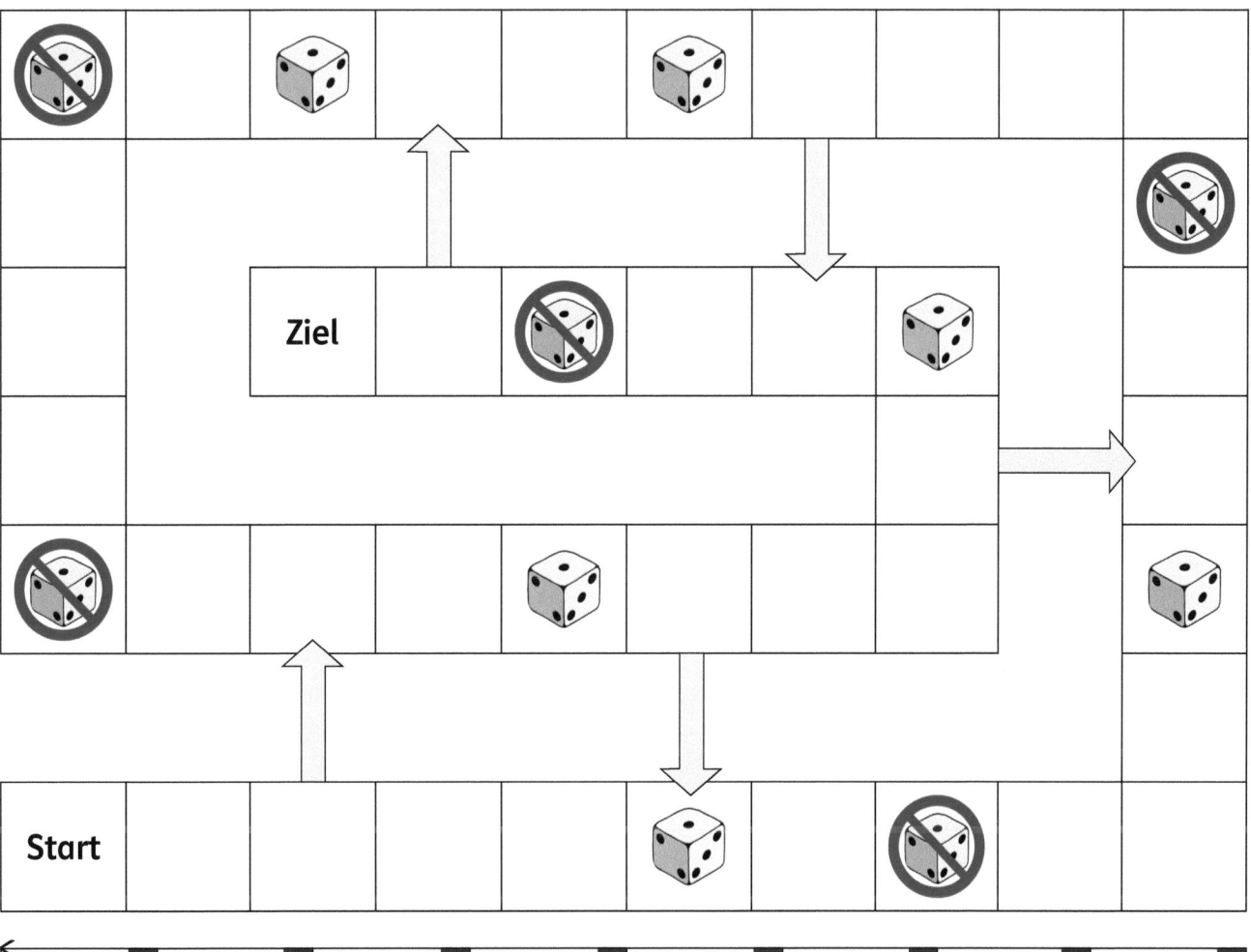

1	2	3	4	5	6	7	8
Schulabschluss am Ende des Gymnasiums: *das …*	Schlag eine Freizeitaktivität vor.	*Nach der Schule … ich eine Ausbildung …*	*Lass uns ins Kino gehen!* (Reagiere positiv).	Wie sagt man das: 50 %? Nenne zwei Ausdrücke.	*Man darf … der Stadt nur 50 km/h fahren.*	*… des Spiels muss ich mich konzentrieren.*	Was ist Oles Problem?

9	10	11	12	13	14	15	16
Im Saarland gibt es Gesamtschulen. Richtig? Falsch?	Wann lernt man in Deutschland die erste Fremdsprache?	*Benny möchte Anwalt werden. Richtig? Falsch?*	Nenne zwei Tipps für erfolgreiches Lernen.	Was sind die zwei schlechtesten Noten in Deutschland?	Was plant Florian für Oles Geburtstag?	*Für Kai ist das Einkommen beim Job wichtig. Richtig? falsch?*	Vermute: Was wird dein/-e Nachbar/-in rechts von dir nach der Schule machen?

17	18	19	20	21	22	23	24
… des Physiktests müsst ihr das Handy ausmachen.	Bei schlechten Noten in einem Schulfach holt man sich Unterstützung. Wie heißt das?	Wie sagt man das: 24,67 %?	*In Österreich ist 1 die schlechteste Note. Richtig? Falsch?*	*Wollen wir uns im Park treffen?* Reagiere negativ. Mach einen Gegenvorschlag.	Nenne zwei Tipps für erfolgreiches Lernen.	Nenne drei verschiedene Schultypen in Deutschland.	Nenne die Artikel für: *Zeugnisnote, Stundenplan, Deutschreferat*

Wörter erklären

der/die Leser/Leserin	die Selbstständigkeit	der Protest
– am Computer – Buch – Zeitung	– verantwortlich – erwachsen sein – eigenes Geld	– Demonstration – viele Leute – Umweltverschmutzung
erwachsen	**die Enttäuschung**	**die Trennung**
– alt – jung – Geburtstag	– traurig – nach Hause fahren – Abenteuer	– Liebe – teilen – traurig
die Scheidung	**die Verletzung**	**die Erinnerung**
– Hochzeit – Streit – Rathaus	– weh tun – Aua! – Wunde	– Gedächtnis – Vergangenheit – Kindheit
die Katastrophe	**der Kampf**	**die Umweltverschmutzung**
– schrecklich – Tsunami – Natur	– Streit – zwei Parteien – Konflikt	– Müll – Plastik – Organisation
die Politik	**der Bildschirm**	**das Semester**
– Partei – Regierung – Parlament	– Computer – Fernseher – sitzen	– Universität – studieren – Cafeteria
die Einsamkeit	**schüchtern**	**sich ereignen**
– allein – Gefühl – Partner	– introvertiert – wenig sagen – rot werden	– passieren – geschehen – Erlebnis

Was hat Kim wann gemacht?

Arbeitet zu zweit. Person B formuliert Sätze mit *nachdem* und dem Hauptsatz in der Vergangenheit (Perfekt oder Präteritum). Achtet darauf, wann die Situation in den Sätzen passiert ist. Person A kontrolliert.

Dann macht den Lernfalter noch einmal und tauscht die Rollen. Ihr könnt auch die Perspektive wechseln: Sagt alle Sätze in der 1. Person (also mit *ich*).

	A		B	
1	*Nachdem Kim um 7 Uhr aufgestanden war, hat sie geduscht.*	1	Nachdem Kim um 7 Uhr …, hat sie geduscht.	
2	*Nachdem sie geduscht hatte, hat sie gefrühstückt.*	2	Nachdem …, hat sie gefrühstückt.	
3	*Nachdem sie gefrühstückt hatte, hat sie sich angezogen.*	3	Nachdem …, hat sie sich angezogen.	
4	*Nachdem sie sich angezogen hatte, ist sie zur Schule gegangen.*	4	Nachdem …, ist sie zur Schule gegangen.	
5	*Nachdem sie zur Schule gegangen war / an der Schule angekommen war, hat sie Marie getroffen.*	5	Nachdem …, hat sie Marie getroffen.	
6	*Nachdem sie Marie getroffen hatte, hatten sie Sport.*	6	Nachdem …, hatten sie Sport.	
7	*Nachdem Sie Sport gehabt hatten, hatten sie noch Deutsch, Musik und Chemie.*	7	Nachdem …, hatten sie noch Deutsch, Musik und Chemie.	
8	*Nachdem sie Chemie gehabt hatte(n), war die Schule aus.*	8	Nachdem …, war die Schule aus.	
9	*Nachdem sie Mittag gegessen hatte, hat sie abgewaschen.*	9	Mittagsessen → abwaschen	
10	*Nachdem sie abgewaschen hatte, hat sie Hausaufgaben gemacht.*	10	abwaschen → Hausaufgaben	
11	*Nachdem sie Hausaufgaben gemacht hatte, ist sie Skateboard gefahren.*	11	Hausaufgaben → Skateboard fahren	
12	*Nachdem sie Skateboard gefahren war, hat sie Freunde getroffen.*	12	fahren → Freunde treffen	
13	*Nachdem sie Freunde getroffen hatte, ist sie nach Hause gegangen und hat zu Abend gegessen.*	13	Freunde treffen → nach Hause gehen und zu Abend essen	
14	*Nachdem sie zu Abend gegessen hatte, hat sie ferngesehen.*	14	Abendessen →	

Sätze verbinden

Kim und Henri ließen ihre Rucksäcke in der Jugendherberge. Danach sahen sie sich die Stadt an. *(bevor)*	Bevor Kim und Henri sich die Stadt ansehen, ließen sie ihre Rucksäcke in der Jugendherberge.
Auf der Party spricht Marie mit Jenny und tanzt. *(während)*	Während Marie auf der Party mit Jenny spricht, tanzt sie. / Während Marie auf der Party tanzt, spricht sie mit Jenny.
Henri hat sich im Spiegel mit der neuen Frisur gesehen. Er ist schockiert. *(nachdem)*	Nachdem sich Henri im Spiegel mit der neuen Frisur gesehen hat, ist er schockiert.
Jenny hat getanzt. Dann hat sie Juan gesehen und ist zu ihm gegangen. *(nachdem)*	Nachdem Jenny getanzt hatte, hat sie Juan gesehen und ist zu ihm gegangen.
Georg hat den Führerschein gemacht. Jetzt fährt er jeden Tag mit dem Auto zur Uni. *(nachdem)*	Nachdem Georg den Führerschein gemacht hat, fährt er jetzt jeden Tag mit dem Auto zur Uni.
Wir waren in Berlin. Ich habe viele Souvenirs gekauft. *(während)*	Während wir in Berlin waren, habe ich viele Souvenirs gekauft.
Lena Meyer-Landrut hat für Deutschland gesungen. Vorher war sie nervös. *(bevor)*	Bevor Lena Meyer-Landrut für Deutschland gesungen hat, war sie nervös.
1989 hat die DDR die Mauer geöffnet. Reisen in den Westen waren für alle möglich. *(nachdem)*	Nachdem die DDR die Mauer geöffnet hatte, waren Reisen in den Westen für alle möglich.
Tim will Tiermedizin studieren. Vorher will er eine Ausbildung zum Tierpfleger im Zoo machen. *(bevor)*	Bevor Tim Tiermedizin studiert, will er eine Ausbildung zum Tierpfleger im Zoo machen.
Mia arbeitet als Eventmanagerin und studiert gleichzeitig Marketing. *(während)*	Während Mia als Eventmanagerin arbeitet, studiert sie (gleichzeitig) Marketing.

Tauschbörse

1 Welche Gegenstände und Aktivitäten könntest du zum Tausch anbieten? Schreib sie und deine Argumente in die Tabelle.

Das biete ich an:	Meine Argumente:	Meine Tauschpartner/-innen und was ich bekomme:
_____ _____ _____	_____ _____ _____	_____ _____ _____
_____ _____ _____	_____ _____ _____	_____ _____ _____
_____ _____	_____ _____	_____ _____
_____ _____	_____ _____	_____ _____

2 Suche Tauschpartner/-innen für deine Gegenstände/Aktivitäten in der Klasse und überzeuge sie, mit dir zu tauschen. Die Ausdrücke im Kasten helfen dir.
Schreibe alle Namen deiner Tauschpartner/-innen auf und auch das, was du für deinen Gegenstand/ deine Aktivität von ihnen bekommst.
Wer findet in zehn Minuten die meisten Tauschpartner/-innen?

So kannst du deine Tauschpartner/-innen überzeugen:	
Du solltest … *Wir könnten doch …* *Ich finde, du brauchst unbedingt …* *An deiner Stelle würde ich sofort …*	*Ein Vorteil ist …* *Besonders gut ist …* *… ist wichtig, oder?*

3 Erzähle: Welche Tauschpartner/-innen hast du für deine Gegenstände/Aktivitäten gefunden? Und für wen entscheidest du dich?

> Für … habe ich … Tauschpartner gefunden: …
> … gibt mir dafür …
> Ich finde das Angebot von … am besten, weil … /
> Ich entscheide mich für das Angebot von …, weil …

Der Pass wird geprüft – Der Pass wurde geprüft.

Arbeitet zu zweit. Person B wandelt die Sätze in Passiv um:
– Steht **heute** dabei, dann ins Passiv Präsens,
– steht **gestern** dabei, dann ins Passiv Präteritum.
Person A kontrolliert und hilft. Ab Satz 9 tauscht ihr die Rollen.

	A		B
1	*Das neue Handy wird (von Lisa) gekauft.*	**1**	Lisa kauft das neue Handy. *(heute)*
2	*Das Formular wurde (von Erik) unterschieben.*	**2**	Erik unterschreibt das Formular. *(heute)*
3	*Die Hausaufgaben wurden (von den Schülern) gemacht.*	**3**	Die Schüler machen die Hausaufgaben. *(gestern)*
4	*Zum Geburtstag wird immer ein Geburtstagslied gesungen. / (Auch möglich:) Ein Geburtstagslied wird immer zum Geburtstag gesungen.*	**4**	Man singt zum Geburtstag immer ein Geburtstagslied. *(heute)*
5	*Der Termin für den Test wurde (vom Lehrer) abgesagt.*	**5**	Der Lehrer sagt den Termin für den Test ab. *(gestern)*
6	*Der Vorschlag wurde abgelehnt.*	**6**	Man lehnt den Vorschlag ab. *(gestern)*
7	*Die Musik wird (vom DJ) lautgestellt.*	**7**	Der DJ stellt die Musik laut. *(heute)*
8	*Meine Haare wurden gestern (vom Friseur) geschnitten.*	**8**	Der Friseur schneidet meine Haare. *(gestern)*
9	Man zählt das Geld auf der Bank. *(heute)*	**9**	*Das Geld wird auf der Bank gezählt.*
10	Meine Eltern putzen die Wohnung. *(gestern)*	**10**	*Die Wohnung wurde (von meinen Eltern) geputzt.*
11	Die Nachbarn feiern eine Party. *(heute)*	**11**	*Eine Party wird gefeiert. / (Auch möglich: Von den Nachbarn wird eine Party gefeiert.)*
12	Kim bestellt sofort viele Dinge im Internet. *(gestern)*	**12**	*Sofort wurden (von Kim) viele Dinge im Internet bestellt.*
13	Frau Müller überweist das Geld für die Klassenfahrt. *(gestern)*	**13**	*Das Geld für die Klassenfahrt wurde gestern (von Frau Müller) überwiesen.*
14	Der Schaffner kontrolliert die Tickets im Zug. *(heute)*	**14**	*Die Tickets werden (vom Schaffner) im Zug kontrolliert.*
15	Nach dem Einkauf füllt meine Mutter den Kühlschrank. *(gestern)*	**15**	*Der Kühlschrank wurde nach dem Einkauf (von meiner Mutter) gefüllt.*
16	Susanne wäscht ihren Rock. *(heute)*	**16**	*Ihr/Susannes/Der Rock wird (von Susanne) gewaschen.*

Statt zu schreiben, sprechen wir

Spielt zu dritt oder viert. Person 1 würfelt und zieht so viele Felder, wie der Würfel anzeigt. Auf dem Feld beendet sie den Satz mit *statt* oder *anstatt*. Die anderen kontrollieren. Wenn der Satz grammatisch und inhaltlich korrekt ist, darf die Person dort stehen bleiben, sonst muss sie 2 Felder zurück. Dann ist die nächste Person an der Reihe.
Ihr kommt auf dasselbe Feld? Kein Problem! Ihr müsst dort nur einen anderen Satz formulieren.

Start	Statt …, sollte man die Gegenstände lieber tauschen.	Anstatt …, ruf deinen Freund oder deine Freundin an.	*Macht einen eigenen Satz.*
Statt …, fragt er lieber seine Mutter.	*Macht einen eigenen Satz.*	Erik möchte lieber Taschengeld haben, anstatt …	Anstatt …, kannst du deinen Großeltern helfen.
Macht einen eigenen Satz.	Statt …, füttere deine Katze.	Anstatt …, nimmt Papa sein Fahrrad.	Statt …, suche ich im Internet eine Tauschbörse.
Lisa reklamiert ihren Computer, statt …	Statt …, lernen sie für den Test.	*Macht einen eigenen Satz.*	Anstatt …, kannst du doch mal lachen!
Statt …, fahren wir dieses Jahr mit dem Zug in den Urlaub.	Anstatt …, kannst du auch Volleyball spielen.	Cara spricht mit ihrer Freundin, anstatt …	*Macht einen eigenen Satz.*
Anstatt …, könntest du dich bedanken.	*Macht einen eigenen Satz.*	Statt …, solltest du sparen.	Ich gehe lieber ins Kino, anstatt …
Statt …, gehe ich mal nach draußen.	Anstatt …, können wir die Hausaufgaben machen.	*Macht einen eigenen Satz.*	Luis übt Klavier, statt …
Macht einen eigenen Satz.	Ihr lest lieber ein Buch, anstatt …	Anstatt …, solltest du mir das Geld zurückgeben.	**Ziel**

Wie bin ich?

A Lies die Definition vor, wo du kein Adjektiv in Spalte 2 hast. Wie heißt die Eigenschaft?
Nenne sie. Dein/-e Partner/-in hat die Lösung. Wechselt ab.

1	2
Diese Person ist immer genau zu der Zeit da, die man verabredet hat.	
geduldig	Die Eigenschaft, ruhig und lange auf etwas zu warten und nicht die Nerven zu verlieren.
Man ist mit allen Gedanken auf etwas konzentriert. Man sieht, wenn jemand anderes etwas braucht, man ist ein guter Beobachter.	
teamfähig	Wenn man gut in einer Gruppe arbeiten kann.
Wenn eine Person etwas nicht alleine kann und man macht das mit dieser oder für diese Person.	
zuverlässig	Man kann sicher sein, dass etwas/jemand den versprochenen Nutzen bringt. Eine Person ist es, wenn sie ihr Wort hält und das erledigt, was sie verspricht.
Sich für eine Organisation oder eine Person oder eine Idee einsetzen, z. B. Greta Thunberg für den Klimaschutz.	
gerecht	Etwas ist oder jemand handelt moralisch richtig und fair.
Man nimmt die Aufgaben, die man hat, wichtig und erledigt sie gut, z. B. in der Familie oder im Beruf. Man kümmert sich und denkt nicht, dass es vielleicht irgendwie von allein passiert.	
mitfühlend	Wenn man viel Empathie hat. Man kann z. B. sofort verstehen, warum jemand traurig ist, und möchte der Person dann gerne helfen.

B Lies die Definition vor, wo du kein Adjektiv in Spalte 1 hast. Wie heißt die Eigenschaft?
Nenne sie. Dein/-e Partner/-in hat die Lösung. Wechselt ab.

1	2
Diese Person ist immer genau zu der Zeit da, die man verabredet hat.	**pünktlich**
	Die Eigenschaft, ruhig und lange auf etwas zu warten; nicht die Nerven zu verlieren.
Man ist mit allen Gedanken auf etwas konzentriert. Man sieht, wenn jemand anderes etwas braucht, man ist ein guter Beobachter.	**aufmerksam**
	Wenn man gut in einer Gruppe arbeiten kann.
Wenn eine Person etwas nicht alleine kann und man macht das mit dieser oder für diese Person.	**hilfsbereit**
	Man kann sicher sein, dass etwas/jemand den versprochenen Nutzen bringt. Eine Person ist es, wenn sie ihr Wort hält und das erledigt, was sie verspricht.
Sich für eine Organisation oder eine Person oder eine Idee einsetzen, z. B. Greta Thunberg für den Klimaschutz.	**engagiert**
	Etwas ist oder jemand handelt moralisch richtig und fair.
Man nimmt die Aufgaben, die man hat, wichtig und erledigt sie gut, z. B. in der Familie oder im Beruf. Man kümmert sich und denkt nicht, dass es vielleicht irgendwie von allein passiert.	**verantwortungsvoll**
	Wenn man viel Empathie hat. Man kann z. B. sofort verstehen, warum jemand traurig ist, und möchte der Person dann gerne helfen.

Ich bewerbe mich entweder für ein Praktikum oder …

Arbeitet zu zweit. Person B formuliert Sätze mit den Doppelkonnektoren. Person A kontrolliert und hilft. Ab Satz 9 tauscht ihr die Rollen.

	A		B
1	*A und B: Ich bewerbe mich sowohl für die Bank als auch für den Zoo.*	1	**A und B:** Bank, Zoo Ich bewerbe mich sowohl für …
2	***nicht A und nicht B:** Er will weder früh aufstehen noch nachts arbeiten.*	2	**nicht A und nicht B:** früh aufstehen, nachts arbeiten Er will weder …
3	***A oder B:** Ein Praktikum bei unserer Firma dauert entweder zwei Wochen oder drei Monate.*	3	**A oder B:** Praktikum: 2 Wochen, 3 Monate Ein Praktikum bei unserer Firma dauert …
4	***A und B:** Die Chefin schreibt nicht nur Briefe, sondern organisiert auch Besprechungen.*	4	**A und B:** Briefe schreiben, Besprechungen organisieren Die Chefin … nicht nur …
5	***A und B:** Man lernt sowohl Mathe als auch Deutsch in der Schule. / Man lernt nicht nur Mathe, sondern auch Deutsch in der Schule.*	5	**A und B:** Mathe lernen, Deutsch lernen Man … in der Schule.
6	***nicht A und nicht B:** Ich will weder auf dem Bauernhof noch in der Landwirtschaft arbeiten.*	6	**nicht A und nicht B:** auf dem Bauernhof, in der Landwirtschaft arbeiten Ich will …
7	***A oder B:** Sie möchte entweder den Führerschein oder eine lange Reise machen.*	7	**A oder B:** den Führerschein, eine lange Reise Sie möchte …
8	***A und B:** Du solltest nicht nur zuverlässig, sondern auch kreativ sein. / Du solltest sowohl zuverlässig als auch kreativ sein.*	8	**A und B:** zuverlässig, kreativ Du solltest … sein.
9	**A oder B:** Studium, Ausbildung Ich mache entweder …	9	*A oder B: Ich mache entweder ein Studium oder eine Ausbildung.*
10	**nicht A und nicht B:** 30 Stunden arbeiten, 40 Stunden arbeiten Sie will weder …	10	***nicht A und nicht B:** Sie will weder 30 (Stunden) noch 40 Stunden arbeiten.*
11	**A oder B:** mit Kindern, mit Tieren Er will …	11	*A oder B: Er will entweder mit Kindern oder mit Tieren arbeiten.*
12	**A und B:** teamfähig, aufmerksam Du musst … sein.	12	*A und B: Du musst nicht nur teamfähig, sondern auch aufmerksam sein. / Du muss sowohl teamfähig als auch aufmerksam sein.*
13	**A und B:** kopieren, mit Kunden sprechen Bei meinem Praktikum muss ich …	13	*A und B: Bei meinem Praktikum muss ich nicht nur kopieren, sondern auch mit Kunden sprechen./ … muss ich sowohl kopieren als auch mit dem Kunden sprechen.*
14	**A oder B:** mit Tieren, mit Kindern arbeiten Emily will …	14	*A oder B: Emily will entweder mit Tieren oder mit Kindern arbeiten.*
15	**nicht A und nicht B:** nach Hamburg, ins Ausland Nico will …	15	***nicht A und nicht B:** Nico will weder nach Hamburg noch ins Ausland gehen.*
16	**A und B:** *positive Erfahrungen sammeln, negative Erfahrungen sammeln* Bei dem Praktikum … nicht nur …	16	*A und B: Bei dem Praktikum sammelt man nicht nur positive (Erfahrungen), sondern auch negative Erfahrungen.*

Was siehst du?

Verbinde die richtigen Punkte <u>in der Reihenfolge der Aufgabe</u>. Streiche das falsche Wort durch.

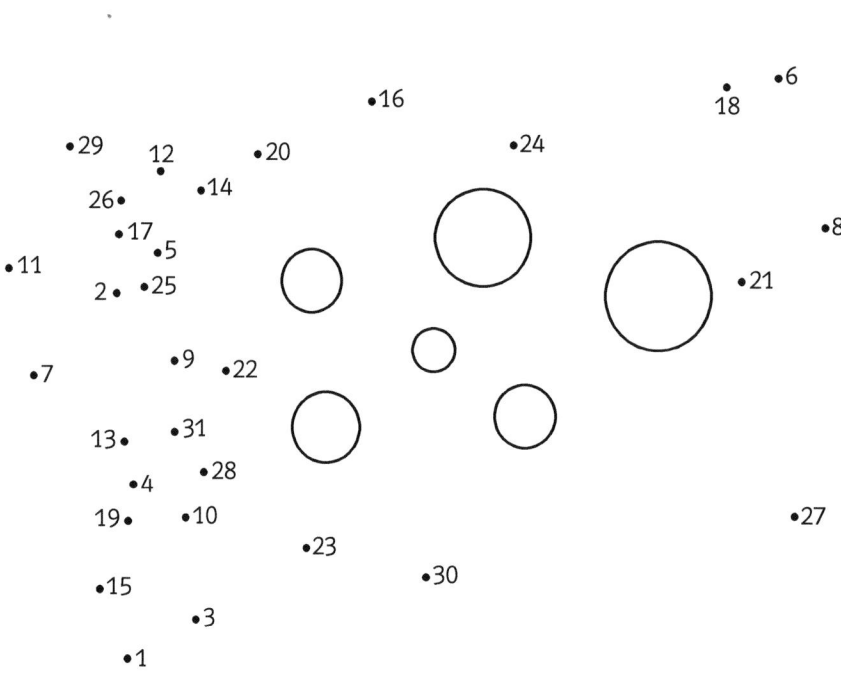

1. Mein Nachbar (12) / Nachbarn (14) ist ein netter Mensch.
2. Der Präsident antwortet dem Journalist (16) / Journalisten (32).
3. Ich bitte meinen Kollege (24) / Kollegen (6) um Hilfe.
4. Ich gehe heute Mittag mit Herr (8) / Herrn (27) Müller essen.
5. Erik trifft heute einen wichtigen Kunde (30) / Kunden (1).
6. Der Junge (19) / Jungen (3) geht nach der Schule zum Fußball.
7. Die Lehrerin muss den Direktor (10) / Direktoren (22) heute sprechen.
8. Hast du Angst vor dem Löwe (4) / Löwen (28)?
9. Frau Sievers stellt den neuen Praktikant (7) / Praktikanten (31) vor.
10. Obst und Gemüse kauft meine Mutter direkt beim Bauer (23) / Bauern (13).
11. Nach der Universität geht der Student (2) / Studenten (9) nach Hause.
12. Die Tante schenkt dem Neffe (11) / Neffen (25) ein Computerspiel.
13. In der Stadt sehe ich Tourists (15) / Touristen (5) aus Spanien.
14. Hast du schon den Fotograf (29) / Fotografen (17) gesehen?
15. Der Lehrer gibt dem Schüler (26) / Schülern viele Hausaufgaben.
16. Der Tierpfleger gibt dem Hund (18) / Hunden (21) Futter.

✂ -

Ich übe viel, um besser zu werden

Arbeitet zu zweit. Person B verbindet die zwei Sätze mit *damit* oder *um … zu*.
Benutzt *um … zu*, wenn beide Subjekte gleich sind.
Person A kontrolliert und hilft.

	A		B
1	*Beate macht ein Praktikum im Altersheim, um den Beruf „Altenpflegerin" kennenzulernen.*	**1**	Beate macht ein Praktikum im Altersheim. Sie lernt den Beruf „Altenpflegerin" kennen. → *Beate macht ein Praktikum im Altersheim, um …*
2	*Luis gibt einen Workshop, damit ältere Menschen danach besser mit dem Computer umgehen können.*	**2**	Luis gibt einen Workshop. Ältere Menschen können danach besser mit dem Computer umgehen. → *Luis gibt einen Workshop, damit …*
3	*Ich jobbe in den Sommerferien, um Geld für ein Moped zu verdienen.*	**3**	Ich jobbe in den Sommerferien. Ich verdiene Geld für ein Moped.
4	*David hilft Emma in Deutsch, damit sie eine gute Note bekommt.*	**4**	David hilft Emma in Deutsch. Sie bekommt eine gute Note.
5	*Du brauchst Ruhe, um die Vokabeln zu lernen*	**5**	Du brauchst Ruhe. Du lernst die Vokabeln.
6	*Jeden Freitag demonstriert Lisbeth mit anderen Schülern, damit die Politiker mehr auf die Umwelt achten.*	**6**	Jeden Freitag demonstriert Lisbeth mit anderen Schülern. Die Politiker achten mehr auf die Umwelt.
7	*Die Umweltgruppen sprechen über verschiedene Themen, um so vieles gleichzeitig besprechen zu können.*	**7**	Die Umweltgruppen sprechen über verschiedene Themen. So können sie vieles gleichzeitig besprechen.
8	*Igor macht eine Tanzausbildung, um später eine Tanzschule zu eröffnen.*	**8**	Igor macht eine Tanzausbildung. Später eröffnet er eine Tanzschule.
9	*Sven hat die Öko-Gruppe gegründet, um sich dort zusammen mit anderen für die Umwelt einzusetzen.*	**9**	Sven hat die Öko-Gruppe gegründet. Er setzt sich dort zusammen mit anderen für die Umwelt ein.
10	*Die Stadt baut mehr Radwege, damit die Radfahrer sicherer durch die Stadt fahren können.*	**10**	Die Stadt baut mehr Radwege. Die Radfahrer können sicherer durch die Stadt fahren.
11	*Die Eltern bringen dem Kind das Radfahren bei, damit es später mit dem Rad unabhängiger ist.*	**11**	Die Eltern bringen dem Kind das Radfahren bei. Es ist später mit dem Rad unabhängiger.
12	*Das öffentliche Verkehrsnetz wird ausgebaut, damit mehr Menschen die öffentlichen Verkehrsmittel benutzen.*	**12**	Das öffentliche Verkehrsnetz wird ausgebaut. Mehr Menschen benutzen die öffentlichen Verkehrsmittel.
13	*Mein Vater geht jeden Tag zu Fuß zur Arbeit, um die Umwelt zu schonen.*	**13**	Mein Vater geht jeden Tag zu Fuß zur Arbeit. Er schont die Umwelt.
14	*Pia sammelt Plastikmüll am Strand, damit die Meerestiere besser leben können.*	**14**	Pia sammelt Plastikmüll am Strand. Die Meerestiere können besser leben.
15	*Der Klassensprecher spricht mit seinen Mitschülern, um ihre Probleme kennenzulernen.*	**15**	Der Klassensprecher spricht mit seinen Mitschülern. Er lernt so ihre Probleme kennen.
16	*Beim Zähneputzen mache ich immer das Wasser aus, um Wasser zu sparen.*	**16**	Beim Zähneputzen mache ich immer das Wasser aus. Ich spare Wasser.

Ihr seid schon fertig? Tauscht die Rollen.

Katalog: Wer sagt das?

Lies die Informationen über Emma, Tarik und Greta durch. Notiere den Namen von „deiner" Person überall da, wo er passt.

Lauf dann durch die Klasse und stelle deine Fragen. Wenn dein/-e Partner/-in Antworten weiß, dann notiere den Namen der Person aus den Texten.

	Name	
1		Die Person findet es schön, wenn die Kinder Fortschritte machen.
2		Diese Person findet, wir müssen endlich aufwachen.
3		Die Person geht einmal die Woche in eine Flüchtlingsunterkunft.
4		Diese Person kümmert sich um eine 5. Klasse, sie ist Tutorin.
5		In ihrer Schule gibt es „Umweltchefs", die Dinge kontrollieren, um die Umwelt zu schonen.
6		Zu dieser Person kann man in der Pause gehen.
7		Die Person ärgert sich über Personen, die einfach Müll auf die Straße werfen.
8		Die Kinder, mit denen sie Eis essen geht, kennen niemanden, alles ist neu.
9		Diese Person spricht manchmal mit einem Sozialpädagogen.
10		Sie wollen „Umweltschule in Europa" werden.
11		Diese Person träumt von einer eigenen Tanzschule.
12		Wenn die Kinder Fragen haben, dann kommen sie zu ihnen.
13		Es gibt vier Personen, die diesen Job machen.
14		Die Person wurde gefragt, ob sie bei dem Projekt mitmachen wollte.
15		Die Person fürchtet sich ein bisschen davor, was mit der Umwelt passiert.

Mit Präpositionen fragen

Ich träume von Ferien in Portugal.	Ich denke an den Deutschtest.
Ich freue mich auf Weihnachten.	Ich freue mich über das gute Wetter.
Ich freue mich über meinen kleinen Bruder.	Ich interessiere mich nicht für Politik.
Ich ärgere mich über den Busfahrplan.	Ich kümmere mich um meine Mitschüler.
Ich erinnere mich an meine Grundschullehrerin.	Ich erinnere mich an letzten Sommer.
Ich muss über das Gespräch gestern nachdenken.	Ich streite immer mit meiner Schwester.
Ich spreche viel mit meinem besten Freund.	Wir sprechen viel über die Schule.
Ihr protestiert gegen Umweltverschmutzung.	Ich bewerbe mich um ein Praktikum.
Ich gebe viel Geld für Klamotten aus.	Ich engagiere mich für den Umweltschutz.
Lisa ist in Emilio verliebt.	Eva bereitet sich auf die Prüfung vor.
Der Schüler entschuldigt sich bei der Lehrerin.	Herr Petersen fragt nach dem Weg.
Lukas verabredet sich mit seinem Freund.	Machst du bei der Theater-AG mit?

© Ernst Klett Sprachen GmbH 2020. Vervielfältigung zu Unterrichtszwecken gestattet. Aus: **Klasse! B1** Lehrerhandbuch

Je ... desto

Je ...-Karten	... *desto/umso*-Karten
Buch romantisch	wenig schlafen
Buch spannend	schnell beenden
Buch traurig	schön finden
Autor bekannt	viel weinen
realistisch	sich viel freuen auf
Kritik gut	lange sparen müssen
Buch teuer	kritisch lesen
Zeichnung schön	motiviert lesen
Sprache modern	viel identifizieren
Hauptfigur mutig	interessiert lesen

Über einen literarischen Text sprechen

Arbeitet zu zweit. Person B beschreibt ein Buch mit den genannten Redemitteln. Person A kontrolliert und hilft. Ab Satz 9 tauscht ihr die Rollen.

	A		B
1	*Der Titel des Buches ist „Tintenherz".*	**1**	Titel: „Tintenherz" *Der Titel …*
2	*Die Autorin heißt Cornelia Funke. /* *Cornelia Funke hat das Buch geschrieben.*	**2**	Autorin: Cornelia Funke
3	*In dem Text/Buch/Roman geht es um das* *Lesen./ Dieser Text handelt vom Lesen.*	**3**	Thema: Lesen
4	*In dem Text/Buch/Roman geht es darum, dass* *die Heldin Figuren aus den Büchern herauslesen* *kann. / Der Text handelt davon, dass die Heldin* *Figuren aus Büchern herauslesen kann.*	**4**	Thema: Die Heldin kann Figuren aus Büchern herauslesen.
5	*In dem Text/Buch/Roman geht es um den* *Kampf zwischen Gut und Böse. / Der Text* *handelt vom Kampf zwischen Gut und Böse.*	**5**	Thema: Kampf: Gut und Böse
6	*Die Hauptfiguren/Helden sind die 12-jährige* *Meggie, ihr Vater Mo und Staubfinger.*	**6**	Hauptfiguren: 12-jährige Meggie, Vater Mo, Staubfinger
7	*Zuerst bekommen Meggie und ihr Vater Besuch* *von Staubfinger, der sie vor dem bösen* *Capricorn warnt.*	**7**	Handlung: Meggie und ihr Vater bekommen Besuch von Staub- finger, der sie vor dem bösen Capricorn warnt.
8	*Möglichkeit: Dann reisen sie zu ihrer Tante Elinor,* *müssen fliehen, kommen in Gefangenschaft und* *dann kommt das große Finale.*	**8**	Handlung: Reise zu Tante Elinor, Flucht, Gefangenschaft und großes Finale
9	Titel: Harry Potter	**9**	Der Titel des Buches ist Harry Potter.
10	Autorin: Joanne K. Rowling	**10**	*Die Autorin heißt Joanne K. Rowling/* *Joanne K. Rowling hat das Buch geschrieben.*
11	Thema: Zauberei und Magie	**11**	*In dem Text/Buch/Roman geht es um Zauberei und* *Magie. / Der Text handelt von Zauberei und Magie.*
12	Thema: Harry Potters Kinderheit und Jugend und sein Kampf gegen Lord Voldemort.	**12**	*In dem Text/Buch/Roman geht es um Harry* *Potters Kindheit und Jugend und seinen Kampf* *gegen Lord Voldemort. / Der Text handelt von* *Harry Potters Kindheit und Jugend und seinen* *Kampf gegen Lord Voldemort.*
13	Thema: Kampf Gut und Böse	**13**	*In dem Text/Buch/Roman geht es um den* *Kampf zwischen Gut und Böse. / Der Text* *handelt vom Kampf zwischen Gut und Böse.*
14	Hauptfiguren: Harry Potter, Hermione und Ron	**14**	*Die Hauptfiguren/Helden sind Harry Potter,* *Hermione und Ron.*
15	Handlung: Der 11-jährige Harry Potter kommt auf die Zauberschule Hogwarts	**15**	*Zuerst kommt der 11-jährige Harry Potter auf die* *Zauberschule Hogwarts.*
16	Handlung: Magie lernen, Kampf gegen Lord Voldemort und großes Finale	**16**	*Dann lernt Harry viel Magie, er kämpft gegen* *Lord Vodemort und dann kommt das große* *Finale.*

© Ernst Klett Sprachen GmbH 2020. Vervielfältigung zu Unterrichtszwecken gestattet. Aus: **Klasse! B1** Lehrerhandbuch

Das will ich sehen! – das Angeberspiel

Ihr spielt in 6er- oder 8er-Gruppen und innerhalb dieser Gruppen im Team.
Team A zieht eine Karte und liest gemeinsam. Team A hat dann 5 Sekunden Zeit zu überlegen:
Wie viele Sätze/Wörter können wir zu dem Thema in einer Minute sagen? Dann nennt Team A
die Zahl. **Team B** darf jetzt entweder eine höhere Zahl nennen oder sagen *Das will ich sehen!*
Wenn Team B eine höhere Zahl genannt hat, dann kann **Team C** noch höher gehen oder ebenfalls
sagen: *Das will ich sehen!*
Wenn ein Team gesagt hat: *Das will ich sehen!*, muss Team A die Herausforderung annehmen.
Es muss dann in einer Minute versuchen, (mindestens) so viele Sätze/Wörter zu schaffen, wie das
Team am Anfang gesagt hat. Die anderen Teams hören zu und kontrollieren. – Team A schafft das?
Dann darf es die Karte behalten. Danach zieht Team B eine Karte und ihr geht so vor wie oben
beschrieben, dann Team C etc. Das Team mit den meisten Karten gewinnt!

Nennt Sätze für eine Bildbeschreibung.	Nennt Sätze mit *als ob …*	Bildet Sätze mit *je … desto/umso.*	Nennt Wörter, zum Thema *Aussehen.*
Nennt Wörter zum Thema *Medien und Geräte*	Nennt Wörter zum Thema *Kunst.*	Nennt Sätze mit *zwar – aber.*	Nennt Sätze mit *lassen.*
Nennt verschiedene Maße und Gewichte.	Nennt Wörter zum Thema *Gefühle und Emotionen.*	Nennt Wörter zum Thema *Reisen und Urlaub.*	Nennt Wörter zum Thema *Technik.*
Nennt Wörter zum Thema *BRD und DDR.*	Nennt Wörter zum Thema *Geld und Bank.*	Nennt Wörter zum Thema *Eigenschaften für den Beruf.*	Nennt Wörter zum Thema *Politik.*
Bildet Sätze mit mit *obwohl* und *trotzdem.*	Bildet Vergleichssätze mit *als/wie* oder *als ob.*	Bildet Relativsätze.	Nennt Verben mit Präpositionen.
Nennt irreale *wenn*-Sätze.	Bildet Sätze mit *wegen.*	Bildet Sätze mit *während.*	Bildet Sätze mit *nachdem.*
Bildet Sätze im Passiv.	Bildet Sätze im Passiv mit Modalverb.	Bildet Sätze mit *sowohl – als auch, entweder – oder* und *weder – noch.*	Bildet Sätze mit *um – zu / damit.*

Geografie/Biologie: Nachhaltig einkaufen

1. Was fällt euch zum Wort *der Abfall / der Müll* ein?

2. Wie heißen die verschiedenen Müllsorten? Ordnet die Wörter zu, manchmal passen mehrere Wörter.

das Glas ✦ die Verpackung ✦ der Eierkasten ✦ die Flaschen ✦ die Dosen ✦ der Plastikmüll ✦ der Elektroschrott ✦ der Joghurtbecher ✦ der Kompost ✦ der organische Müll ✦ der Papiermüll ✦ die Pappe

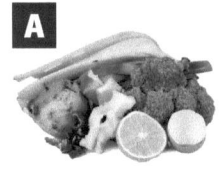     

3. a) Sprecht in Gruppen: Welchen Abfall gibt es bei euch nach einem Einkauf?

   b) Beobachtet eine Woche lang die Supermarkteinkäufe in eurer Familie: Welche Abfälle habt ihr zu Hause und wie viele? Erzählt dann in Gruppen oder schreibt einen Text.

   c) Macht dann eine Kursstatistik für eure Klasse.

4. Sucht das Wort *Nachhaltigkeit* im Wörterbuch und schreibt eine Definition.

5. Sprecht in Gruppen: Wie könnt ihr Müll vermeiden? Sammelt Ideen und notiert sie auf einem Plakat.

6. Seht euch das Foto an: Wie vermeidet das Geschäft Müll?

7. Arbeitet zu zweit. Ordnet zuerst die Wörter den Fotos zu. Überlegt dann: Was kann man in welchen Behältern kaufen? Erstellt ein Plakat.

die Dose ✦ das Schraubglas ✦ der Brotbeutel ✦ der Jutebeutel/die Baumwolltasche ✦ der Korb ✦ das Obst- und Gemüsenetz ✦ das Einmachglas ✦ die Glasflasche ✦ der Aufbewahrungsbehälter ✦ die Papiertüte

8. Lest den Text und bearbeitet die Aufgaben a) bis f).

Plastikfrei einkaufen!

17,8 Millionen Tonnen Verpackungsmüll jährlich – eine erschreckende Bilanz für unsere Umwelt. Glücklicherweise gibt es immer mehr nachhaltige Alternativen für den unverpackten Einkauf. Wo kann man unverpackt einkaufen? In Unverpackt-Läden, auf dem
5   Wochenmarkt, in Hof- und Bioläden, aber auch im Supermarkt.

Für den plastikfreien Einkauf muss man sich allerdings gut vorbereiten: Mit der richtigen Ausstattung bist du gegen jede Plastiktüte gut gewappnet. Damit du deine Lebensmittel möglichst verpackungsarm einkaufen kannst, benötigst du ein paar Gegenstände. Hast du zum Beispiel noch ein paar leere Schraubgläser oder ein altes Einmachglas zu Hause?
10 Perfekt. Die Gläser muss das Ladenpersonal zu Beginn an der Kasse wiegen. Im Anschluss kannst du Lebensmittel, wie Linsen, Bohnen, Nudeln oder Müsli, Gewürze in dein Glas füllen. Das zuvor abgewogene Eigengewicht der Gläser zieht der Verkäufer oder die Verkäuferin beim Bezahlen dann natürlich ab. Auch Obst- und Gemüsenetze aus Baumwolle oder ein Jutebeutel eignen sich ideal, nicht nur für Obst und Gemüse, sondern auch für
15 alle anderen frischen Lebensmittel. So kommst du an der Kasse gar nicht erst in die Situation, dass du eine Plastiktüte brauchst. Denn wusstest du, dass eine durchschnittliche Plastiktüte lediglich 25 Minuten in Gebrauch ist, bevor die Natur dann 10 bis 15 Jahre für den Abbau des Kunststoffs braucht? Und der jährliche Plastiktüten-Konsum beläuft sich auf ca. eine Billion Tüten. Eine Billion! Da ist neben der Baumwolltasche auch ein
20 Einkaufskorb aus Holz eine sehr viel umweltfreundlichere Alternative für den Transport deiner Lebensmittel.

Du fragst dich, wie man Flüssigkeiten wie Wasser, Saft oder sogar Öl und Hygieneprodukte wie Shampoo, Duschgel oder Hautcreme unverpackt kaufen kann? In leeren Glasflaschen kannst du Flüssigkeiten problemlos und auslaufsicher zu dir nach Hause
25 transportieren. Käse und Wurstwaren kann man in wiederverwendbaren Aufbewahrungsbehältern einkaufen, Süßigkeiten und Kekse in Dosen, und Brotbeutel halten Brot und Backwaren lange frisch und man kann sie auch in dem Beutel einfrieren. Auch dadurch wird die Welt nachhaltiger.

Wie findest du diese Idee? Gut? Dann sprich mit deinen Eltern und gemeinsam könnt
30 ihr bestimmt viel Müll vermeiden.

a) Notiert 5 neue Wörter und sucht sie im Wörterbuch.

b) Was ist ein Unverpackt-Laden?

c) Wie funktioniert der Einkauf mit eigenem Glas?

d) Wie kann ich Wasser einkaufen und nach Hause transportieren?

e) Wie viel Plastik produzieren wir für Plastiktüten und wie lange braucht der Abbau?

f) Notiert die Verpackungen und die dazu genannten Lebensmittel.

9. a) Wie viel Müll produziert euer Land? Wie viel Müll produzieren die einzelnen D-A-CH-Länder? Recherchiert und präsentiert eine „Müllkarte".

b) Warum gibt es Regionen mit mehr Müll als andere? Sprecht in Gruppen.

Wissenschaft und Technik: Eine App benutzen

1. Ordnet die Begriffe den Definitionen zu und schreibt die passende Zahl vor die Definition.

Begriff			Definition	
1	das (Akku-)Ladegerät	___	A	alle Verbindungen werden deaktiviert (man kann nicht telefonieren, keine Nachrichten empfangen etc.)
2	die Akku-Laufzeit	___	B	Anzeige, dass man einen Anruf nicht gehört oder beantwortet hat
3	das Album / die Galerie	___	C	Bilder, Videos, Texte, Dokumente, die man mit einer Nachricht mitschickt
4	antippen	___	D	damit schützt man z. B. sein Smartphone, damit nicht jeder es benutzen kann, oder man sichert ein Netzwerk, damit nicht alle das WLAN nutzen können
5	der Flugmodus	___	E	das macht man, wenn man etwas nicht mehr haben möchte
6	die App / die Anwendung	___	F	der Bildschirm
7	der Anhang	___	G	digitales Fotoalbum
8	das Betriebssystem	___	H	dort kann man notieren, wenn man etwas nicht vergessen will, und sagen, an welchem Tag und zu welcher Uhrzeit man erinnert werden möchte.
9	hochladen	___	I	drahtloses Netz, auch Wi-Fi
10	(he)runterladen/ downloaden	___	J	ein Foto vom Bildschirm
11	speichern	___	K	ein Programm für das Smartphone, das Tablet oder den Computer
12	löschen	___	L	eine App / einen Link mit dieser Aktivität öffnen
13	das Passwort	___	M	eine elektronische Sperre aufheben
14	der Screenshot	___	N	etwas aus dem Internet holen
15	mobile Daten	___	O	etwas sichern
16	die Einstellungen (Pl.)	___	P	Gerät zum Aufladen, es besteht aus einem Netzteil und einem Kabel
17	entsperren	___	Q	gratis ↔ man muss dafür bezahlen
18	wischen	___	R	hier kann man Funktionen wie z. B. die Sprache oder die Helligkeit ändern oder den Flugmodus einstellen
19	die Erinnerung	___	S	mit dem Finger auf dem Display zur Seite schieben
20	verpasste Anrufe	___	T	noch etwas dazustellen
21	einschalten/ ausschalten	___	U	on/off
22	das Display	___	V	viele andere Personen können es sehen
23	(das) WLAN	___	W	wenn diese aktiviert sind, kann man vom Smartphone auch ohne WLAN ins Internet gehen
24	hinzufügen	___	X	wenn man etwas ins Internet stellt oder als Anhang verschickt
25	teilen	___	Y	Zeitspanne, wie lange ein Gerät ohne Strom verwendet werden kann
26	kostenlos ↔ kostenpflichtig	___	Z	zum Beispiel Android oder iOS

2. Arbeitet in Gruppen mit einer App zum Wortschatz-Training auf Deutsch und erstellt zu dem Wortschatz eine Aufgabe. Ihr habt 20 Minuten Zeit.

3. Bearbeitet jetzt alle Aufgaben der anderen Gruppe zu dem neuen Wortschatz. Welche Übung hat euch am besten gefallen? Warum?

4. Welche Apps nutzt ihr normalerweise auf eurem Handy? Sprecht in Gruppen und notiert die Ideen.

> Ich sehe viele Youtube-Videos an, die ich auch like, und ich habe ein paar Kanäle abonniert.

> Ich benutze das Handy nur für Nachrichten. Ich habe verschiedene Nachrichten-Dienste. Meistens benutze ich …

5. a) Sucht euch eine Aktivität oder App aus, beschreibt die Schritte ganz genau. Macht euch Notizen.

ein Foto auf Instagram/snapchat hochladen ✦ ein Video drehen und auf Youtube hochladen ✦ eine Playlist für Spotify erstellen ✦ eine Collage mit PicsCollage erstellen ✦ ein kleines Video mit Shadow Puppet erstellen

1. die App im Internet suchen
2. Ist sie kostenlos? Oder kostenpflichtig?
3. Habe ich genug Speicherplatz?
4. App herunterladen
5. auf App tippen/App öffnen
6. sich einloggen
7. …

b) Gebt eurer/-m Partner/-in eine genaue Anleitung, wie er/sie eine App findet, hochlädt und benutzt. Er/Sie führt alles exakt so aus. Gebt euch dann Feedback: Ist die Beschreibung verständlich? Müsst ihr etwas ändern?

> Zuerst musst du die App … runterladen. Dann klickst du auf die App.

> Moment mal – das funktioniert nicht! Hier steht zuerst …

> Dann …

> Warte mal, das geht zu schnell. Wir waren bei …

Geschichte/Politik: Zwei deutsche Staaten

1. Was denkt ihr: Welche Definition passt zu welchem Wort? Arbeitet zu zweit.

1 die Wende	**A** Hier teilte Günter Schabowski als Vertreter des Politbüros der DDR Journalisten mit, dass für die Menschen in der DDR sofort die Ausreise ins westliche Ausland ohne das Vorliegen besonderer Gründe möglich ist.
2 das Westpaket	**B** Öffnung der Berliner Mauer am 9.11.1989
3 junge Pioniere	**C** Zusammengehen von DDR und BRD. Der Vertrag vom 3. Oktober 1990 regelte den Neuanfang zwischen den beiden Deutschlands.
4 Pressekonferenz am 9.11.1989	**D** Politische Massenorganisation, in die die meisten Kinder in der Grundschule eintraten. Man trug ein Halstuch und machte in der Gruppe verschiedene Aktivitäten.
5 die Mauer	**E** Geldbetrag, den man obligatorisch umtauschen musste, wenn man in die DDR fuhr.
6 Wir sind das Volk!	**F** So nannte man in der DDR das, was Familienangehörige und Freunde aus der BRD in die DDR schickten.
7 der Mindest-umtausch	**G** Dieser Begriff beschreibt die Ereignisse im Jahr 1989 und bezeichnet den Übergang der DDR zur Demokratie, bevor die DDR und die BRD zusammenkamen.
8 die Wieder-vereinigung	**H** Das riefen die DDR Bürger bei den Montagsdemonstrationen: Die Menschen in der DDR wollten ihre Regierung nicht mehr.
9 der Mauerfall	**I** stand 3 Meter hoch quer durch Berlin

2. Seht euch die historische Karte an. Beschreibt sie. Vergleicht sie dann mit einer aktuellen Deutschlandkarte und sprecht in Gruppen über die Unterschiede.

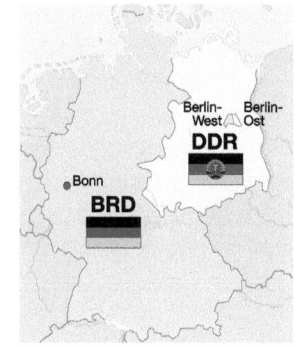

3. a) Arbeitet zu zweit. Ihr erhaltet ein Foto, das ihr eurer Partnerin oder eurem Partner nicht zeigt. Beschreibt euch gegenseitig eure Fotos und zeichnet, was ihr hört.

   b) Vergleicht eure Skizze mit dem Original. Legt die Fotos zusammen. Was ist gleich oder ähnlich? Was ist anders?

✂--

4. a) Bildet vier Gruppen A, B, C und D und lest jeweils Text A, B, C oder D. Notiert Stichpunkte zu den folgenden Themen: *Alter/Herkunft – Leben in BRD/DDR – Mauerfall – nach dem Mauerfall.*

A Jens ist in Ost-Berlin geboren und fand als Kind die kommunistischen Ideen gut. Seine Zeit bei den Jungen Pionieren hat ihm gefallen. West-Berlin und Reisen in „den Westen" hat er nie vermisst, denn man konnte ja nach Polen, Ungarn, in die Tschechoslowakei usw. reisen. Er hatte keine Probleme und fühlte sich wohl. Am Tag, als die Mauer fiel, war er 16 Jahre alt. Er hatte Angst, weil er nicht wusste, was passieren würde. Das Land, das er gekannt hatte, existierte bald nicht mehr. Aber er hatte auch Hoffnung, denn alles war neu und es gab nun viele Möglichkeiten. Nach dem Mauerfall gab es von der Regierung der BRD für die Ostdeutschen Begrüßungsgeld. Jens war eigentlich stolz auf die DDR gewesen, aber er nahm das Geld an. Heute sieht er das kritisch. Vier Tage nach dem Mauerfall fuhr Jens nach West-Berlin und war überrascht, wie viele Widersprüche es gab. Einige Monate später kaufte er sich eine coole Jeans. Dann machte er das Abitur, den Zivildienst und studierte. Heute ist er Lehrer.

B Felicitas' erste Auslandserfahrung war die DDR. Ungewöhnlich für jemanden, der in Kiel geboren wurde, aber ihre Eltern hatten enge Freunde in der DDR. Also ist die Familie oft in den Sommerferien dorthin gefahren. Sie hat lange gedacht, dass alle Grenzen so wären wie die zur DDR: Man musste lange warten, der Tank wurde überprüft und man musste genau aufschreiben, was man in die DDR brachte. Die Familie wartete dann angespannt im Auto und fand das ziemlich beängstigend. In der DDR gab es für Felicitas und die anderen Kinder in den Ferien dann viel Taschengeld, weil die Eltern pro Tag und Person einen bestimmten Geldbetrag in die Währung der DDR umtauschen mussten, obwohl man dort nicht viel kaufen konnte mit diesem Mindestumtausch. Und zu Weihnachten packten sie immer Päckchen mit Schokolade, Büchern und anderen Dingen für die Freunde in der DDR. Als die Mauer fiel, war sie gerade auf einem Schüleraustausch in Frankreich und verstand zuerst gar nicht, was sie im Fernsehen sah. Heute findet sie es interessant, dass sie beide Deutschlands kennengelernt hat.

C Die DDR war für Grete, die aus Bochum kommt, ein fremdes Land mit einem völlig fremden System. In einer Erdkundestunde bekamen sie Bilder von grauen Straßen gezeigt, aber ansonsten hat sie das Thema in der Schule nicht behandelt und es interessierte sie auch nicht, da sie dort keine Familie oder Freunde hatte. Sie wusste viel mehr über Südeuropa und über die USA als über die DDR und andere östliche Nachbarn von Deutschland. Natürlich kann sie sich an die Nachrichten und Bilder von den Leuten in der Botschaft erinnern und an die Fernsehbilder vom Brandenburger Tor und der Mauer, auf der die Leute standen. Und sie hat mit 18 Jahren dann auch mal aus Neugier ihre erste Reise in den Osten unternommen, nach Dresden. Da konnte man dann ja problemlos hinfahren. Sie war auch später noch ein, zwei Mal im Osten, an der Ostsee und im Harz. Alles war nach ein paar Jahren schick renoviert und neu gemacht. Trotzdem interessiert sie sich bis heute nicht so für den Osten. Sie war auch noch nie in Polen oder der Tschechischen Republik. Irgendwie interessiert sie sich mehr für andere Länder.

D Torsten wurde 1944 in Sachsen-Anhalt geboren und hat sein ganzes Leben in Magdeburg gelebt. Für ihn war die BRD oder auch einfach „der Westen" das Land, wo Milch und Honig fließen. Viele Leute in der DDR haben West-Fernsehen gesehen, obwohl das verboten war, und sie waren dadurch gut informiert – besser als der Westen über den Osten. Den Mauerfall hat Torsten verschlafen. Die berühmte Pressekonferenz vom 9.11.89 hat er noch live gesehen, aber die neue Ausreiseregelung hat er „wie ein guter Deutscher" verstanden: Also erst geht man zum Amt, danach kann man vielleicht reisen. Und so ist er ins Bett gegangen, bevor die Mauer fiel. Am nächsten Morgen hat er die Nachrichten gehört und dachte: „Ich bin im falschen Film!" Ein paar Tage später ist er mit seiner Frau nach Berlin gefahren, um alles mit eigenen Augen zu sehen. Und er hat auch eigenhändig von der verhassten Mauer ein paar Teile abgeschlagen. Das war gar nicht so einfach – in der ganzen DDR gab es wohl keinen besseren Beton! Sein Leben hat sich danach komplett verändert: Die ganze Welt stand ihm offen, aber die Wohnung und der Arbeitsplatz waren nicht mehr sicher und alles wurde teurer.

b) Bildet neue Gruppen: A-B-C-D. Erzählt euch anhand von euren Stichpunkten den gelesenen Text.

5. Notiert in Gruppen offene Fragen zu den Texten. Teilt diese auf und recherchiert diese im Internet. Präsentiert eure Ergebnisse.

Lösung zu Aufgabe 1: 1G, 2F, 3D, 4A, 5I, 6H, 7E, 8C, 9B

Kunst: Ein Bild beschreiben und einen Künstler kennenlernen

1. Arbeitet zu zweit. Schreibt das Alphabet untereinander in euer Heft. Seht euch das Bild an. Welche Assoziationen habt ihr? Notiert zu jedem Buchstaben eine Assoziation zum Bild.

A ...
B erg
C ...
D unkel
E ...

2. a) Lest die Wörter und Formulierungen. Sortiert sie dann in die Tabelle:
   – Welche Formulierungen braucht man für eine Bildbeschreibung?
   – Mit welchen Wörtern benennt man Kunstrichtungen und künstlerische Gestaltungsmittel?
   Kennt ihr noch mehr Wörter und Formulierungen?

surreal   ... auf dem Gemälde ...   am Rand   ... symbolisiert ...

auf den ersten Blick

abstrakt ↔ realistisch   der Expressionismus   ... sieht so aus wie ...

bunt/farbenfroh ↔ monoton   der Farbton   die Harmonie

hell ↔ dunkel

der Betrachter   expressionistisch   gut/schlecht erkennbar

der Impressionismus   Das Bild wirkt ...   Das Bild zeigt ...

harmonisch ↔ kontrastreich   Ich assoziiere mit dem Bild ...

die Komposition   der Naturalismus

die Linie   oben ↔ unten   das Licht ↔ der Schatten

der Kubismus   der Kreis   der Kontrast

die Maltechnik   rund ↔ eckig

Das Hauptmotiv ist ...   der Konstruktivismus

die obere/untere Bildhälfte

Bildbeschreibung	Kunstrichtungen	künstlerische Gestaltungsmittel	
		Nomen	**Adjektive**

3. a) Arbeitet zu zweit. Seht die Bilder des Künstlers Paul Klee an und beschreibt sie. Ihr könnt Wörter und Formulierungen aus Aufgabe 2 nutzen. Was fällt euch auf? Wie unterscheiden sich die Bilder voneinander? Welche Gestaltungsmittel benutzt der Künstler?

   b) Wann hat Paul Klee die Bilder wohl gemalt? Sortiert die Bilder in eine chronologische Reihenfolge und begründet eure Entscheidung.

   c) Man sagt, dass Paul Klees Werk verschiedenen Kunstrichtungen zugeordnet werden kann:

Recherchiert in Gruppen, was diese Bezeichnungen bedeuten. Sucht weitere beispielhafte Bilder für diese Kunstrichtungen. Erklärt dann den anderen in der Klasse, was sie über diese Kunstrichtungen wissen sollten, und zeigt Bilder dazu.

4. Bildet Gruppen und wählt eines der folgenden Themen, um mehr über das Leben und die Zeit von Paul Klee zu erfahren:

Präsentiert eure Ergebnisse, indem ihr eure Recherchen erklärt und dazu eine interaktive Aufgabe für die anderen vorbereitet. Sammelt zuerst, welche Aufgaben möglich wären.

Hier finden Sie alle didaktischen Verfahren, auf die in den Erläuterungen zum Unterricht mit einem Pfeil (→) verwiesen wird, alphabetisch aufgeführt und erläutert.

90-60-30: Die S stehen sich in zwei Kreisen gegenüber und erzählen sich monologisch die Antworten auf bestimmte Fragen: Zuerst erzählt der der Außenkreis monologisch 90 Sekunden lang, dann der Innenkreis 90 Sekunden lang. Dann rotiert der Außenkreis nach rechts und wiederholt das schon Erzählte, aber nun 60 Sekunden lang, dann der Innenkreis. Bei der nächsten Wiederholung haben die S nur noch 30 Sekunden.
Hier geht es um die Flüssigkeit beim Sprechen und nicht um die Korrektheit. Die S merken, dass ihr Sprechen mit jeder Runde flüssiger wird. Man kann die Zeiten auch ändern, falls 90, 60, 30 eventuell für die ersten Male zu wenig Zeit ist, z. B. kann auch 120-90-60 adäquat sein.

Aquarium: Die S bereiten in Gruppen ein Thema vor. Stellen Sie so viele Stühle in einen Kreis, dass aus jeder Gruppe eine Person Platz nehmen kann (wenn Sie nur 2 Gruppen machen, stellen Sie trotzdem 3–4 Stühle in den Kreis). Jede Gruppe schickt eine/-n Sprecher/-in in den Kreis, ggf. wählen Sie eine/-n Moderator/-in für die Diskussion. Nur die S im Kreis dürfen sprechen, die anderen hören zu und beobachten. Wenn jemand der Zuhörer etwas sagen möchte, klopft er/sie einer Person aus dem Innenkreis auf die Schulter und setzt sich selbst auf den Stuhl. Wenn jemand aus dem Innenkreis nicht mehr diskutieren möchte, kann er/sie den Kreis verlassen und jemandem von den Zuhörern außen auf die Schulter klopfen, sodass diese/-r in den Kreis muss.

Aufgebrochene Sätze: Notieren Sie verschiedene Sätze in 2 Teile „aufgebrochen" irgendwo auf ein DIN-A4-Blatt (z. B. *Herzlichen … Glückwunsch! / Mir geht … es gut. / Mir gefällt … das Lied überhaupt nicht.*) und kopieren Sie die Seite pro Team einmal. Die S arbeiten in PA und überlegen, welche Satzteile zusammenpassen. Dann nehmen sie sich gleichzeitig einen Stift und verbinden die Sätze, ohne darüber zu sprechen, wer welchen Satz verbindet. Sie dürfen nicht ihre eigenen Linien und auch nicht die Linien ihres Partners berühren oder kreuzen. **Variante:** Das Ganze geht auch mit einzelnen Wörtern. Die S arbeiten wie oben angegeben, nur dass sie immer 2 Wortteile verbinden und diese laut aussprechen müssen.

Aussprache:
- **Aufsteh-Aktivität:** Es geht um die Differenzierung von zwei Lauten (*ü/u* oder *ö/o* etc.). Notieren Sie die Regel an der Tafel: Wenn die S ein Wort mit *ü* hören, müssen sie aufstehen. Dann nennen sie Wörter mit *ü* oder *u* und achten darauf, dass die ganze Klasse beim Aufstehen mitmacht. Geben Sie dann die Leitung und ihre Wortliste ab und lassen Sie eine/-n freiwillige/-n S lesen. Am Ende können Sie die Liste an der Tafel zeigen und die S lesen die Wörter noch einmal in PA.
- **Chorsprechen:** Sie sprechen ein Wort oder einen Satz vor und die Klasse antwortet im Chor. Geben Sie ihnen wie ein/-e Chorleiter/-in den Einsatz.
- **Chorreihen schreien:** Die S stehen sich in 2 Reihen gegenüber. Jede Gruppe hat einen Satzteil, z. B. Gruppe 1 *Mir gefällt das …* und Gruppe 2 den Teil *… Lied sehr gut!*. Die Reihen gehen aufeinander zu, während sie abwechselnd laut ihren Teil rufen. Wenn sie aufeinandertreffen, gehen sie wieder auseinander, aber nun wechseln die Satzteile und Gruppe 2 hat den ersten Teil des Satzes und Gruppe 1 den zweiten Teil.
- **Dirigieren:** Sie sind der/die Dirigent/-in. Zeigen Sie den Dialog groß an der Tafel. Die S stehen auf und beginnen den Dialog im Chor zu lesen. Wenn Sie die Hände nach oben heben, werden die S lauter, wenn Sie die Hände nach unten bewegen, werden sie leiser. Wenn Sie die Hände auseinandernehmen, werden sie langsamer, wenn Sie die Hände schnell bewegen, werden die S schneller. Anschließend können die S selbst in KG üben. Oder Sie machen 2 Gruppen mit eigenen Dirigent/-innen.
- **Rechts-Links-Gehen:** Das Rechts-Links-Gehen kann man für verschiedene phonetische Differenzierungen benutzen (differenziertes Hören). Die S bilden zwei Reihen und haken sich ein. Wenn es in Ihrer Klasse Probleme mit Mädchen und Jungen gibt, bilden Sie eine Jungen-Reihe und eine Mädchen-Reihe. Sie notieren die Phänomene an der Tafel und ergänzen, wann die S einen Schritt nach links oder nach rechts machen müssen. Dann lesen Sie die Wörter vor. Beispiel: Beim Thema *lange und kurze Vokale* muss die ganze Reihe der S beim Hören eines langen Vokals (z. B. beim Wort *Bruder*) ein Schritt nach links, beim Hören eines kurzen Vokals (z. B. *Mutter*) ein Schritt nach rechts machen.
- **Wörter hören:** Sie erstellen gemeinsam mit den S eine Wortliste mit den Lauten, die geübt werden sollen (z. B. bei *b* und *w*: *warum, Wochenende, Wand – besuchen, bei, Berlin, berühmt, …*). Die S suchen sich aus dieser Liste eine vorgegebene Zahl Wörter aus (z. B. fünf) und schreiben sie auf. Dann arbeiten sie in PA und diktieren sich gegenseitig die Wörter und der/die andere schreibt sie auf. Am Ende Kontrolle. Wer hat alle Wörter richtig geschrieben?

Ausstellung: Die S hängen ihre Ergebnisse im Klassenraum auf und gehen dann wie bei einem Galeriebesuch herum, um kleine Kommentare, Nachrichten, Smileys etc. zu hinterlassen. Sagen Sie den S, dass sie nur positive Wertungen abgeben dürfen und zu einer bestimmten Anzahl Zettel etwas notieren müssen. Verteilen Sie für die Auswertung z. B. 3 farbige Klebepunkte an jede/-n S. Die S vergeben ihre 3 Punkte an die Produkte, die ihnen am besten gefallen. Der/Die S oder die Gruppe mit den meisten Punkten wird mit einem Preis prämiert. Für größere Präsentationen bieten sich Ausstellungstische an. Jede Gruppe arrangiert ihre Ergebnisse auf einem Tisch, evtl. mit Erklärungen (→ **Marktstand** unter → **Präsentation von Ergebnissen**).

Bericht erstatten: Dies ist eine gute Übung, um das freie Sprechen und das aktive Zuhören zu trainieren: Person A und B sprechen miteinander und erzählen sich, was sie gerne z. B. in der Pause oder in der Freizeit machen. Hier darf sich niemand Notizen machen. Dann wechseln die Paare. Person A erzählt nun Person C das, was Person B ihr erzählt hat. Person C darf sich Notizen machen, denn sie muss nachher Person B im PL vorstellen.

Didaktisches Glossar

Collagen: Das Erstellen von Collagen ist eine motivierende, kreative Möglichkeit, Informationen zu einem Thema zu sammeln und darzustellen. Sie eignet sich aber auch zur Visualisierung grammatischer Strukturen oder für das Wortschatztraining. Sie brauchen dafür deutschsprachige Zeitschriften und Zeitungen, Scheren, DIN-A3-Papier, Kleber, dicke, bunte Stifte. Die S arbeiten in Kleingruppen zusammen. Je nach Arbeitsauftrag schneiden sie bestimmte Wörter, Sätze und/oder Fotos aus den Zeitschriften und Zeitungen aus, arrangieren alles auf dem Papier und kleben es auf. Ggf. schreiben sie Erklärungen bzw. Kommentare dazu. Danach bietet sich eine → **Ausstellung** bzw. sonstige Präsentation im Kurs an (→ **Präsentation von Ergebnissen**).

Dialoggeländer: Eine Übung für flüssiges Lesen: Projizieren Sie einen Dialog an die Tafel. Die S arbeiten in PA und lesen den Dialog laut. Immer wenn das Paar am Ende des Dialogs ist, beginnen die beiden S von vorne. Nach ca. 2 Minuten löschen Sie Wörter aus dem Dialog oder decken sie ab. Die S lesen den Dialog und ergänzen die fehlenden Wörter während des Lesens, nach wiederum 2 Minuten zeigen Sie eine Version, in der noch mehr Wörter fehlen – die S lesen weiterhin den ganzen Dialog und setzen die fehlenden Wörter aus dem Kopf ein. So merken die S, wie sie einen Text frei sprechen lernen können.

Domino: Je 2–4 S erhalten ca. 20 Domino-Kärtchen. Jede/-r S bekommt 3 Kärtchen, die restlichen werden auf einen Stapel in die Mitte gelegt, ein Kärtchen wird aufgedeckt. S 1 beginnt und versucht eines seine/ihrer Kärtchen anzulegen. Kann S1 nicht anlegen, zieht er/sie eines vom Stapel und S 2 ist dran usw. Wer zuerst keine Kärtchen mehr auf der Hand hat, hat gewonnen.
Domino eignet sich für das Einüben von Wortschatz (z. B. Wort-Bild, Wort-Definition), Verbformen (z. B. Personalpronomen-Verbform, Infinitiv-Partizip), Sätzen (z. B. Fragen-Antworten) usw. Sprachlich stärkere S können selbst ein Dominoset erstellen und mit einer anderen Gruppe tauschen. Sie schreiben z. B. auf die eine rechte Seite ein Wort und malen auf die linke Seite ein anderes Wort. Für jedes Wort muss in diesem Fall ein passendes Bild auf einem anderen Kärtchen sein, damit sich der Kreis schließen kann.

Eckensprechen: Kopieren oder schreiben Sie die Themen auf verschiedene Plakate und kleben Sie sie in die 4 Ecken des Klassenraumes, bei mehr Themen nutzen Sie auch die Wände. Die S entscheiden sich für ein Thema, stellen sich dazu und sprechen über dieses Thema. Danach kurze Präsentation im PL. Evtl. kann auch noch einmal gewechselt werden. Sie können die S alternativ in KG einteilen, die auf die Plakate verteilt werden, und dann wird nach 5 Minuten immer rotiert und die S wandern ein Plakat weiter.

Fehlerauktion: Sie erstellen ein Arbeitsblatt, auf dem Sie sprachlich korrekte und falsche Sätze aus den Texten der S mischen. Es darf dabei äußerlich nicht erkennbar sein, welche Sätze richtig bzw. falsch sind. Erstellen Sie Spielgeld, indem sie auf so viele Zettel immer je *100 Euro* schreiben, dass alle S/KG 1000 Euro bekommen können. Die S versuchen nun in EA oder in KG, die richtigen Sätze zu „ersteigern", indem sie das Spielgeld bieten. Geboten wird immer in 100er-Schritten. Erst wenn alle Sätze versteigert wurden, klären Sie im PL, welche Sätze falsch waren. Diese Sätze werden im PL korrigiert. Es gewinnt die Gruppe, die die meisten richtigen Sätze ersteigert hat. Für eine Fehlerauktion können auch die S selbst die Sätze schreiben.

Findet die Fehler: Aus den Texten Ihrer Klasse schreiben Sie Fehlersätze untereinander (je 1 Fehler pro Satz) und kopieren dieses Blatt einmal pro Paar. Die S korrigieren in PA alle Sätze. Sagen Sie ihnen, dass es pro Satz immer einen Fehler gibt. Im Anschluss tauschen die S sich in KG aus und die nicht gelösten Fehlersätze werden im PL gelöst.
Variante mit Wetteinsatz: Notieren Sie falsche Sätze auf ein Blatt. Die S arbeiten in PA, lesen die Sätze und korrigieren sie. Dann einigen sie sich pro Satz darauf, wie viele Punkte (10, 20, 30, 40 oder 50) sie darauf setzen, dass sie den Satz richtig korrigiert haben, und notieren sie dahinter. Korrigieren Sie nun alle Sätze im PL. Die S notieren ihre gewonnenen oder verlorenen Punkte hinter die gesetzten und rechnen am Ende alle zusammen. Welches Paar hat gewonnen? Halten Sie einen kleinen Preis für diese Gruppe bereit.

Gruppenfindung: Paare oder Kleingruppen lassen sich mit verschiedenen Methoden bilden:
- **Schnürsenkel:** Bei 8 Personen halten Sie 4 Schnürsenkel in die Mitte, sodass je eine Hälfte zu einer Seite fällt. Die S nehmen sich alle ein Ende und nachdem Sie losgelassen haben, haben sie am anderen Ende ihren Partner oder ihre Partnerin.
- **Postkarten:** Zerschneiden Sie Postkarten in 3 oder 4 Teile, je nachdem, welche Gruppengröße Sie haben wollen. Sie verteilen die Postkartenteile und die S suchen sich ihre Partner, mit denen sie die Postkarte zusammensetzen können.
- **Abzählen:** Sie zählen von 1 bis 3 durch, wenn Sie Dreier-Gruppen haben möchten. Alle S mit der Nummer 1 setzen sich zusammen, alle mit der Nummer 2 auch usw.
- **Karten** für PA: Sie kleben auf eine Karte ein Foto und auf eine andere notieren Sie das passende Wort. Die S suchen sich so ihre/-n Partner/-in. Das geht auch mit Uhrzeiten, mit dem Datum etc. und kann so gleichzeitig auch als Wiederholung benutzt werden.
- **Gummibärchen:** Sie verteilen Gummibärchen (oder Ähnliches) in unterschiedlichen Farben in den Gruppen und jeweils die S mit der gleichen Gummibärchenfarbe sind eine Gruppe.

Kettenübung: Die S stellen sich nacheinander eine Frage mit der gleichen Struktur oder bilden einen Satz mit der gleichen Struktur. Meist geht es dabei um die Einübung und Systematisierungen von grammatischen Strukturen oder Redemitteln. Jede/-r S sollte mindestens einmal an der Reihe sein. Die Reihenfolge der S können Sie dadurch auflockern, dass sich die S einen Ball zuwerfen. Sie können auch eine Kettenübung in KG machen, dann geht es reihum. Sagen Sie hier dann vorher, wie viele Runden lang die S mindestens fragen sollen.

Klassenstatistik: Geben Sie gezielte Fragen vor und die S entscheiden sich durch Melden, was für sie passt/stimmt. Machen Sie Striche und so können Sie und die Klasse sehen, wo die Mehrheiten sind und dann darüber sprechen. Am besten ist es, wenn die Klasse das Erfragen und Festhalten der Antworten selbst übernimmt.

Koffer packen: Ablauf wie bei der → **Kettenübung**, nur dass die S immer all die genannten Wörter oder Sätze noch einmal wiederholen müssen. Beispiel: *Ich heiße Maria. – Das ist Maria und ich heiße Anton. – Das ist Maria, das ist Anton und ich heiße Fatima.*

Konfetti-Text: Nehmen Sie einen Text, drucken Sie ihn aus und werfen Sie Konfetti auf ihn, sodass kleine Stellen bedeckt sind. In KG bekommt jede/-r S einen „Konfetti-Text". Die S versuchen in der KG anhand von Fragen, den Text zu rekonstruieren. Bleiben Fragen offen? Wenn die S zur Überprüfung möchten, können sie dann den Text ohne Konfetti lesen.

Kooperatives Lesen: Die S bearbeiten in Kleingruppen einen Text. Je 2–3 S lesen ihren Text oder Textteil, erarbeiten gemeinsam den Inhalt und fassen ihn in der Gruppe zusammen. Dann werden neue Gruppen gebildet, in denen mindestens ein/-e S aus jeder vorigen Gruppe ist. Jede/-r S erzählt nun der neuen Gruppe den Inhalt seines/ihres Textes oder Textteils, damit alle über alles informiert sind. Ermitteln Sie am Ende (z. B. mit einem Quiz zu allen Texten oder dem gesamten Text), inwieweit alle wichtigen Informationen vermittelt und verstanden wurden. Oder die S lösen jetzt die KB-Aufgaben zum Text.
Alternative: Bei längeren Texten können Sie auch verschiedene Aufgaben in die Gruppen geben. Unterteilen Sie den Text in ähnlich lange Abschnitte. S 1 fasst z. B. den Inhalt des Abschnitts zusammen, S 2 erarbeitet die grammatischen Strukturen, S 3 klärt neuen Wortschatz o. Ä. Nach jedem Abschnitt geben die S ihre Aufgabe innerhalb ihrer Gruppe weiter. Nachdem sie so den gesamten Text bearbeitet haben, lösen alle die KB-Aufgaben zum Text.

Korrekturlawine: Die von den S erstellten Texte rotieren von einem Paar zu einem anderen Paar, dieses Paar korrigiert v. a. Verbposition und Rechtschreibung, nach 5 Minuten rotieren die Texte wieder und das nächste Paar korrigiert weiter. Nach 5 Minuten wieder Wechsel usw., bis der Text wieder bei dem Paar angelangt ist, das ihn geschrieben hat. Nach dem ersten Wechsel gehen Sie herum und markieren Fehler in den Texten, falls die S keine weiteren mehr finden.

Kugellager: Die S bilden einen Innen- und einen Außenkreis, wobei die S sich gegenüberstehen. Die S lösen die Aufgabe, dann klatschen Sie in die Hände und der Außenkreis wandert eine Person weiter nach rechts – und die S machen wieder dieselbe oder eine andere Aufgabe.

Kursspaziergang: Hierbei geht es darum, mit wechselnden Partner/-innen kurze Gespräche zu führen oder gemeinsam eine Aufgabe zu lösen. Jede/-r S bekommt anfangs ein Kärtchen, z. B. mit einer Frage. Dann gehen alle S durch den Raum und treffen sich mit einer Person. In PA besprechen sie dann z. B. ihre Frage. Wenn sie fertig sind, tauschen sie die Karten und gehen zur nächsten Person. Das kann man beliebig oft wiederholen. Statt mit Fragen können Sie auch Kärtchen mit einzelnen Aufgaben oder Lückensätzen erstellen. Die Lösung sollte jeweils auf der Rückseite der Kärtchen stehen, damit die S sich selbst korrigieren können.

Laufdiktat: Kopieren Sie einen Text, zerschneiden Sie ihn in Teil A und B und hängen Sie die Teile im Klassenraum an verschiedenen Stellen auf. Die S arbeiten in PA. S1 läuft zum Diktattext, merkt sich einen Teil, läuft wieder zurück und diktiert S2, was er/sie behalten hat. Dann läuft S1 wieder los usw. Die S können so oft laufen wie nötig. Für Teil B Wechsel der Rollen. (Schwierigere Variante: Kopieren Sie den Text nicht komplett, sondern lassen Sie Lücken, die die S dann selbst ergänzen müssen.) Eine Alternative ist das **Flüsterdiktat:** Die S dürfen nur flüstern. Das erhöht die Konzentration und die Deutlichkeit der Aussprache.

Liedtext pflücken: Kopieren Sie den Liedtext groß und mit genügend Abstand zwischen den Zeilen. Schneiden Sie ihn in Streifen. Jede KG bekommt den kompletten Liedtext in Streifen geschnitten und gemischt. Die S legen die Sätze sichtbar auf den Tisch und beginnen, um den Tisch herumzugehen. Starten Sie die Wiedergabe des Liedes, die S laufen weiter, niemand darf stehen bleiben. Immer wenn die S eine Liedzeile verstehen, „pflücken" sie den passenden Streifen vom Tisch, bis am Ende keine Streifen mehr übrig sind und das Lied zu Ende ist. Es kann passieren, dass Streifen nicht gepflückt wurden, das ist kein Problem. Gewonnen hat, wer die meisten Streifen gepflückt hat. Beim anschließenden zweiten Hören stehen alle S am Tisch und legen die Streifen in der richtigen Reihenfolge ab.
Variante: Die S dürfen beim zweiten Hören nur ihre eigenen Satzstreifen anfassen und nicht die der anderen. Das heißt, wenn sie die Reihenfolge verändern wollen, müssen sie es verbal mit den anderen S ausmachen.

Paare finden: Je 2–4 S spielen mit ca. 20 Kärtchen. Immer 2 Kärtchen bilden ein Paar. Die S mischen und legen alle Kärtchen verdeckt auf den Tisch. Ein/-e S beginnt und deckt nacheinander zwei Kärtchen auf. Passen sie zusammen, behält er/sie sie und darf noch einmal spielen. Passen sie nicht, dreht er/sie sie wieder um und der/die nächste S ist dran. Wer am Ende die meisten Paare hat, gewinnt. Paare finden eignet sich für das Einüben von Wortschatz (z. B. Wort–Bild, Land–Sprache, Gegensatzpaare), Verbformen (z. B. Infinitiv), Sätzen (z. B. Fragen–Antworten) usw. Eine Variante ist **Paare finden mit Schülern:** Hier bilden sozusagen die S die Spielkarten. Zwei S gehen raus, die anderen stellen sich verteilt in den Raum und bekommen eine Karte mit der Info, was sie sind. Die 2 S kommen wieder rein und „decken" nun abwechselnd die „Karten" auf, in dem die je 2 S aus der Klasse fragen und dann entscheiden, ob es sich um ein Paar handelt oder nicht. (Beispiel: Ein/-e sagt das Wort groß. Der/Die zweite S des Paares ist der/die S mit dem Wort klein).

Perfekt: Notieren Sie die Infinitive und Perfektformen aus den Perfekt-Übungen im ÜB nach deren Beendigung auf Karten oder lassen Sie die S dies tun. Auf der Vorderseite soll der Infinitiv, auf der Rückseite das Partizip mit der konjugierten Form von haben/sein stehen. Die Karten werden gesammelt und in jedem Kapitel kommen neue Karten hinzu. Sie können diese als Wiederholung oder als Zusatzaufgabe für schnellere S immer wieder benutzen. Die S arbeiten in PA und fragen sich gegenseitig nach den Infinitiven oder Partizipien der notierten Verben und bilden einen Satz im Perfekt. Bei reflexiven Verben sollen die S das Reflexivpronomen dazu notieren.
Mit den folgenden zusätzlichen Methoden lässt sich das Perfekt zwischendurch wiederholen: → **Lebendige Sätze**, → **Staffellauf**, → **Vier gewinnt**, → **Wortschatzspiele**, → **Wörter stehlen** und mit **Fußballspiel:** Ein in Felder eingeteiltes Spielfeld wird am Whiteboard gezeigt, ein „Ball" (ein fester Kreis) wird in die Mitte gelegt. Es gibt 2 Mannschaften mit einer/-m Sprecher/-in. Jede Mannschaft/Gruppe darf sich beraten, es zählt aber nur, was der/die Sprecher/-in sagt. Notieren Sie Infinitive auf Karten. Gruppe 1 sagt den ersten Infinitiv, Gruppe 2 antwortet mit dem Partizip. Ist die Antwort richtig, wird der Ball ein Feld vorgespielt und Gruppe 2 darf weiter antworten. Ist die Antwort falsch, bleibt der Ball liegen und Gruppe 1 darf das entsprechende Partizip nennen. Wer zuerst seinen Ball im Tor hat, hat gewonnen.

Didaktisches Glossar

Präsentation von Ergebnissen:

- → **Ausstellung**
- **Digitale Angebote** für Präsentationsformen gibt es z. B. bei voicethread, padlet, shadow puppet (für Mac), picscollage usw.
- **Marktstand:** Während alle S die → **Ausstellung** besuchen, bleibt an jedem Tisch ein „Experte" bzw. eine „Expertin", der/die kurz die wichtigsten Punkte erklärt und auf Fragen der Besuchenden antwortet. Abwechselnd übernehmen alle S der Gruppe diese Rolle einmal, damit alle S alle Tische ansehen können.
- **Poster/Plakat:** Dieses kreative Medium können die Lerner gut zur Präsentation von Gruppenarbeiten, aber auch zur Unterstützung von Vorträgen einsetzen. Poster/Plakate sollten möglichst groß (DIN A3 oder größer) sein. Sie stellen im Allgemeinen ein klar umrissenes Thema dar (Überschrift des Posters/Plakats), der Schwerpunkt liegt auf visuellen Elementen (Bilder, Fotos).
- **Power-Point-Präsentation:** Wenn Ihre S diese Präsentationsform wünschen, legen Sie vorab die Anzahl der Folien und die Dauer der Präsentation fest. Überlegen Sie gemeinsam, wie eine „gute" Folie aussieht (Textmenge, Schriftgröße usw.).
- → **Wirbelgruppen**

Reißverschluss: Die S stehen oder sitzen sich in Reihen gegenüber und bearbeiten die Aufgabe. Auf ein Signal hin verlässt ein/-e S von einem der Reihenendplätze seinen/ihren Platz und geht an den Anfang seiner Reihe. Alle in der Reihe wandern einen Platz weiter. Auf diese Weise bekommen alle S ein neues Gegenüber, mit dem sie wiederum die nächste Aufgabe bearbeiten.

Reziprokes Lesen: Teilen Sie einen Text in 4 Abschnitte. Die Klasse arbeitet in Vierer-KG (bei Dreier-KG müssen die S eine Aufgabe gemeinsam in der KG lösen). Kopieren Sie aus dem Band **Klasse! A2** die KV zu Aufgabe 5c in Kapitel 10 mit den vier Aufgaben für die KG so oft, dass jede KG einen Satz bekommt und die Textteile auch so oft, dass alle S die Teile haben. Die KG bekommt den ersten Textteil und jede/-r S bearbeitet zuerst seine/ihre Aufgabe kurz in EA, dann bearbeiten sie die Aufgabe in KG. Danach rotieren die Aufgaben und die S bekommen den nächsten Textteil etc. Am Ende des Textes haben die S alle vier Aufgaben bearbeitet und sich den Text so erschlossen. Diese Form des Textverständnisses fördert auch das kooperative Lernen.

Rollenspiel mit Souffleur: Zu viert erarbeiten die S einen Dialog. Beim Vorspielen stehen immer 2 S hintereinander. Der/Die hintere S liest der/dem vorderen den Satz leise ins Ohr vor. Diese/-r sagt ihn laut mit der entsprechenden Betonung.

Satzstreifen: Schreiben Sie die zu bearbeitenden Sätze auf Papierstreifen. Notieren Sie auf der Rückseite die Lösung. Legen Sie die Papierstreifen im Raum aus. Die S gehen in PA herum und lösen die jeweilige Aufgabe auf dem Streifen mündlich. Dann kontrollieren sie mithilfe der Lösung. Wenn es Fragen zur Lösung gibt, wenden die S sich an Sie. Die S lernen so, autonom zu arbeiten, sich selbst zu kontrollieren und bei Bedarf Fragen zu stellen.

Schreibtraining: Schritt 1: Die S schreiben ihren Text in PA, dafür haben sie 15 Minuten Zeit. Sie sollten dabei die entsprechenden Redemittel benutzen, die Satzanfänge variieren und bei der Grammatik auf die Verbposition und richtige Kongruenz achten. Danach haben die Paare noch einmal 5 Minuten, um den eigenen Text noch einmal zu überprüfen. **Schritt 2:** Je zwei Paare gehen als KG zusammen. Paar A liest seinen eigenen Text laut vor. Paar B kommentiert zum Inhalt und zur Struktur. Sind die Übergänge logisch? Haben sie alle Argumente verstanden? Paar A macht sich Notizen. Dann Wechsel: Paar B liest seinen Text laut vor etc. **Schritt 3:** Die Texte werden getauscht. Die Paare markieren in einer Farbe alle wichtigen Redemittel und in einer anderen Farbe alle unterschiedlichen Satzanfänge. Dann gehen sie an die Korrektur der Verbformen (Position, Konjugation etc.). Sie können den Fokus auch auf andere Punkte erweitern oder verlagern. **Schritt 4:** Die Texte werden zurückgegeben an die ursprünglichen Paare. Diese korrigieren und/oder verändern ihre Texte (z. B. variieren sie die Satzanfänge, bauen weitere Redemittel ein usw.). **Schritt 5:** Noch einmal gehen die Paare in ihre vorherige KG und lesen dort ihre Texte noch einmal vor. Vergleich mit dem Originaltext: Was fällt auf? Am Ende kurzes Klassengespräch über das Vorgehen und warum es sinnvoll ist. Wenn Sie möchten, können Sie dann die Texte zur Korrektur mitnehmen.

Skalendiskussion: Es werden verschiedene Aussagen/Statements vorgelesen. Alle S stellen sich bei jeder Aussage auf einer imaginären Skala von 1–10 auf (1: *stimme voll zu*; 10: *stimme gar nicht zu*), je nachdem, welche Meinung sie haben. Fragen Sie ab, auf welcher Zahl die S stehen, damit sich alle finden können, die dieselbe Zahl gewählt haben. Die S sprechen kurz mit den S, die bei ihnen stehen, warum sie diese Zahl gewählt haben. Ein paar S kommentieren es im PL. Beispiel: An der Tafel ist 1 und an der anderen Seite des Klassenraums ist 10 – dazwischen müssen die S sich organisieren.

Sprechmühle: Die S laufen zu Musik frei in der Klasse herum, Sie stoppen die Musik und sagen eine Zahl zwischen 2 und 5. In dieser Anzahl stellen sich S zusammen und bearbeiten die Aufgabe so lange, bis Sie die Musik wieder anmachen.

Staffellauf: Kopieren Sie Wortschatz (z. B. Bilder von Berufen) zweimal auf Karten. Die S teilen sich in zwei Gruppen auf und stellen sich darin in einer Reihe hintereinander auf. **Option A:** Der/Die je erste S sieht eine Karte an und macht das Wort (z. B. den Beruf) pantomimisch vor. Die anderen S. aus der Gruppe müssen raten. Wenn die S das Wort geraten haben, läuft diese/-r erste S nach hinten in die Reihe und der/die nächste S ist dran. Die Gruppe, die zuerst alle dargestellten Wörter geraten hat, hat gewonnen. **Option B:** Sie legen je einen Satz Wortschatzfotos auf zwei verschiedenen Tischen im Raum aus. Legen Sie jeweils einen Satz dazu passender Wortkarten verteilt auf zwei andere Tische. Die S ziehen eine Wortkarte, laufen zum Tisch mit den Fotos und legen ihre Karte zu dem passenden Foto. Dann laufen sie zurück und stellen sich hinten an. Erst dann darf der/die nächste S eine Karte ziehen. Gewonnen hat die Gruppe, die zuerst alle Wortkarten richtig zugeordnet hat.

Standbild: Die S arbeiten in KG und interpretieren einen Text, eine Strophe, einen Dialog etc. in Form eines Standbilds. Sie überlegen, wie sie sich hinstellen möchten und dürfen sich dann nicht mehr bewegen und keine Geräusche machen. Die anderen S interpretieren das Standbild und sagen ggf., zu welchem Textteil, Liedstrophe es gehört. Nach der Interpretation lösen die S der Standbild-KG auf: Was war richtig? Was war anders gedacht? Dann ist die nächste KG an der Reihe.

Stelle die richtigen Fragen: Die S arbeiten in PA. Sie wählen 10 Wörter aus dem Text, die sie erneut überdenken oder überprüfen möchten. Diese notieren sie, dann überlegen sie sich Fragen zum Text, die mit den Wörtern beantwortet werden können. 2 Paare setzen sich anschließend zusammen. Paar A hat 5 Minuten Zeit, so viele Fragen wie möglich zu stellen, sodass Paar B die aufgeschriebenen Wörter nennt. Nach 5 Minuten Wechsel. Am Ende sprechen die S über die Wörter, die nicht genannt wurden und klären, warum nicht.

Stiller Dialog: Die S haben in EA, evtl. als HA, Texte über ein Thema geschrieben, die nun auf den Tischen verteilt werden. Daneben werden leere Blätter gelegt. Die S gehen schweigend herum und antworten auf die Texte der anderen, wie bei einem Blog, nur eben auf Papier. Die S können sowohl auf den Ausgangstext als auch auf ggf. bereits abgegebene Kommentare reagieren. Geben Sie je nach Anzahl der Texte 20–30 min. Zeit, um wirklich einen Dialog zu ermöglichen.

Synchronlesen: Die S lesen zu zweit und synchron den Text, d. h. sie müssen aufeinander achten, während sie lesen, und gleichzeitig zuhören.

Textlupe: Die S übernehmen hier beide Perspektiven, die des Schreibenden und des Lesenden. Sie schreiben einen Text in EA oder PA. Dann geben sie diesen Text an ein anderes Paar oder eine/-n andere/-n S weiter. Diese erhalten von Ihnen einen Kommentarbogen mit einer 3-spaltigen Tabelle: *Das hat mir gut gefallen! / Hier habe ich Fragen: / Das sind meine Tipps und Vorschläge.* Hierin kommentiert S 1 oder Paar 1 den Text bzw. notiert konkrete Fragen zu unklaren Textstellen. Dann wird der Kommentarbogen samt Text weitergereicht und der/die nächste S oder das nächste Paar kommentiert noch einmal. Der Kommentarbogen mit dem Text sollte öfter weitergereicht werden, sodass eine ausreichende Menge von Kommentaren entsteht. Geben Sie immer eine Zeit vor – je nach Länge des Textes zwischen 5 und 10 Minuten.

Tipps zum Vorlesen:

- **5 Regeln zum guten Vorlesen:** Machen Sie Ihre Lerner mit den 5 Regeln vertraut: 1.) Beginne nicht sofort mit dem Lesen. Warte ab, bis das Publikum aufmerksam ist. 2.) Lies laut, deutlich und mit klarer, fester Stimme. Sprich eher zu langsam als zu schnell. 3.) Variiere deine Stimme, plane Redepausen ein. 4.) Suche immer wieder Blickkontakt mit Personen im Publikum. 5.) Sieh die Zuhörer/-innen an und finde heraus, wie das Vorlesen auf sie gewirkt hat.
- **Korkensprechen mit Aufnehmen:** Sie brauchen für jede/-n S einen Korken und für je 2–3 ein Aufnahmegerät oder ein Handy mit Aufnahmefunktion. Die S wählen einen kurzen Text, z. B. aus dem aktuellen Kapitel. S 1 beginnt, er/sie liest den Text einmal normal vor und nimmt den Text auf. Dann hört er/sie sich die Aufnahme an und überlegt mit den anderen, wo er/sie sich noch verbessern kann. Dann nimmt S 1 einen Korken zwischen die Zähne und liest den Text noch einmal vor, der Vortrag wird wieder aufgenommen. Danach liest er/sie ihn noch einmal ohne Korken vor und wird ebenfalls aufgenommen. Dann hören alle 2 oder 3 S die drei Aufnahmen und vergleichen sie. Nun ist der/die nächste S an der Reihe.
- **Lesen wie ein …:** Die S bekommen einen einfachen Lesetext oder wählen selbst einen aus. Sie lesen ihn einmal und markieren darin, wo sie Pausen machen, wo sie die Stimme heben bzw. senken wollen, wo der Satzakzent ist und bei schwierigen Wörtern der Wortakzent. Dann üben je 2 S gemeinsam und geben sich gegenseitig Feedback. Danach geben Sie vor, wie die S diesen Text vorlesen sollen, z. B. *wie ein Fußballreporter, wie eine Opernsängerin, wie ein Marathonläufer, …*
- **Schneller werden:** Die S lesen einen Text in PA, erst langsam und sehr deutlich. Dann werden sie immer schneller. Sie können am Ende auch eine Zeitvorgabe geben, wie schnell die S den Text lesen sollen, ohne dass der Text unverständlich wird.

Vier gewinnt: Die S bearbeiten in PA eine Kopie, z. B. wie rechts mit Infinitiven, aus denen sie Sätze im Perfekt bilden sollen. Die S bilden abwechselnd einen Satz im Perfekt mit dem angegebenen Verb. Ist der Satz korrekt, markieren sie das Feld individuell, z. B. ein S mit einem Kreis und der andere S mit einem Kreuz. Wer zuerst vier Markierungen

regnen	machen	telefonieren	malen
lernen	organisieren	arbeiten	reden
kochen	hören	tanzen	kaufen
fotografieren	spielen	machen	arbeiten

in einer Reihe hat (horizontal, vertikal oder diagonal), hat gewonnen. Nutzen Sie das Spiel zum Üben von Grammatikthemen (z. B. trennbaren Verben) oder Wortschatz (z. B. Bilder auf der Kopie und die S nennen das Wort mit Artikel).

Was machst du denn da?: Die S arbeiten in PA zu einem Thema (z. B. *Körperpflege – Hände waschen*). Die Themen müssen Aktivitäten sein, die man pantomimisch darstellen kann. S 1 fragt: *Was machst du denn da?* S2 sagt eine Aktivität: *Ich wasche mir die Hände.* S1 macht diese Aktivität. S2 fragt: *Was machst du denn da?* S1 nennt eine andere Aktivität, S2 macht diese. S1 fragt wieder: *Was machst du denn da?* S2: sagt eine andere Aktivität, S1 macht diese usw. Die Schwierigkeit ist, dass die pantomimischen Aktivitäten nicht mit den gesprochenen übereinstimmen.

Widersprechspiel: Die S spielen in KG. S 1 steht seiner KG gegenüber und ruft dreimal etwas, das er/sie macht, z. B. *Ich schlafe.* Die anderen aus der Gruppe widersprechen *Du schläfst nicht.* Das wird noch zweimal wiederholt, beim vierten Mal sagt S: *Ich schlafe. Und du?* und zeigt auf eine/-n anderen S, der/die nun übernimmt.

Wirbelgruppen: Diese Sozialform eignet sich sowohl für die Gruppenarbeit als auch für die Präsentation von Gruppenergebnissen. Bilden Sie z. B. 4 Gruppen A, B, C und D. Jede Gruppe arbeitet mit einem anderen Text und liest ihren Text in der KG (oder bereitet eine Präsentation vor, erarbeitet eine grammatische Struktur usw.). Dann bilden Sie neue Gruppen, in denen aus jeder Gruppe A, B, C, D mindestens jeweils eine Person vertreten ist (AAAA, BBBB, usw. werden zu ABCD, ABCD, usw.). Die S stellen sich gegenseitig die Ergebnisse aus der Gruppenarbeit vor. Anschließend gehen die S zurück in ihre Ausgangsgruppe A, B, C oder D und tauschen sich darüber aus, was sie gehört und gesehen haben. Danach können Sie noch einmal eine kurze Auswertung im Kurs machen oder Sie bereiten ein Quiz zum Thema vor, um zu überprüfen, wie gut die Erarbeitung des Themas funktioniert hat. Im Gegensatz zum → **Kooperativen Lesen** können Sie die Wirbelgruppen nicht nur für Texte einsetzen, sondern auch für Bilder, landeskundliche Themen, eigene Erfahrungen etc.

Wortschatzspiele:

- **Buchstabensalat:** Überlegen Sie sich zu einem Thema 10–20 Wörter, die Sie in einer Tabelle waagerecht und senkrecht notieren. In alle leeren Felder notieren Sie einzelne Buchstaben. Die S suchen in EA oder PA die 10–20 Wörter und markieren sie. (Es gibt auch Seiten im Internet, die automatisch einen Buchstabensalat erstellen.)
- → **Domino**
- **Kimspiel:** Bringen Sie passende Gegenstände mit. Legen Sie einige auf einen Tisch. Alle S sehen die Gegenstände an. 2 S gehen aus dem Raum. Die anderen S nehmen Gegenstände weg bzw. verändern etwas. Die beiden S kommen wieder herein und versuchen herauszufinden, was fehlt bzw. verändert ist. Eine Variante für den ganzen Kurs ist, dass alle sich die Gegenstände für ca. 3 Minuten einprägen, kurz etwas anderes machen und dann alle Gegenstände korrekt (z. B. mit Artikel und Plural) nennen. Statt Gegenständen können auch Bild- oder Wortkarten verwendet werden.
- **Outburst:** Immer 2 KG spielen gegeneinander, die Anzahl der S pro KG muss nicht gleich sein. Jede KG-Paarung bekommt einen Satz Karten. Gruppe A nennt den Titel der Karte. Gruppe B hat 1 Minute Zeit, alle Wörter, die ihnen zu diesem Thema einfallen, zu nennen (bei Nomen mit Artikel). Die Zeit kontrolliert die Gruppe mit der Titelkarte. Stehen die genannten Wörter auf der Karte, markiert Gruppe A sie dort. Wenn alle Begriffe genannt sind, zieht Gruppe A noch eine Karte und nennt den Titel. Dies wird so lange wiederholt, wie es die Zeit hergibt. Nach der Minute gibt es pro markiertem Wort einen Punkt. Dann Wechsel. Um die Kärtchen öfter benutzen zu können, laminieren Sie sie und die S markieren mit wasserlöslichen Stiften.
- **Wortpantomime:** Notieren Sie je einen Ausdruck an der Tafel, z. B. *Müll trennen*. Zwei S stehen mit dem Rücken zur Tafel und dürfen sich nicht umdrehen. Der Rest der Klasse macht den Ausdruck pantomimisch vor. Die S an der Tafel raten den Ausdruck. Nach drei Wörtern/Ausdrücken wechseln die S an der Tafel.
- **Wörter ergänzen:** Die S arbeiten in PA. S 1 nennt ein Nomen und S 2 ergänzt ein passendes Verb. Dann Wechsel. Die S werden immer schneller. Gehen Sie herum und achten Sie auf die Aussprache.
- **Wortschatzwiederholung und -festigung:** Ein/-e S gibt einen Buchstaben vor, der/die nächste S nennt ein Wort mit dem passenden Anfangsbuchstaben und nennt einen neuen Buchstaben. Es spielt keine Rolle, um welche Wortart es sich bei den Wörtern handelt, die S sollten aber zunächst bei einem Thema, z. B. *Schule*, bleiben. Als Erweiterung können die S dann auch Wörter aus den anderen Kapiteln/Themenbereichen nennen.
- **Wörter finden:** Notieren Sie 30 Wörter auf ein DIN-A4-Blatt und kopieren Sie es für alle. Die S arbeiten in PA. S1 nennt ein Wort von dem Blatt und legt einen Gegenstand darauf ab. S2 hört das Wort, darf aber nichts darauflegen. Nun sagt S2 ein Wort und legt einen kleinen Gegenstand darauf ab, S1 hört es und merkt es sich. Die S dürfen die Wörter, die das Gegenüber schon genannt hat, nicht noch einmal nennen. Wem es doch passiert, der hat verloren.
- **Wörter raten:** Zur Wortschatzwiederholung oder als Einstieg in ein Thema. Sie beginnen und wählen, ohne es zu sagen, ein Wort, z. B. *Hamburg*. Sie zeichnen nun sieben horizontale Striche an die Tafel, für jeden Buchstaben des Wortes einen Strich. Die S nennen Buchstaben. Kommt ein genannter Buchstabe im Wort vor, dann schreiben Sie den Buchstaben auf den/die passenden Strich(e). Kommt er nicht vor, dann schreiben Sie ihn separat an die Tafel und beginnen, nach und nach aus einzelnen Linien ein Haus zu zeichnen: Sie zeichnen für jeden nicht ins Wort gehörenden Buchstaben ein Element des Hauses: die Unterseite, dann (einzeln) zwei Wände, dann die Decke, danach das Dach (aus 2 Strichen), dann den Schornstein, danach ein Fenster und zum Schluss die Tür. Wenn das Haus fertig ist, bevor das Wort von den S gefunden wurde, haben die S verloren. Wer das Wort errät, bekommt einen Punkt. Die S können das Spiel auch mit 2 Gruppen gegeneinander spielen.
- **Wörtertraining mit Alphabet:** Die S erstellen ein Alphabet mit Wörtern, z. B. zu einem Thema oder frei. Sie schreiben dazu das Alphabet untereinander auf einen Zettel (notieren Sie nur die Buchstaben, zu denen die S. auch Wörter kennen). Die S arbeiten in KG und sammeln in 5 Minuten so viele Wörter wie möglich zu den genannten Buchstaben. Am Ende wird verglichen, welche Gruppe die meisten Wörter geschrieben hat.

Wörter stehlen: Notieren Sie alle Wörter (z. B. Verben mit Präpositionen) untereinander auf einem Blatt. Kopieren Sie die Präpositionen einzeln groß 2–3x. Teilen Sie die Klasse in zwei Gruppen, die sich gegenüberstehen. In die Mitte legen Sie alle Präpositionen. Dann nennen Sie je 1 Namen pro Gruppe und ein Verb. Diese beiden S müssen schnell die richtige Präposition vom Boden aufheben. Wer es nicht als Erster schafft, stellt sich auf die Seite der Gewinnergruppe. Nun sind 2 neue S dran. Spielen Sie 5–10 Minuten. Gewonnen hat die Gruppe, die am Ende die meisten Mitglieder hat.

Zick-Zack: Dies ist ein Konzentrations-Bewegungsspiel: Notieren Sie die Adjektive auf Karten, alle S bekommen eine Karte. Die S stehen im Kreis und lesen die Adjektive ihrer beiden Nachbarn. Dann werden die Karten umgedreht. Eine Person steht im Kreis, diese zeigt auf eine Person und sagt *zick!* und die angesprochene Person muss das Adjektiv ihres linken Nachbarn nennen, bei *zack!* das des rechten Nachbarn und bei *Zick-zack!* tauschen alle ihre Plätze und die Aktivität beginnt von vorne Es kann immer schneller werden, aber achten Sie zu Beginn sehr gut auf die Aussprache. Diese Aktivität, können Sie mit Vokabular machen oder mit Verben mit Präpositionen etc.